셀프트래블
괌

상상출판

셀프트래블
괌

개정 1쇄 | 2022년 8월 18일

글과 사진 | 정승원

발행인 | 유철상
편집 | 정유진, 홍은선, 김정민
디자인 | 주인지, 노세희
마케팅 | 조종삼, 윤소담
콘텐츠 | 강한나

펴낸 곳 | 상상출판
주소 | 서울특별시 성동구 뚝섬로17가길 48, 성수에이원센터 1205호(성수동 2가)
구입·내용 문의 | **전화** 02-963-9891(편집), 070-7727-6853(마케팅)
팩스 02-963-9892 **이메일** sangsang9892@gmail.com
등록 | 2009년 9월 22일(제305-2010-02호)
찍은 곳 | 다라니
종이 | ㈜월드페이퍼

※ 가격은 뒤표지에 있습니다.

ISBN 979-11-6782-088-4(14980)
ISBN 979-11-86517-10-9(SET)

© 2022 정승원

※ 이 책은 상상출판이 저작권자와의 계약에 따라 발행한 것이므로
   본사의 서면 허락 없이는 어떠한 형태나 수단으로도 이용하지 못합니다.
※ 잘못된 책은 구입하신 곳에서 바꿔 드립니다.

www.esangsang.co.kr

셀프트래블

괌
Guam

정승원 지음

상상출판

Prologue
작가의 말

지난 2년, 코로나라는 전대미문의 바이러스가 전 세계를 강타하고 제한된 삶을 살아야 했던 우리에게 2022년 봄부터 새로운 국면이 펼쳐지기 시작했다. "위드 코로나"라는 말과 함께 조금씩 개인의 활동 반경이 넓어지더니, 국경이 열리고 비즈니스뿐 아니라 단순 여행을 위한 제한까지 점차 최소화되었다. 여름 휴가철을 맞아 유럽 EU 국가 간의 이동 장벽은 거의 존재를 감췄고, 미국 역시 전 세계인들에게 '코로나19 백신접종증명서' 하나만을 요구하게 되었다. 그간 국내 여행만으로 아쉬움을 달래던 열혈 여행족들은 하나둘씩 여행 계획을 세우고 해외 항공권을 발권하며 한껏 들떴다. 오랜만에 각종 여행 정보를 얻으려는 사람들로 여행 커뮤니티들은 문전성시를 이뤘는데, 그중에는 괌 여행 카페들도 적지 않다. 오래전부터 여행 커뮤니티에는 '괌 앓이'에 빠진 사람들을 쉽게 볼 수 있었다. 이들의 대화에는 "1괌"이니 "2괌", 하물며 "7괌", "8괌"까지 등장했다. 괌을 한 번 가본 사람부터, 일고여덟 번 간 사람들까지…. 이들은 괌은 한번 다녀오면 그 매력에서 헤어나오기 쉽지 않은 여행지임을 증명하는 산증인이라 할 수 있다.

그렇다면 괌의 무엇이 사람들의 마음을 그토록 사로잡는 것일까? ❶ 에메랄드빛 바다와 새하얀 비치, 각종 리조트가 더없이 만족스러운 휴식을 제공한다. ❷ 미국령으로 각종 의류, 잡화 브랜드, 의약품, 식품 등 다양하고 질 좋은 제품들을 국내에서보다 저렴한 가격에 구입할 수 있다. ❸ 원주민 문화와 더불어 스페인 문화, 미국 문화가 아름다운 자연과 공존하며 다양한 볼거리를 제공한다. ❹ 차모로 전통 음식과 미국 음식, 일본 음식 등 다국적 음식들을 마음껏 즐길 수 있다. 이렇게 여행의 기본 4요소를 완벽하게 갖추고 있는 괌을 어찌 사랑하지 않을 수 있을까? 특히 팬데믹 기간에는 사람들로 붐비는 실내 유명 관광지보다 가족이나 연인, 친구 등 '우리끼리' 자연 속에 파묻혀 야외 활동을 즐기고 푹 쉬다 오는 휴양지가 더 큰 만족도와 심리적 안도감을 제공한다는 사실 역시 고려해야 한다.

이런 이유에서, 해외여행을 꿈꾸지만 아직 갈 곳을 정하지 못한 사람들에게는 괌 여행을 강력히 제안하고 싶다. 그리고 그 여행의 준비 과정에서 『괌 셀프트래블』이 친절한 가이드 역할을 할 수 있기를 바란다.

이 책은 코로나19 이후 많은 변화들을 꼼꼼하게 반영한 최신 정보들로 가득 채웠다. 더 이상 여행객들이 찾지 않던 괌에서 기존의 인기 레스토랑들 중 몇몇은 문을 닫았다. 쇼핑몰 매장이나 판매 제품에도 변화가 생겼으며, 호텔 리조트 역시 이름이 바뀌거나 리노베이션을 거쳐 새로운 모습을 선보이기도 했다. 괌의 명물 중 하나인 레드 구아한 트롤리(셔틀버스)는 노선과 운행 간격이 대폭 변경되었고, 괌과 한국의 출입국 규정도 전보다는 훨씬 까다로워졌다. 이러한 때에 오늘의 모습을 담은 최신 정보들은 여행자들에게 선택이 아닌 필수라 할 수 있다.

이 책은 괌 여행은 물론 해외여행 자체를 처음 계획하는 사람들까지도 어려움 없이 이 여행을 마칠 수 있도록 꼼꼼하게 신경을 썼다. 그러다 보니, 플랜(Plan)과 미션(Mission), 스텝(Step) 부분이 큰 비중을 차지하게 되었다. 어디서부터 무엇을 어떻게 준비해야 할지 모르겠다면 먼저 미션 부분을 가볍게 읽어 나가며 마음에 드는 항목들을 체크해 두자. 둘째로 플랜 부분을 보며 내 스타일에 맞는 일정을 정하고, 미션에서 체크해 두었던 항목들을 여기에 끼워 넣어 세부 일정을 짠다. 그리고 스텝 부분을 참고하여 실제 여행을 준비하고, 괌 여행을 시작해 보는 것이다. 이 책 곳곳에는 많은 팁들이 있는데, 어찌 보면 이것이야말로 피가 되고 살이 되는 깨알 정보라 할 수 있다.

Thanks to…

이 책이 탄생할 수 있도록 기회를 주신 상상출판의 유철상 대표님, 더 좋은 구성과 깔끔한 글 정리로 책의 완성도를 높여주신 정유진 편집자님, 항상 기대 이상의 예쁜 책을 만들어 주시는 주인지 디자이너님께 감사를 드립니다.

2022년 8월 정승원

Contents

목차

004   **Photo Album**
012   **Prologue**
018   일러두기

020   **All about Guam**
022   **Guam Q&A** 괌 여행 전 가장 많이 묻는 질문 8가지
024   **Plan 1** 3박 4일 휴식형 여행자 코스
025   **Plan 2** 3박 4일 관광형 여행자 코스
026   **Plan 3** 3박 4일 쇼핑형 여행자 코스
027   **Plan 4** 3박 3일 주말 집중 여행자 코스
028   **Plan 5** 3박 3일 뚜벅이 여행자 코스
029   **Plan 6** <배틀트립-괌 편> 따라 하기
030   **Plan 7** 로맨틱 드라마 따라 하기 1일 코스
032   **Plan 8** 아가냐 셀프 시티 투어 코스
036   **Plan 9** 최고의 드라이브 코스 완전 정복!
040   **Travel Info 1** 렌터카와 괌에서의 안전 운전 A부터 Z까지
044   **Travel Info 2** 뚜벅이들을 위한 셔틀버스 완전 정복
050   **Travel Info 3** 와이파이 & 필수 앱에 관한 모든 것

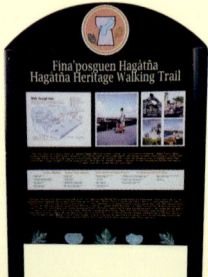

01 Mission in Guam

- 054　**Highlight 01**　먹고, 즐기고, 힐링하는 괌
- 056　**Attraction 01**　괌에서 놓치면 100% 후회할 이곳!
- 058　**Attraction 02**　괌, 최고의 비치는 어디?
- 060　**Attraction 03**　가족과 함께하는 스페셜 투어
- 062　**Eat 01**　세계인들이 선택한 괌 베스트 레스토랑 10
- 064　**Eat 02**　먹고 먹고 또 먹고! 맛있는 로컬 음식
- 065　**Eat 03**　당신이 괌에서 꼭 먹어야 할 것들
- 066　**Activity 01**　괌을 더 즐겁게 하는 수상 액티비티
- 068　**Activity 02**　스트레스가 싹 사라지는 지상 액티비티
- 070　**Culture 01**　괌 한정! 전통문화 100배 즐기기
- 071　**Spa & Massage 01**　괌 스파 & 마사지 궁금해요~
- 072　**Buy 01**　아는 것이 힘, 괌 쇼핑의 모든 것!
- 074　**Buy 02**　주목해야 할 패션 브랜드 & 숍
- 078　**Buy 03**　이건 꼭 사야 해, 건강을 위하여!
- 080　**Buy 04**　취향저격 먹거리를 사수하라!
- 082　**Buy 05**　깜찍하고 기발한 기념품들 집합!
- 084　**Stay 01**　나에게 딱 맞는 숙소는 어디?
- 086　**Stay 02**　감춰진 실속 만점 숙소를 찾아라!
- 088　**Stay 03**　호텔 & 리조트 120% 즐기는 법

02 Enjoy Guam

관광명소 Sightseeing

094 투몬 & 타무닝 지도
096 아가냐 지도
096 괌 북부 지도
097 괌 남부 지도

액티비티 Activity

118 괌 액티비티 지도

쇼핑 Shopping

136 괌 쇼핑 지도
146 Special Shopping
　　로스 드레스 포 레스 파헤치기 & 비타민 월드 이해하기
153 Special Food 새벽시장의 잇 푸드!

레스토랑 Restaurant

156 괌 레스토랑 지도

호텔 & 리조트 Hotel & Resort

182 괌 호텔 & 리조트 지도
201 Special Tip 똑똑하게 이용하는 에어비앤비

Step
to Guam

204	**Step 1**	당신이 괌에 대해 알아야 할 것들
208	**Step 2**	인천공항에서 괌 호텔까지, 무조건 따라 하기
212	**Step 3**	코로나 시대, 유비무환!
214	**Step 4**	괌 여행 초짜들을 위한 여행준비 ABC
218	**Step 5**	영.알.못도 괜찮아, 서바이벌 영어 회화
220	**Index**	

Self Travel Guam

일러두기

❶ 주요 지역 소개

책에선 '괌'의 투몬 & 타무닝, 아가냐, 남부, 북부 지역을 모두 다룹니다. 제주도보다 작은 지역인 만큼 책에선 지역별로 구분하는 대신 관광명소, 액티비티, 쇼핑, 식당, 숙소 순으로 각 명소를 소개하고 있으니 참고 바랍니다.

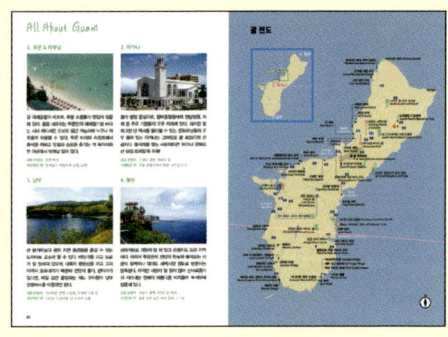

❷ 알차디알찬 여행 핵심 정보

<u>Mission in Guam</u> 괌에서 놓치면 100% 후회할 볼거리, 먹거리, 살거리 등의 재미난 정보를 테마별로 한눈에 보여줍니다. 필요한 것만 쏙쏙~ 골라보세요.

<u>Enjoy Guam</u> 괌에 있는 주요 스폿을 상세하게 소개합니다. 주소, 가는 법, 홈페이지 등 상세 정보는 물론, 유용한 Tip도 수록해 두었습니다.

<u>Step to Guam</u> 괌으로 떠나기 전 꼭 필요한 여행 정보를 모았습니다. 괌의 일반 정보, 출입국 수속, 짐 꾸리기, 기본 영어 회화 등을 실어 초보 여행자도 어렵지 않게 여행할 수 있습니다.

❸ 원어 표기

최대한 외래어 표기법을 기준으로 표기했으나 몇몇 관광명소와 업소의 경우 현지에서 사용 중인 한국어 안내와 여행자들에게 익숙한 이름을 택했습니다.

❹ 정보 업데이트

이 책에 실린 모든 정보는 2022년 7월까지 취재한 내용을 기준으로 하고 있습니다. 현지 사정에 따라 요금과 운영시간 등이 변동될 수 있으니 여행 전에 한 번 더 확인하시길 바랍니다. 잘못되거나 바뀐 정보는 계속 업데이트하겠습니다.

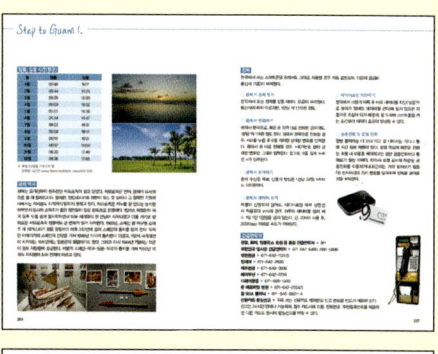

❺ 구글 맵스 GPS 활용법

이 책에 소개된 모든 관광명소와 식당, 숍, 숙소에는 구글 맵스의 GPS 좌표를 표시해 두었습니다. 스마트폰 앱 구글 맵스Google Maps 혹은 www.google.co.kr/maps로 접속해 검색창에 GPS 좌표를 입력하면 빠르게 위치를 체크할 수 있습니다. '길찾기' 버튼을 터치하면 현재 위치에서 목적지까지의 경로도 확인 가능합니다.

❻ 지도 활용법

이 책의 지도에는 아래와 같은 부호를 사용하고 있습니다.

주요 아이콘
- ● 관광지, 스폿
- ⓢ 비치
- ℝ 레스토랑, 카페 등 식사할 수 있는 곳
- ⓢ 백화점, 쇼핑몰, 슈퍼마켓 등 쇼핑 장소
- ⓗ 호텔, 게스트 하우스 등 숙소
- Ⓜ 스파, 마사지숍 등의 시설
- Ⓐ 골프, 놀이공원 등 액티비티를 즐길 수 있는 곳
- Ⓝ 클럽, 바 등 나이트라이프를 즐기기 좋은 곳

All About Guam

1. 투몬 & 타무닝

괌 국제공항과 리조트, 유명 쇼핑몰과 맛집이 집중돼 있다. 괌을 대표하는 투몬만의 에메랄드빛 바다는 시내 어디서든 도보로 접근 가능하며 누구나 자유롭게 이용할 수 있다. 투몬 비치와 리조트에서 휴식을 취하고 맛집과 쇼핑을 즐기는 게 목적이라면 이곳에서 벗어날 일이 없다.

대표 관광지 투몬 비치
이것만은 꼭! 한국보다 저렴하게 쇼핑, 쇼핑!

2. 아가냐

괌의 행정 중심지로, 정부종합청사와 연방법원, 의회 등 주요 기관들이 모두 자리해 있다. 하지만 괌의 3천 년 역사를 돌아볼 수 있는 문화유산들이 모두 몰려 있는 아가냐는 그야말로 괌 최고(?)의 관광지. 볼거리를 찾는 사람이라면 '아가냐 문화유산 워킹 트레일'에 주목!

대표 관광지 스페인 광장, 대성당 등
이것만은 꼭! 주요 관광지에서 인생 사진 남기기

3. 남부

큰 볼거리보다 괌의 자연 풍경들을 즐길 수 있는 드라이브 코스라 할 수 있다. 바닷가를 끼고 도로가 잘 정비돼 있으며, 내륙의 람람산을 끼고 고지대까지 오르내리기 때문에 전망이 좋다. 렌터카가 없다면, 매일 오전 출발하는 레드 구아한의 남부 관광버스를 이용하면 된다.

대표 관광지 이나라한 천연 수영장, 우마탁 마을 등
이것만은 꼭! 신나는 드라이빙. 단 과속은 금물!

4. 북부

상대적으로 개발이 덜 돼 있고 관광지도 드문 지역이다. 따라서 투몬만의 전망이 한눈에 들어오는 사랑의 절벽이나 데데도 새벽시장 정도로 방문지는 압축된다. 하지만 사람이 잘 찾지 않아 신비로움마저 자아내는 천혜의 아름다운 비치들이 북서부에 집중돼 있다.

대표 관광지 사랑의 절벽, 리티디안 비치
이것만은 꼭! 숨은 진주 같은 비치 찾아 가기

괌 전도

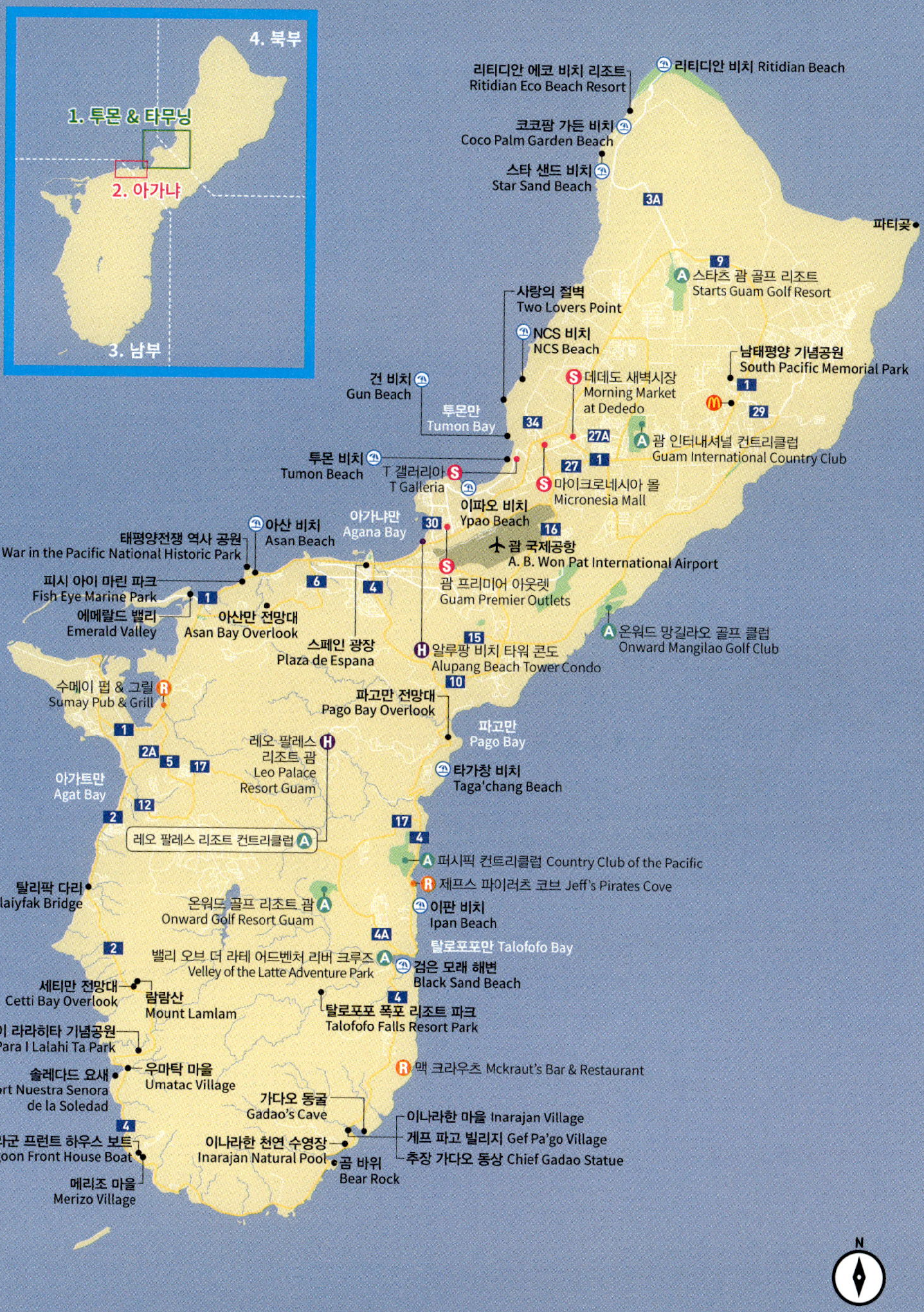
4. 북부
1. 투몬 & 타무닝
2. 아가냐
3. 남부
리티디안 비치 Ritidian Beach
리티디안 에코 비치 리조트
Ritidian Eco Beach Resort
코코팜 가든 비치
Coco Palm Garden Beach
스타 샌드 비치
Star Sand Beach
3A
파티곶
9
스타츠 괌 골프 리조트
Starts Guam Golf Resort
사랑의 절벽
Two Lovers Point
NCS 비치
NCS Beach
남태평양 기념공원
South Pacific Memorial Park
건 비치
Gun Beach
데데도 새벽시장
Morning Market
at Dededo
1
29
투몬만
Tumon Bay
34
27A
괌 인터내셔널 컨트리클럽
Guam International Country Club
투몬 비치
Tumon Beach
T 갤러리아
T Galleria
27
1
마이크로네시아 몰
Micronesia Mall
이파오 비치
Ypao Beach
아가냐만
Agana Bay
30
16
괌 국제공항
A. B. Won Pat International Airport
아산 비치
Asan Beach
태평양전쟁 역사 공원
War in the Pacific National Historic Park
6
4
피시 아이 마린 파크
Fish Eye Marine Park
1
괌 프리미어 아웃렛
Guam Premier Outlets
에메랄드 밸리
Emerald Valley
아산만 전망대
Asan Bay Overlook
15
온워드 망길라오 골프 클럽
Onward Mangilao Golf Club
스페인 광장
Plaza de Espana
알루팡 비치 타워 콘도
Alupang Beach Tower Condo
수메이 펍 & 그릴
Sumay Pub & Grill
10
파고만 전망대
Pago Bay Overlook
1
레오 팔레스
리조트 괌
Leo Palace
Resort Guam
파고만
Pago Bay
2A
5
17
아가트만
Agat Bay
타가창 비치
Taga'chang Beach
12
2
17
레오 팔레스 리조트 컨트리클럽
4
퍼시픽 컨트리클럽 Country Club of the Pacific
제프스 파이러츠 코브 Jeff's Pirates Cove
탈리팍 다리
Talaiyfak Bridge
온워드 골프 리조트 괌
Onward Golf Resort Guam
이판 비치
Ipan Beach
4A
2
탈로포포만 Talofofo Bay
밸리 오브 더 라테 어드벤처 리버 크루즈
Velley of the Latte Adventure Park
검은 모래 해변
Black Sand Beach
세티만 전망대
Cetti Bay Overlook
4
람람산
Mount Lamlam
탈로포포 폭포 리조트 파크
Talofofo Falls Resort Park
파라 이 라라히타 기념공원
Para I Lalahi Ta Park
맥 크라우츠 Mckraut's Bar & Restaurant
솔레다드 요새
Fort Nuestra Senora
de la Soledad
우마탁 마을
Umatac Village
가다오 동굴
Gadao's Cave
이나라한 마을 Inarajan Village
4
게프 파고 빌리지 Gef Pa'go Village
메리조 라군 프런트 하우스 보트
Merizo Lagoon Front House Boat
이나라한 천연 수영장
Inarajan Natural Pool
추장 가다오 동상 Chief Gadao Statue
곰 바위
Bear Rock
메리조 마을
Merizo Village
N

Guam Q&A

괌 여행 전 가장 많이 묻는 질문 8가지

'괌 여행 한번 가볼까?' 하고 생각하는 사람들이 가장 궁금해하는 질문들은 하루에도 수십 건씩 인터넷에 올라온다. 네이버와 괌 여행 카페의 질문들을 종합해 처음 괌 여행을 계획하는 사람들에게 도움이 될 만한 사항 8가지를 뽑았다.

Q1.
괌 여행비용은 얼마나 들까요?

A1. 가장 큰 비중을 차지하는 것은 항공료와 호텔 요금이다. 항공료는 최저 25만 원에서 60만 원까지. 호텔은 1박에 15만 원에서 30만 원 사이다. 식사는 1회당 평균 2만 원, 렌터카는 1일 5만 원에서 10만 원 선(여기에 완전자차보험과 주유를 포함하면 1일당 2~4만 원 추가). 기타 간식, 입장료, 잡비 등을 1일 5만 원 정도 잡는다면, 2인 성인 여행 기준, 1인당 3박 4일에 약 100~150만 원 정도 예상된다. 이 외 옵션 투어, 쇼핑 비용을 추가한다.

Q2.
비자나 ESTA를 꼭 받아야 하나요?

A2. 괌은 45일 이내 무비자 체류가 가능하며, 입국 전 비행기에서 나눠주는 비자면제신청서를 작성해 입국심사를 받으면 된다. 그럼에도 불구하고 괌 여행 시 ESTA(미국 전자여행 허가제 Electronic System for Travel Authorization의 준말로, 미국비자면제 프로그램의 일환)를 받는 이유는 ESTA로 입국심사를 받는 것이 대체로(물론 아닐 때도 있다) 대기 시간이 짧기 때문이다. 주로 어린아이, 임산부, 노약자가 있는 경우 ESTA를 신청한다. ESTA는 괌 도착 최소 72시간 전에 공식 사이트(esta.cbp.dhs.gov)에 접속해 직접 신청한다(한글 지원, 21달러, 2년간 유효).

Q3.
꼭 렌터카가 필요한가요?

A3. 결론부터 말하면, 꼭 그렇지는 않다. 괌의 셔틀버스(트롤리버스)는 주요 호텔들과 쇼핑몰을 잇는다. 사랑의 절벽이나 아가냐, 차모로 빌리지 야시장, 데데도 새벽시장, 남부 투어 등의 유명한 관광지를 다녀올 수 있는 버스도 있고, T 갤러리아, 투몬 샌즈 플라자 같은 쇼핑몰이 직접 운영하는 무료 셔틀버스도 있다. 언제 어느 때나 편한 이동을 원한다면 렌터카를, 리조트나 투몬 비치에서 휴식을 주로 취하면서 잠깐씩 외부 출입만 하면 되는 경우 셔틀버스나 쇼핑몰 무료 셔틀버스(팬데믹 기간 운행 중단), 택시 등을 이용하면 된다.

Q4.
라면, 김치 들고 가도 되나요?

A4. 미국령의 입국금지 품목 중 하나가 육류다. 여기에는 육류 가공품도 포함되는데, 모든 라면(하물며 해물라면, 짜장라면 등도 포함) 스프에는 육류가 들어가 있다. 인터넷상에 보면 "안 걸렸다"든가, "검사를 안 한다" 등의 말이 많지만, 원칙으로 따지면 반입 불가다. 깐깐한 세관원에게 적발될 경우, 물건도 뺏기고 벌금(1만 달러)도 물게 된다. 김치, 된장, 고추장, 건어물, 햇반 등은 반입 가능하지만, 세관신고서에는 기입하는 것이 원칙이다. 괌 어느 슈퍼마켓을 가도 한국 라면 및 햇반, 김치, 고추장, 된장, 각종 반찬류는 다 있다.

Q5. 호텔(리조트) 어디가 좋아요?

A5. 호텔(리조트)은 예산과 여행 스타일에 따라 달라진다. 어느 곳이나 장단점이 존재하기 때문에 무조건 어디가 좋고 나쁘다고 말할 수 없다. 시내 중심 투몬 비치 바로 앞에 있는 호텔들은 비싸고 그 양옆으로 위치한 호텔들은 상대적으로 저렴하다. 옵션 투어나 쇼핑 위주로 여행을 계획한 경우, 굳이 비치 근처, 수영장 있는 호텔을 고집하지 않아도 된다(참고로 투몬 비치는 호텔 개인 소유가 아니기 때문에, 누구나 자유롭게 접근할 수 있다). 대가족 여행이라면 콘도형 호텔을, 경비 절감을 원한다면 게스트 하우스 혹은 에어비앤비(이때에는 대부분 렌터카가 필요)를 이용하는 것도 좋다.

Q6. 새벽 도착 시 호텔을 몇 박으로 하나요?

A6. 대부분의 호텔은 낮 12시 이전 체크아웃, 오후 2~3시 이후 체크인이 규정이다. 하지만 룸 사정에 따라 규정보다 1~2시간 전에는 체크인을 해주는 곳도 많다. 늦은 체크아웃은 이용 시간에 따라 추가 요금을 지불해야 한다. 오전 2~3시경 괌에 도착할 경우, 호텔 체크인 날짜는 그 전날로 예약해야 한다. 이른 새벽에 괌에서 출발하는 귀국편의 경우, 자정 전 공항으로 이동하게 되더라도 체크아웃 날짜를 그다음 날로 예약해 호텔에서 쉬었다 가는 경우가 많다. 예산을 절약하기 위해, 괌 출·도착 날에는 저가 호텔/게스트 하우스를 예약해 잠만 자고 이동하는 것도 한 방법이다.

Q7. ○○호텔에서 ○○까지 걸어갈 수 있나요?

A7. 투몬 시내 메인 도로 양쪽으로는 호텔들이 몰려 있어 흔히 '호텔 로드'라고 부른다. 이 중에서도 JP 슈퍼스토어부터 더 플라자까지의 '쇼핑 스트리트'에는 맛집들도 모여 있어, 그야말로 중심지라 할 수 있다. 웨스틴부터 하얏트까지는 쇼핑 스트리트로의 도보 접근이 수월하지만, 그 외 지역에서는 쉽지 않다. 어느 호텔에서든 GPO, 마이크로네시아 몰은 차량을 꼭 이용해야 한다.

Q8. 팁을 줘야 하나요?

A8. 미국에서 팁은 선택이 아닌 필수다. 레스토랑의 경우, 보통 총금액의 10~15%를 팁으로 지불하면 되는데, 영수증에 SVC 10%라고 쓰여 있으면 따로 팁을 챙길 필요가 없다. 택시를 탔을 때도 요금의 10%를 팁으로 지불하거나, 잔돈을 받지 않는 방법이 있다. 호텔 룸 청소 시 테이블에 1달러를 올려놓으면 되고, 짐 운반이나 룸서비스 이용 시에도 1달러 정도 팁으로 지불한다.

Plan 1.

3박 4일 휴식형 여행자 코스
괌 오후 도착, 오후 출발의 경우

무엇보다 휴식이 필요한 사람들을 위한 일정. 선셋 바비큐, 드라이브, 해양 스포츠 옵션까지 꼼꼼하게 즐기지만 절대 무리하지 않는다. 특별히 쇼핑에 관심이 없다 해도, 누구나 관심 있는 의약품과 먹거리, 기념품 등을 한곳에서 구입할 수 있는 K마트와 ABC 스토어는 빼먹지 말자.

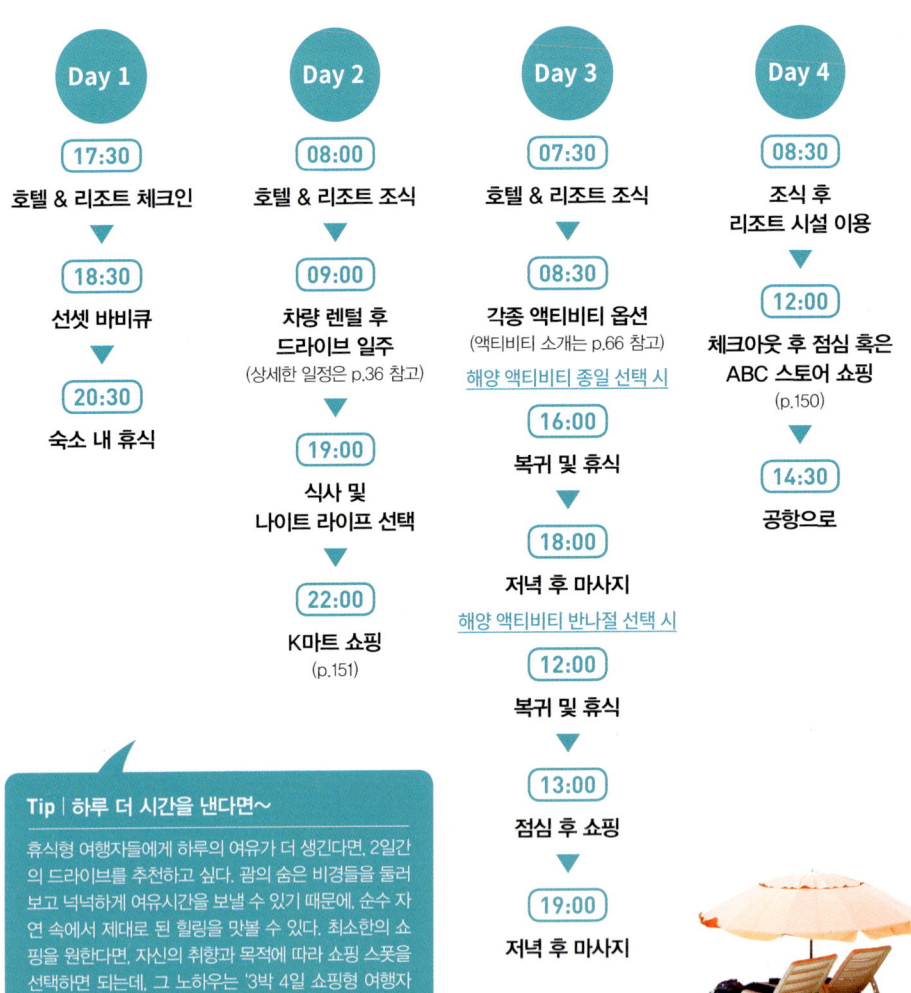

Day 1
- **17:30** 호텔 & 리조트 체크인
- **18:30** 선셋 바비큐
- **20:30** 숙소 내 휴식

Day 2
- **08:00** 호텔 & 리조트 조식
- **09:00** 차량 렌털 후 드라이브 일주 (상세한 일정은 p.36 참고)
- **19:00** 식사 및 나이트 라이프 선택
- **22:00** K마트 쇼핑 (p.151)

Day 3
- **07:30** 호텔 & 리조트 조식
- **08:30** 각종 액티비티 옵션 (액티비티 소개는 p.66 참고)
- 해양 액티비티 종일 선택 시
- **16:00** 복귀 및 휴식
- **18:00** 저녁 후 마사지
- 해양 액티비티 반나절 선택 시
- **12:00** 복귀 및 휴식
- **13:00** 점심 후 쇼핑
- **19:00** 저녁 후 마사지

Day 4
- **08:30** 조식 후 리조트 시설 이용
- **12:00** 체크아웃 후 점심 혹은 ABC 스토어 쇼핑 (p.150)
- **14:30** 공항으로

Tip | 하루 더 시간을 낸다면~
휴식형 여행자들에게 하루의 여유가 더 생긴다면, 2일간의 드라이브를 추천하고 싶다. 괌의 숨은 비경들을 둘러보고 넉넉하게 여유시간을 보낼 수 있기 때문에, 순수 자연 속에서 제대로 된 힐링을 맛볼 수 있다. 최소한의 쇼핑을 원한다면, 자신의 취향과 목적에 따라 쇼핑 스폿을 선택하면 되는데, 그 노하우는 '3박 4일 쇼핑형 여행자 코스'의 팁에 소개돼 있다.

Plan 2.

3박 4일 관광형 여행자 코스
괌 오후 도착, 오후 출발의 경우

무엇보다 볼거리에 초점을 둔 여행이다. 관광지는 괌 전역에 펼쳐져 있다. 실제 이동 거리가 먼 것은 아니지만, 사소한 것 하나까지 놓치지 않으려면 이틀간의 드라이브는 필수이다. 취향에 따라 반나절로 드라이브를 줄이고 반나절을 쇼핑이나 액티비티 옵션 투어에 할애할 수 있다.

Day 1
- 17:30 호텔 & 리조트 체크인
- 18:30 선셋 바비큐
- 20:30 숙소 내 휴식

Day 2
- 08:00 호텔 & 리조트 조식
- 09:00 차량 렌털 후 중북부 드라이브 일주 (상세한 일정은 p.38 참고)
- 19:00 저녁 및 나이트 라이프 선택
- 22:00 K마트 쇼핑 (p.151)

Day 3
- 07:30 호텔 & 리조트 조식
- 09:00 남부 드라이브 일주
  드라이브 종일 선택 시
- 18:00 저녁 후 마사지
  드라이브 반나절 선택 시
- 13:00 점심 후 쇼핑 혹은 반나절 각종 액티비티 옵션 (액티비티 소개는 p.66 참고)
- 19:00 저녁 후 마사지

Day 4
- 08:30 조식 후 리조트 시설 이용
- 12:00 체크아웃 후 점심 혹은 ABC 스토어 쇼핑 (p.150)
- 14:30 공항으로

> **Tip | 놓치지 마세요, 여기!**
> 렌터카로만 갈 수 있는 NCS 비치와 리티디안 비치는 나만이 알고 싶은 숨은 보석 같은 곳이다. 30분 정도 언덕길을 오를 자신이 있다면 람람산 트레킹도 추천한다. 세 곳 다 찾아가기 쉽지 않은 만큼 볼거리는 최고다.

Plan 3.

3박 4일 쇼핑형 여행자 코스
괌 오후 도착, 오후 출발의 경우

괌의 주요 쇼핑몰을 모두 도는 일정이다. 괌 프리미어 아웃렛은 로스의 물건 확보를 위해 오전에 다녀오도록 한다. 드라이브는 관광지 방문을 목적으로 하기보다 기분 전환 겸 섬을 한 바퀴 돈다고 생각하는 것이 좋다.

Day 1
- 17:30 호텔 & 리조트 체크인
- 18:30 선셋 바비큐
- 20:30 숙소 내 휴식

Day 2
- 08:00 호텔 & 리조트 조식
- 09:00 차량 렌털 후 반나절 드라이브 (상세한 일정은 p.36 참고)
- 15:00 T 갤러리아, 더 플라자 쇼핑 (p.140, 148)
- 18:00 저녁 식사
- 19:00 투몬 샌즈 플라자 쇼핑 (p.147)
- 22:00 K마트 쇼핑 (p.151)

Day 3
- 09:00 호텔 & 리조트 조식
- 10:00 GPO 쇼핑 (p.142)
- 12:00 점심 식사
- 13:00 리조트 내 휴식
- 17:00 마이크로네시아 몰 쇼핑 (p.144)
- 19:00 저녁 및 나이트 라이프 혹은 마사지

Day 4
- 08:00 조식
- 11:00 체크아웃 후 JP 슈퍼스토어, ABC 스토어 쇼핑 (p.139, 150)
- 13:00 점심 식사
- 14:30 공항으로

Tip | 쇼핑몰 선택과 집중의 노하우
명품 브랜드 쇼핑은 T 갤러리아를 비롯해 시내에 밀집한 쇼핑몰과 공항 면세점만으로도 충분하다. 로스와 타미힐피거는 GPO와 마이크로네시아 몰에 다 있기 때문에, 가격이 중요한 사람은 GPO로, 좋은 디자인과 품질, 유아복 쇼핑이 필요한 사람은 마이크로네시아 몰에 집중한다.

Plan 4.

3박 3일 주말 집중 여행자 코스
괌 새벽 도착, 새벽 출발의 경우

주말+1일, 총 3일밖에 시간이 안 되는 사람들을 위한 일정이다. 드라이브, 해양 스포츠, 쇼핑, 리조트 시설 이용 등 괌에서 즐길 수 있는 모든 요소들이 포함돼 있다. 취향에 따라 우선순위를 정하고 좀 더 관심 있는 것에 시간을 넉넉히 배정하자.

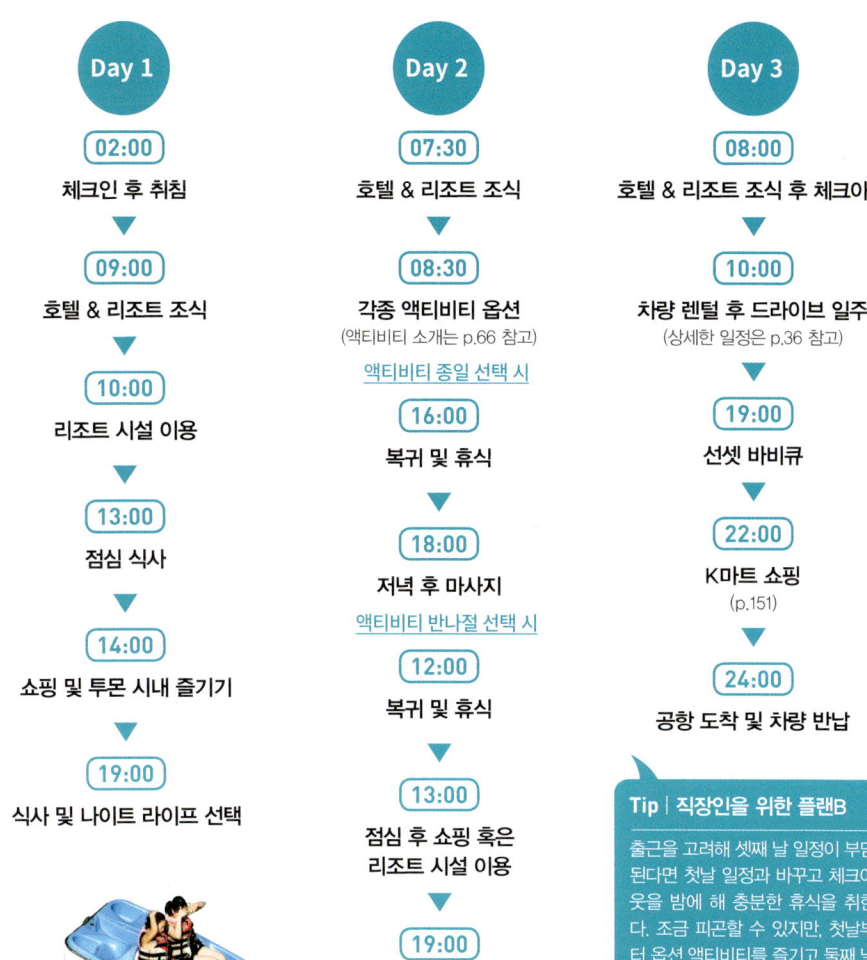

Day 1
- 02:00 체크인 후 취침
- 09:00 호텔 & 리조트 조식
- 10:00 리조트 시설 이용
- 13:00 점심 식사
- 14:00 쇼핑 및 투몬 시내 즐기기
- 19:00 식사 및 나이트 라이프 선택

Day 2
- 07:30 호텔 & 리조트 조식
- 08:30 각종 액티비티 옵션 (액티비티 소개는 p.66 참고)

액티비티 종일 선택 시
- 16:00 복귀 및 휴식
- 18:00 저녁 후 마사지

액티비티 반나절 선택 시
- 12:00 복귀 및 휴식
- 13:00 점심 후 쇼핑 혹은 리조트 시설 이용
- 19:00 저녁 후 마사지

Day 3
- 08:00 호텔 & 리조트 조식 후 체크아웃
- 10:00 차량 렌털 후 드라이브 일주 (상세한 일정은 p.36 참고)
- 19:00 선셋 바비큐
- 22:00 K마트 쇼핑 (p.151)
- 24:00 공항 도착 및 차량 반납

Tip | 직장인을 위한 플랜B
출근을 고려해 셋째 날 일정이 부담된다면 첫날 일정과 바꾸고 체크아웃을 밤에 해 충분한 휴식을 취한다. 조금 피곤할 수도 있지만, 첫날부터 옵션 액티비티를 즐기고 둘째 날 드라이브, 셋째 날 리조트 시설 이용 및 쇼핑으로 변용할 수도 있다.

Plan 5.

3박 3일 뚜벅이 여행자 코스
괌 새벽 도착, 새벽 출발의 경우

운전면허가 없거나 해외 운전에 자신이 없는 사람, 최대한 비용을 아끼기 원하는 사람들을 위한 코스다. 이른 새벽 괌 출·도착 비행기편과 트롤리버스를 이용, 옵션 투어 없이 괌의 하이라이트들을 즐겨본다.

Day 1
- **04:00** 체크인 후 취침
- **11:00** 브런치 즐기기
- **13:00** 마이크로네시아 몰 쇼핑 (p.144)
- **15:00** 사랑의 절벽 (p.99)
- **17:00** 이른 저녁 식사
- **18:00** 건 비치 혹은 더 비치 바에서 선셋 (일몰은 p.206 참고)

Day 2
- **10:00** 남부 투어
- **14:00** 점심 식사
- **15:00** 투몬 비치 휴식
- **19:00** 저녁 후 쇼핑거리 산책

Tip | 뚜벅이를 위한 실속 정보!
팬데믹 기간 중 트롤리 셔틀버스는 운행이 축소되었다. 상황에 따라 버스 운행은 확대 예정으로, 셔틀 운행 시간에 따라 일정 조정이 필요하다. 이 기간 남부 투어는 택시를 이용할 수 있다. 투몬 비치 중 이파오 비치가 시설물도 잘돼 있고 수질도 훌륭하다. 괌 리프 호텔에서 롯데 호텔로 이어지는 비치는 한적하고 모래도 곱다. 드문드문 그늘도 있어 돗자리 하나에 음료수, 책 하나 준비하면 그만이다.

Day 3
- **10:00** 체크아웃 후 아가냐 셀프 투어
- **13:00** 차모로 빌리지 일대 점심 식사
- **14:00** 아가냐만 비치 휴식 (투레 카페 티타임)
- **16:00** GPO 쇼핑 (p.142)
- **18:00** K마트 쇼핑 (p.151)
- **20:00** 저녁 식사 후 휴식 및 공항 이동

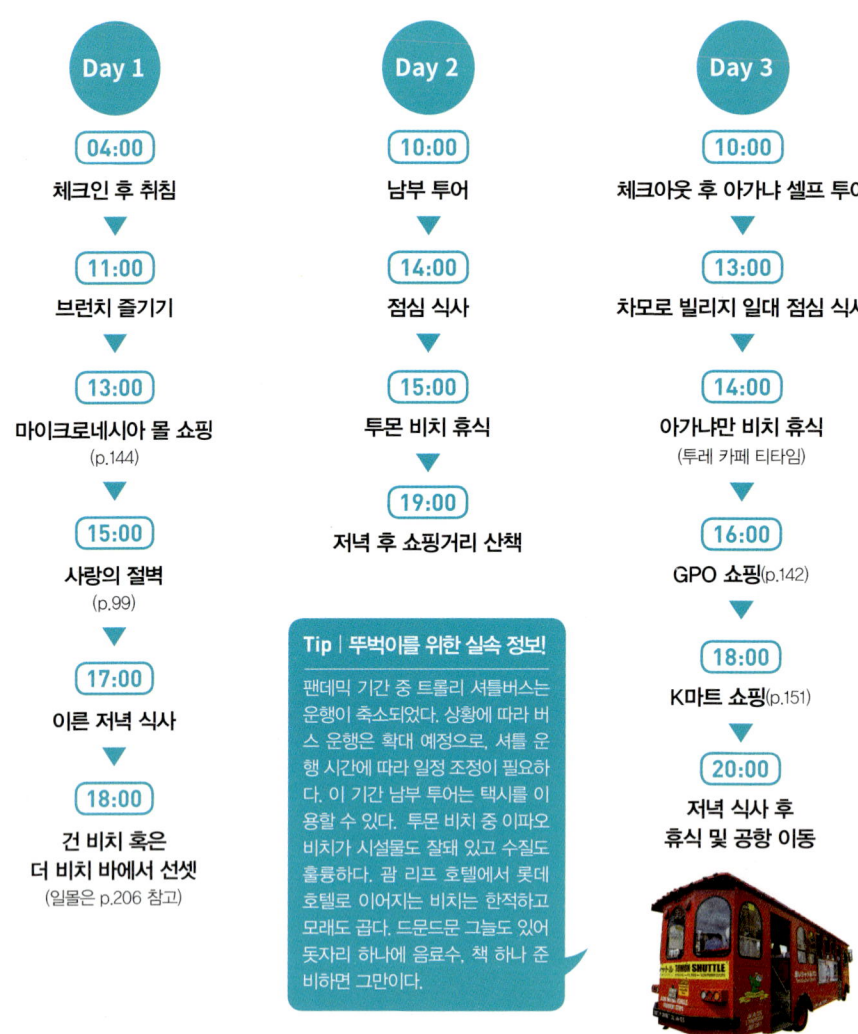

Plan 6.

<배틀트립-괌 편> 따라 하기

여행 프로그램의 홍수 속에서도 인기를 얻은 〈배틀트립〉에서 2주년 특집으로 괌 여행을 소개했다. 세 MC들이 선택한 괌 숙소, 맛집, 볼거리와 옵션 투어들을 핵심만 뽑아 소개한다. 자, 이제 당신의 선택은 어디?

PIC 괌 (p.189)
각종 워터 액티비티로 초중학생을 동반한 가족 여행객들이 가장 선호하는 곳.

리틀 피카스 (p.159)
현지인이 극찬하는 브런치 카페. 인기메뉴는 차모로 베네딕트와 로코 모코.

반 타이 (p.161)
4년 연속 괌 최고의 타이 레스토랑으로 선정된 곳. 가격도 적당하고 우리 입맛에도 딱이다.

프로아 레스토랑 (p.159)
괌 맛집의 대표 주자로, 차모로 전통 바비큐를 맛볼 수 있는 곳. 본점은 예약 필수.

비치 슈림프 (p.163)
새우요리 전문점으로, 인기메뉴는 감바스와 코코넛 슈림프. 그야말로 맥주를 부르는 맛이다.

K마트 (p.151)
괌에서 가장 유명한 대형 마트. MC들에게 합격점을 받은 건 초코맛 변비약(EXLAX).

사랑의 절벽 (p.99)
투몬만이 한눈에 내려다보이는 최고의 전망과 애잔한 사랑의 전설이 깃든 곳.

경비행기 (p.68)
하늘에서 내려다보이는 투몬만의 절경과 직접 비행기를 조종해 보는 특별한 경험의 콜라보.

돌핀 와칭 (p.66)
눈앞을 헤엄쳐 지나가는 돌고래도 보고 낚시와 스노클링도 즐기는 온 가족 200% 만족 투어.

Plan 7.

로맨틱 드라마 따라 하기 1일 코스

송승헌, 신세경 주연의 드라마 〈남자가 사랑할 때〉는 괌 곳곳의 아름다움을 화면에 담았다. 정작 송승헌보다, 신세경을 가운데 두고 라이벌 관계를 형성한 연우진이 신세경과의 풋풋한 감정을 키워 내던 괌은 시작하는 연인들의 상큼함만큼이나 매력 만점이다.

❶ 사랑의 절벽 p.99

전망대에서 투몬만을 바라보며 감탄하는 신세경. 투명한 바다와 깎아지른 듯한 절벽. 종을 치면 사랑이 이뤄진다는 연우진의 말에 신세경이 종을 친다.

❸ 차모로 빌리지 p.103

신세경이 이것저것 기념품을 구경하다가 우연히 연우진의 사진에 찍히게 되고, 한국에서의 첫 만남 이후 드디어 재회를 하게 되는 곳이다.

❷ 아가냐 대성당과 스페인 광장 p.102, 101

노란색 원피스와 챙이 긴 모자를 쓴 신세경이 대성당과 옛 무기고의 아치문을 보며 정신없이 사진을 찍는다. 스페인 광장 일대는 예쁜 사진을 남기기에 더할 나위 없이 좋다.

❹ 자메이칸 그릴 (아가냐점) p.165

점심

신세경과 연우진이 함께 점심 식사를 하려던 곳. 신세경이 가방을 도난당한다. 이곳의 시그니처 메뉴는 자메이카 전통 저크 소스를 바른 바비큐로, 가격 역시 착하다.

5 자유의 여신상 (파세오 공원) p.106

가방을 도둑맞고 그 뒤를 쫓다 지친 신세경이 바닥에 주저앉아 숨을 고르던 곳. 연우진이 가방을 찾아온다. 이곳의 자유 여신상은 괌의 해방과 자유를 상징한다.

6 솔레다드 요새 p.111

다음 날 우마탁에서의 만남을 제안한 우진. 솔레다드 요새의 의자에 앉아 신세경을 기다리는 연우진의 모습 뒤로 우마탁 마을과 새파란 바다가 한눈에 들어온다.

7 이나라한 천연 수영장 p.113

저 멀리 넘실거리는 파도와 푸른 바다를 배경으로 다이빙대 위에 오른 연우진이 시원스레 뛰어내려 수영을 즐기던 곳.

8 더 비치 바에서 선셋 (건 비치) p.132

저녁 혹은 맥주

오렌지빛 석양을 뒤로하고 시원한 맥주를 들이켜는 신세경. 낮술 땡길 때 최고라고 연우진이 추천해 주던 바에서 둘의 만남은 다시 이어진다.

Plan 8.

아가냐 셀프 시티 투어 코스

괌 관광청이 선보이는 아가냐 문화유산 워킹 트레일은 괌 3천 년의 역사를 돌아볼 수 있는 셀프 시티 투어 루트다. 렌터카가 있으면 이동이 수월하지만, 뚜벅이 여행자들도 불가능하지는 않다. 단, 강렬한 햇빛과 더위를 뚫고 열심히 걷겠다는 마음가짐은 필수! 가장 더운 한낮은 피하고 오전이나 늦은 오후로 일정을 잡는 것이 좋다.

① 아가냐 쇼핑센터 ★★ p.148

뚜벅이 여행자 경우

History 현재
투몬 호텔들을 오가는 셔틀버스들이 선다. 쇼핑센터 내외에 각종 맛집들이 밀집해 있고, 페이레스 슈퍼마켓도 위치해 있다.

차로 20분 | 뚜벅이 ▼

② 산타 아규에다 요새 ★★ p.107

History 스페인 점령 시대
바다와 시내 전망이 훌륭한 곳이다. 언덕길을 올라야 하지만, 탁 트인 전망은 수고를 감수할 만하다.

차로 5분 ▼

③ (옛) 총독 관저 ★ p.105

History 제2차 세계대전 이후
1954년 건축된 옛 총독 관저다. 현재는 관공서(지역 문화 행사장)로 사용하고 있다.

차로 7분 ▼

④ 라테 스톤 공원 & 일본인 동굴 ★★ p.106

History 초기 역사시대 & 일본 점령기
차모로인들의 전통 집 돌기둥(이를 '라테 스톤'이라 부른다)을 보존하고 있는 공원이다. 한쪽에는 일본인들이 파놓은 동굴이 있다.

차로 5분 ▼

⑤ 아가냐 대성당 ★★★ p.102

History 제2차 세계대전 이후
괌 최초의 성당으로, 제2차 세계대전의 폭격으로 1959년 재건축됐다. 기부금 명목으로 입장료 1달러를 받는다. 신자가 아니라면 외부 관람만으로도 OK!

차로 5분 ▼

⑥ 스페인 광장 ★★★ p.101

History 스페인 식민시대
스페인 총독이 거주했던 관저 터를 중심으로 스페인 점령 시대의 흔적들이 남은 곳이다. 괌GUAM 스펠링 구조물을 세운 포토존은 절대 놓치지 말 것.

차로 1분 ▼

7 괌 박물관 ★★★　　p.104

History 초기 역사시대~현재

괌의 역사와 문화, 자연환경을 소개하는 박물관으로, 아이들을 동반한 가족 여행객들이 주로 찾는다. 웅장하고 멋진 외관은 사진 찍기 그만이다.

10 파세오 공원 ★★　　p.106

History 제2차 세계대전 이후

아가냐 항구에서 파세오 공원으로 이어지는 해안은 물 맑기가 상상을 초월한다. 회를 좋아한다면 '괌 피셔맨즈 코업'에서 회를 사 공원으로 가자.

8 스키너 광장 & 시레나 공원 ★★★　p.104, 105

History 스페인 식민시대~현재

스키너 광장엔 제2차 세계대전 전사자를 위한 추모비와 기념상이, 시레나 공원엔 산 안토니오 다리, 인어상 등 볼거리가 있다.

11 추장 퀴푸하 공원 ★　　p.107

History 스페인 선교사 정착기

공원이라기보다는 중앙에 퀴푸하 추장의 동상을 세운 교차로에 더 가깝다. 동상은 늠름한 차모로인을 상징하는 것이다.

9 차모로 빌리지 ★★★　　p.103

점심 식사

History 현재

수요일 밤의 야시장이 유명하지만, 평일 낮에도 야시장에서 판매하는 음식을 맛볼 수 있어 점심 식사하기 좋다.

12 파드레 팔로모 공원 ★　　p.105

History 초기 미국 식민시대

차모로족 출신의 첫 가톨릭 신부였던 팔로모 신부를 기념하는 곳으로 역사적 의미 외 특별한 볼거리는 없다.

⑬ 미해군 묘지 ★

워킹 트레일 종료

History 제2차 세계대전
20세기 미군이 참여했던 각종 전투에서 사망한 자들의 유해가 안장된 곳. 아주 작고 평화로운 묘지다.

⑭ 투레 카페 ★★★   p.177

티타임

History 현재
테라스에 앉아 커피 한잔 마시며 멍 때리기 좋은 곳. 투몬 비치와는 또 다른 분위기에 물빛이 기가 막힌다!

● **아가냐 문화유산 워킹 트레일**
Hagatna Heritage Walking Trail**이란**

아가냐는 1668년 마리나 제도 Mariana Islands의 수도였다가 1898년 오직 괌만을 위한 수도가 되었다. 1668년 이후 30년간 마리나 제도의 모든 섬은 스페인의 지배 아래 있었다. 그 후 오늘에 이르기까지(제2차 세계대전 중 3년간은 일본이 점령) 괌은 미국령의 해외영토로 미국의 행정 체계를 따르고 있는데, 아가냐의 건축물과 기념물들은 차모로족이 거주했던 때부터 오늘에 이르기까지 괌의 역사를 잘 보여주고 있다.

● **괌의 역사와 관광지**

BC1687~1700
라테 스톤 시대 및 초기 역사시대
↳ 라테 스톤 공원

1668~1699
스페인 선교사들의 정착 및 차모로–스페인 전쟁
↳ 추장 퀴푸하 공원

1700~1898
스페인 식민시대
↳ 스페인 광장, 산타 아규에다 요새,
  산 안토니오 다리(시레나 공원 내)

1898~1941
초기 미국 식민시대
↳ 파드레 팔로모 공원

1941~1944
제2차 세계대전–일본 군사점령
↳ 일본인 동굴, 미해군 묘지

1944~현재
제2차 세계대전 이후 오늘까지
↳ 아가냐 대성당, 파세오 공원,
  차모로 빌리지, 아가냐 쇼핑센터

Plan 9.
최고의 드라이브 코스 완전 정복!

괌에서 빼놓을 수 없는 것 중 하나가 드라이브다.
대체로 하루 정도 렌털을 하면 괌 곳곳의 주요 관광지를 돌아볼 수 있다.
하지만 숨겨진 비경을 둘러보며 여유를 즐기려면 2일 코스를 추천한다.

─ ─ ─ ─ ─ ─ 1일 코스 ─ ─ ─ ─ ─ ─

Day 1

09:30
사랑의 절벽(p.99)
▼
10:30
산타 아규에다 요새
(p.107)
▼
12:00
아가냐 대성당과
스페인 광장 일대
(p.102, 101)
▼
점심 식사
▼
13:30
리카르도 J. 보르달로
주정부 종합 청사
(p.108)
→
14:00
에메랄드 밸리
(p.57)
▲
14:40
세티만 전망대와
파라 이 라라히타 기념공원(p.110)
▲
15:00
우마탁 마을과
솔레다드 요새(p.111)
▲
16:00
메리조 마을
(p.112)
▲
16:40
곰 바위
(p.114)
→
17:00
이나라한 천연 수영장과
이나라한 마을(p.113)
▼
18:00
파고만 전망대
(p.115)

> **코스 정리**
> **1일 코스 핵심 정리**
> 1일 코스는 사랑의 절벽과 남부 투어의 주요 명소를 돌아보는 것이다(이 코스들은 렌터카 없이 레드 구아한 셔틀버스와 남부 택시 투어를 이용해 돌아볼 수도 있다). 점심 식사는 아가냐의 맛집들 중 한 곳에서 즐긴다. 소개된 남부 관광지는 굉장한 볼거리를 기대했다면 실망할 수도 있다. 하지만 아름다운 자연경치와 기분전환 드라이브에 초점을 둔다면 충분히 좋은 시간이 될 것이다.

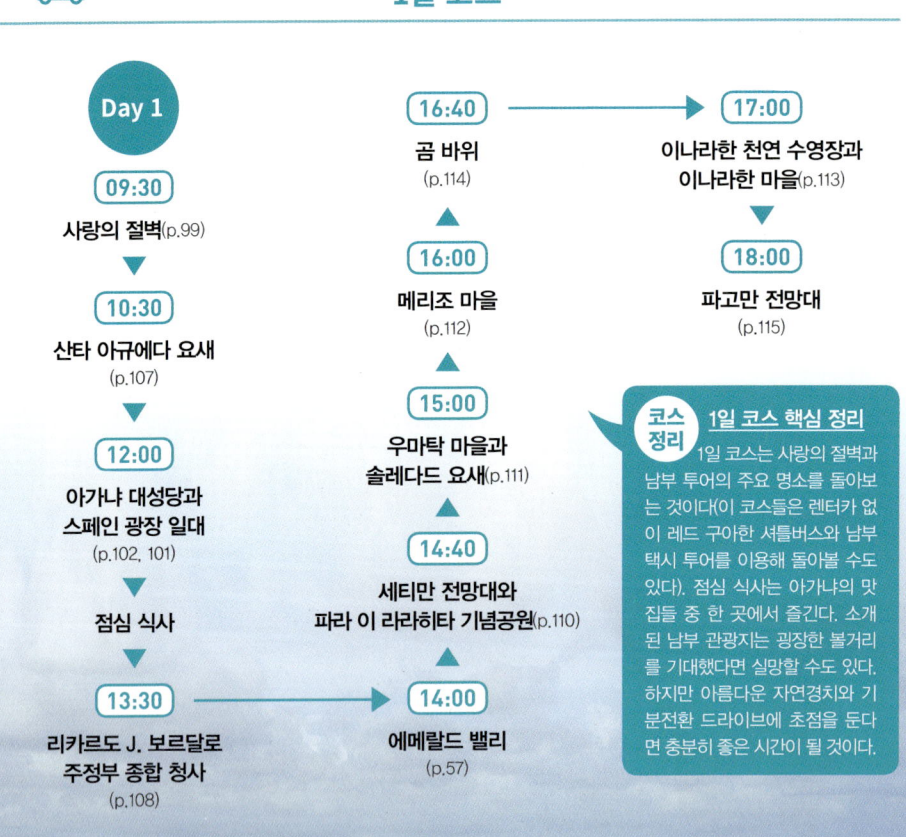

드라이브 1일 코스

— 2일 코스 —

Day 1

10:00
사랑의 절벽(p.99)
▼
11:00
NCS 비치(p.56)
▼
점심 식사
▼
13:00
리티디안 비치(p.56)
▼
15:00
투레 카페(앞 비치)
(p.177)
▼
16:00
차모로 빌리지(p.103)
▼
17:00
아가냐 대성당과
스페인 광장 일대
(p.102, 101)
▼
18:00
산타 아규에다(아푸간)
요새 일몰
(p.107, 일몰은 p.206 참고)

Day 2

10:00
리카르도 J. 보르달로
주정부 종합 청사
(p.108)

10:40
피시 아이 마린 파크(p.108)

11:40
에메랄드 밸리(p.57)

12:30
아산만 전망대(p.109)
▼
점심 식사

14:00
세티만 전망대와
파라 이 라라히타 기념공원
(p.110)
▼
14:30
우마탁 마을과
솔레다드 요새(p.111)
▼
15:30
메리조 마을(p.112)

16:20
곰 바위(p.114) ———→

18:30
파고만 전망대(p.115)
▲
17:30
검은 모래 해변과
제프스 파이러츠 코브(p.59, 179)
▲
16:30
이나라한 천연 수영장과
이나라한 마을(p.113)

코스 정리

1일차
이날은 숨은 비경들을 만나볼 수 있기 때문에 괌의 진가를 제대로 느낄 수 있다. 버섯 바위가 에메랄드빛 바다 위에 둥둥 떠 있는 환상적인 풍경의 NCS 비치와 사람의 손길이 닿지 않은 리티디안 비치, 투몬 비치와는 또 다른 물빛을 보여주는 투레 카페 앞 아가냐만의 비치는 탄성이 절로 나온다.

2일차
둘째 날은 주정부 종합 청사를 거쳐 피시 아이 마린 파크로 간다. 이곳은 수중 환경이 매우 좋은 피티 밤 홀에 위치해 있어 수중 전망대에서 바닷속을 들여다보거나 나무 다리를 건너며 탁 트인 바다 전망을 즐길 수 있다. 점심은 아가트만 가기 전에 위치한 수메이 펍에서 해결할 수 있다. 이후 남부 지역의 코스는 드라이브 1일 코스와 대동소이하다. 물놀이를 좋아한다면, 이나라한 마을의 천연 수영장에서 느긋하게 시간을 보낼 수도 있다. 북쪽으로 돌아오는 길, 출출하면 남부투어 맛집인 제프스 파이러츠 코브에 들러 제프스 버거를 맛보자.

드라이브 2일 코스

Travel Info 1.

렌터카와 괌에서의 안전 운전 A부터 Z까지

괌 구석구석을 자유롭게 즐기기 위해서는 렌터카가 가장 편리하다.
한국 면허증만으로도 운전 가능하다는 것도 큰 장점. 하지만 해외에서 이용하다 보니
꼼꼼하게 따져봐야 할 것도 많다. 특히 한국과는 다른 교통규칙들은 반드시 알아둬야 한다.

렌터카 업체 찾기

에이비스와 허츠 같은 전 세계적인 렌터카 업체뿐 아니라 한국투어렌터카, 조은렌터카처럼 한국인이 운영하는 업체도 많다. 괌 전문 여행사나 온라인 카페, 한인 게스트 하우스 등에서 예약을 대행해 주기도 한다. 각 업체마다 요금이나 사용 조건, 완전면책보험 내역, 프로모션 혜택 등이 다르기 때문에, 이것저것 따져보고 나에게 맞는 업체를 선택한다.

Tip | 렌터카 선택 전 체크리스트
- ☐ 공항 픽업/드롭이 가능한가
- ☐ 반나절 혹은 하루 렌트도 가능한가
- ☐ 하루가 24시간인가 1Day 개념인가
- ☐ 차량 반납은 24시간 가능한가
- ☐ 완전면책보험에서 예외 항목은 무엇인가
- ☐ 나에게 필요한 프로모션 혜택은 무엇인가
  (예: 카시트, 유모차, 돗자리, 아이스박스, 한국어 내비게이션, 와이파이, 연료 등 무료 제공)
- ☐ 사고 시 한국어로 도움을 받을 수 있는가

렌털 방법

○ 호텔 픽업 및 자동차 보험

렌트 당일에는 업체들이 호텔로 와 사무실까지 픽업해 간다. 사무실에서 계약서를 작성하게 되는데, 이때 자동차 보험도 함께 처리한다. 대부분의 렌터카 업체에서는 렌털과 함께 차량손실 면책프로그램CDW을 자동 가입시키며, 그 외 계약자는 완전면책보험ZDC, 대인/대물 보상보험LIS, 임차인 상해보험PAI, 추가 운전자 지정 보험 등을 가입할 수 있다.

Tip | 미국 자동차 보험의 모든 것

CDW 상대 차량에 의한 렌털 차량 손실에 대해 계약자의 부담금을 면제해 주는 보험이다. 여기에는 보상 금액coverage과 함께 자차 부담금deductible이라고 하여 일정 부분 개인이 부담하는 손실금이 있는데, 차량에 따라 500~1,000달러이다.
ex) 자차 부담금이 500달러일 때, 300달러의 견적이 나왔다. 이때 300달러의 비용을 계약자가 부담해야 한다. 만일 부담금이 200달러로 상정되어 있었다면, 계약자는 200달러, 보험사가 100달러를 부담하게 된다.
ZDC 사고 시 자차 부담금이 없는 보험. 우리가 흔히 말하는 "완전면책보험"이다. 단, 휠, 타이어, 유리창 파손, 배터리 방전, 키 분실, 차량 침수, 스크래치, 차량견인, 계약자의 과실에 의한 사고 등 예외 사항들이 많고 업체마다 적용 기준이 다르므로 꼼꼼히 체크할 것!
LIS 상대방의 대인대물 피해나, 보험이 가입되지 않은 상대에게 계약자가 피해를 입은 경우 보상해 주는 보험
PAI 사고 후유증 치료를 위해 보상해 주는 보험
PEC 차량 내 휴대품 분실 및 파손에 대해 보상해 주는 보험

○ 탑승 전 차량 체크

계약서 작성이 끝나면 직원과 함께 차 상태를 점검하며 사진을 찍어둔다. 조금이라도 스크래치가 났거나 이상이 있으면 직원에게 체크를 요구한다. 기름 양도 반드시 체크한다. 원칙적으로는 가득 채워서 반납해야 하지만, 차를 인도받을 당시 그렇지 못한 경우도 있기 때문. 계약서 사본 및 차량 상태 점검표 사본은 렌털이 끝날 때까지 잘 간수해야 한다.

○ 계약서 작성

마지막 서명 전에는 다음 사항을 중심으로 계약서를 꼼꼼히 확인하도록 한다. 계약자 이름, 빌리는 날짜와 장소, 반납하는 날짜와 장소, 보험가입 여부(Included 포함, Accepted 가입, Declined 미가입), 보험 보장 및 비보장 항목, 추가 비용 및 그 내역, 예약번호, 렌털 계약번호, 운전자 서명.

ex) Hertz의 미국 렌터카 영수증
(업체마다 다르므로 참고로만 사용)

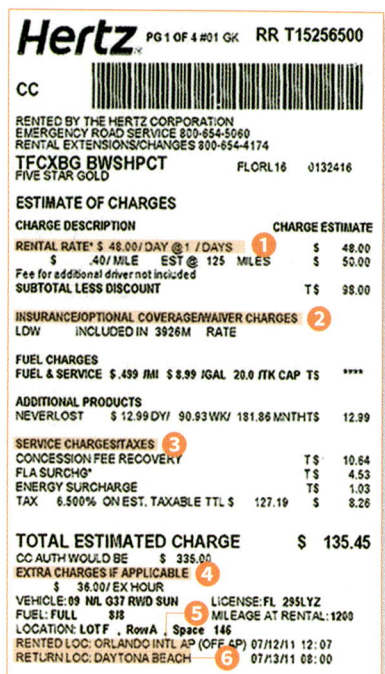

1. Rental Rate 렌털 가격
2. Insurance 보험가입 여부
3. Service Charges 봉사료 및 부가세
4. Extra Charges 추가(시간당) 요금
5. Rented LOC 렌털 장소와 날짜, 시간
6. Return LOC 반납 장소와 날짜, 시간

운전 시 주의점

01 꼼의 제한 속도(시내 약 40km, 시외 약 55km)는 반드시 지킨다.
02 특히 스쿨존, 등하교 시간에 속도에 조심한다.
03 안전벨트 착용 및 카시트/부스터 이용(12세 미만 아이)은 필수다.
04 스톱(STOP) 사인이 켜지면 사람이 없더라도 반드시 정지한다. 곳곳에 무인 감시카메라가 있다.
05 장애인 및 소방차 전용 구역에는 절대 주차하지 않는다.
06 스토퍼가 없는 곳이 많으므로 후진 시 각별히 주의한다.
07 비에 젖은 길은 매우 미끄럽고 제동거리가 길어지므로 조심해야 한다.
08 창문을 깨고 물건을 가져가는 경우가 잦다. 모든 짐은 트렁크 안에 넣는다.
09 차량 사고 시 현장에서 경찰에 신고하고 사고경위서(Police Report)를 받아야 보험을 청구할 수 있다.
10 교차로에 보이는 노란색 중앙차선은 비보호 좌회전 전용 차선이다. 중앙차선으로 진입 후 정차하여 반대선 흐름을 살피며 안전하게 좌회전한다.

Tip | 주요 도로 표지판

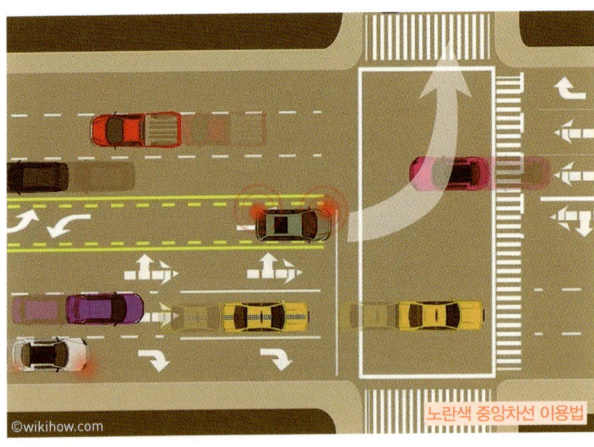

노란색 중앙차선 이용법

차량 반환 시 주의사항

01 기름은 가득 채워 반납하는 것이 원칙이다. 인수 시 기름이 가득 채워져 있지 않고 차량 상태 점검표에 그 양을 기록해 두었다면, 처음 채워져 있던 만큼 넣어 가면 된다.
02 업체에 따라서는 너무 더러운 상태에서 차량을 반납할 경우 추가 비용을 부가하기도 한다.

셀프 주유하기

괌의 주유소 대부분은 셀프 주유 시스템을 적용한다. 국내와 큰 차이는 없지만, 셀프 주유법이 익숙하지 않다고 해도 미리 겁먹지 말고 빈 주유기 앞에 주차 후 주유구를 연다. 그리고 다음의 순서대로 차근차근 따라하면 된다(주유소에 따라 조금씩 다를 수 있지만, 대동소이하다).

Tip | 셀프 주유 전문용어

처음 셀프 주유를 해야 하는 사람은 주유기 용어에 익숙하지 않아 설명을 들어도 잘 이해가 안 된다. 다음의 사진을 참고하면 걱정 뚝!

주의 보통 한 주유기에 2개의 공급기가 있는데, 일반 휘발유는 unleaded라고 쓰인 것이다.

01 주유기 화면에서 Free Set에 해당하는 버튼을 누른다.

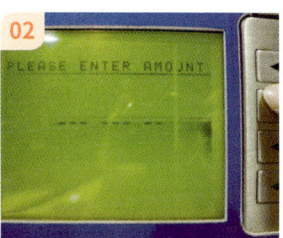

02 원하는 주유 금액에 해당하는 숫자 버튼을 누른다.

그립 / 주유 공급기 / 주유구

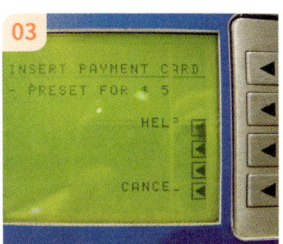

03 주유 금액이 뜨면 신용카드로 결제를 하거나 카운터에 가서 주유기 번호를 대며 현금 지불한다.

04 주유 공급기를 떼어낸 후 공급기를 받치고 있던 레버는 위로 당겨올린다.

레버 — 주유 공급기를 받치고 있던 것

주유기 — 주유기 번호

주유 공급기 / 주유기 화면 터치스크린 식이 아닌 경우 옆에 버튼이 붙어 있다.

05 공급기를 자동차 주유구에 넣고 그립을 당기면 금액만큼 자동적으로 주유된다.

06 주유가 멈추면 주유구에서 공급기를 빼 주유기 레버 위에 올려놓는다.

Travel Info 2.

뚜벅이들을 위한 셔틀버스 완전 정복

괌에서 렌터카는 필수라고들 한다. 하지만 어떤 여행에서든 정해진 답이란 없다. 여러 가지 이유로 렌탈을 할 수 없는 상황이라면 너무 걱정하지 말자. 대중교통만 잘 이용해도 렌털보다 저렴하고 편하게 괌의 대표 명소는 빠짐없이 다녀올 수 있다.

1. 레드 구아한 셔틀버스 Red Guahan Shuttle Bus

괌의 명물로 오래전부터 괌 대중교통을 책임져온 붉은색 트롤리버스다. 각 호텔과 쇼핑몰들을 잇는 투몬 셔틀, 쇼핑몰 셔틀, T 갤러리아 – K마트 셔틀, 이 세 노선은 데이패스(혹은 3, 6시간 패스) 사용 시 해당 기간 동안 무제한 사용할 수 있다. 일정 중 사랑의 절벽, 피시 아이 마린 파크, 야시장, 데데도 새벽시장, 남부 투어가 계획돼 있다면, 각각의 1회권(왕복권)을 구입한다. 국내 소셜커머스에서는 데이패스와 목적지별 1회권을 다양하게 조합한 콤비티켓도 판매했는데, 팬데믹 기간에는 투몬셔틀과 쇼핑몰 셔틀이 운행 축소되고, 일부 구간은 중단되었다. 관광 활성화와 함께 점차 정상화될 예정이다.

티켓 종류 및 요금

종류	요금	비고
1회권	4달러	운전사에게 구입 가능(현금만, 거스름돈 없음)
3시간권	3달러	
6시간권	6달러	
사랑의 절벽	10달러	왕복, 입장료 포함(편도 7달러)
아가냐 마린 버스	4달러	편도
차모로 야시장	7달러	왕복
데데도 새벽시장	7달러	왕복
남부 투어	45달러	1회
1일권	10달러	
2일권	14달러	
3일권	18달러	
5일권	24달러	

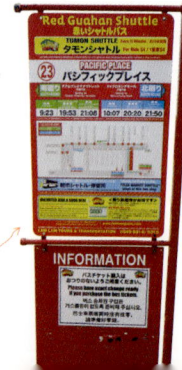

※ 팬데믹 기간 운행 편수가 대폭 줄어들고 몇몇 노선은 중단되어 패스 구입에 큰 의미가 없다. 1회권과 택시(2인 이상의 경우)를 적절하게 이용하는 것이 좋다. 레드 셔틀버스 시간표는 각 호텔 & 리조트 프론트데스크에 요청하거나 호텔 로드 셔틀 정류장의 표지판을 참고한다.

구입처

T 갤러리아 투어 라운지, 주요 쇼핑몰 셔틀 승차장 판매부스, 괌 공항 도착홀 람람투어 데스크 등.

목적지별 노선

○ **투몬 셔틀**
투몬 시내 호텔들과 GPO, 마이크로네시아 몰 간. 팬데믹 기간 1일 4회 운행(첫차 10:20, 막차는 양방향 시간 다름). 관광 활성화와 함께 운행 정상화 예정.

○ **쇼핑몰 셔틀(아가냐 관광 시 이용)**
팬데믹 전에는 아가냐 쇼핑센터, GPO, K마트, 마이크로네시아 몰 간을 운행했다. 하지만 현재는 투몬 셔틀 노선과 통합되어, GOP에서 아가냐 쇼핑센터까지 연장 운행 중이다(1일 2~3회). K마트 운행 안 함.

○ **사랑의 절벽 셔틀**
T 갤러리아와 마이크로네시아 몰, 사랑의 절벽 간. 팬데믹 기간 1일 4회 운행(첫차 13:12, 막차 17:35). 관광 활성화 시 횟수 확대 예정.

○ **T 갤러리아-K마트 셔틀(팬데믹 기간 운행 중단)**
T 갤러리아와 K마트 간.

○ **아가냐 마린 버스(팬데믹 기간 운행 중단)**
아가냐 쇼핑몰과 피시 아이 마린 파크를 연결.

○ **차모로 빌리지 야시장 셔틀**
매주 수요일 3회(17:15, 18:00, 18:45). GPO 정류장에서 출발한다. 돌아오는 편은 4회(19:10, 19:30, 20:20, 20:45) 운행되며, 온워드에서 니코까지 투몬 지역 주요 호텔들을 정차한다. 왕복 7달러.

○ **데데도 새벽시장 셔틀(팬데믹 기간 운행 중단)**
토요일과 일요일 06:00와 06:15에 온워드 호텔을 출발하여 투몬 지역 주요 호텔 승차장을 돌고 07:00, 07:15에 데데도 새벽시장에 도착한다. 돌아오는 편은 08:00와 08:15에 있다. 왕복 7달러.

○ **남부 관광버스(팬데믹 기간 운행 중단)**
오전 10시 T 갤러리아를 출발하여 아가냐 대성당, 아산만 전망대, 세티만 전망대, 메리조 마을, 곰 바위, 게프 파고 차모로 빌리지, 마이크로네시아 몰을 돌아 다시 T 갤러리아로 돌아온다. 바다를 끼고 운행하므로 진행 방향을 기준으로 오른쪽 좌석에 앉는 것이 좋으며 간단한 간식거리를 준비하도록 하자. 12세 이상 30달러, 사전 예약이 필요하다.

2. 레아레아 트롤리 LeaLea Trolley

투몬 시내 호텔 및 쇼핑센터 간 연결은 붉은색 레드 구아한 셔틀버스와 대동소이하다. 단, 화·목·토요일에 한해 아가냐 코스를 따로 운행한다는 점이 레아레아만의 차별점. 주로 일본인들이 이용하지만, 한국어 안내서가 있어 큰 불편은 없다. 이용객이 적어 한적하고 에어컨 차량이라 시원하며 패스요금은 붉은색 셔틀버스보다 저렴하다. 팬데믹 기간 운행 중단.

아가냐 노선 (팬데믹 기간 운행 중단)

관광에 초점을 두는 뚜벅이들이라면 이 노선에 주목해 보자. 탄성이 절로 나는 아가냐만의 풍경을 즐기려면 투레 카페 정류장에서, 자유의 여신상이나 파세오 공원을 돌아보고 싱싱한 참치회를 단돈 5달러에 맛보려면 차모로 빌리지 정류장에서 하차하면 된다. 스페인 광장과 라테 스톤 공원 등은 아가냐 대성당과 가깝다. 화·목·토만 오전 11시에서 오후 7시까지(토요일은 오후 2시 마이크로네시아 몰 출발이 막차) 운행.

구입처 (팬데믹 기간 휴업)

괌 공항 레아레아 카운터, T 갤러리아 라운지, 더 플라자 고디바 옆 레아레아 라운지, 괌 플라자 리조트, 로열 오키드 호텔, 온워드 호텔, 두짓 비치 리조트, 힐튼 호텔 내.

티켓 종류 및 요금 (팬데믹 기간 판매 중단)

종류	요금	비고
1회권	4달러	편도
차모로 야시장	7달러	왕복. 운전사에게 구입 시 8달러
데데도 새벽시장	7달러	왕복. 운전사에게 구입 시 8달러
1일권	10달러	
3일권	15달러	
5일권	20달러	
어린이용 (만 6~11세)	8달러	만 5세 이하 무료

레아레아 트롤리 아가냐 노선도

3. 쇼핑몰 무료 셔틀버스

한 푼이라도 아끼려는 알뜰 여행객이라면, 쇼핑몰 셔틀버스에 주목! 호텔에 따라서는 갈아타는 불편이야 있을 수 있겠지만, 동선만 잘 짜면 T 갤러리아와 시내 중심, GPO, 마이크로네시아 몰 등 못 갈 데가 없다. 그것도 전부 무료! 운행시간은 변동이 잦기 때문에 항상 승차장에 있는 셔틀버스 시간표를 확인해야 한다(혹은 호텔 프런트 데스크에 문의). 팬데믹 기간 운행 중단.

T 갤러리아 셔틀버스 (팬데믹 기간 운행 중단)

T 갤러리아에서 운행하며, 투몬 & 타무닝 지역에 위치한 거의 모든 호텔에 정차한다. T 갤러리아의 위치상, 이 셔틀만 이용하면 웬만한 주요 맛집들과 더 플라자, JP 슈퍼스토어 등을 함께 방문할 수 있다.

투몬 샌즈 플라자 & GPO 셔틀버스

(팬데믹 기간 운행 중단)

두 쇼핑몰 간을 연결하는 무료 셔틀버스이다. PIC를 비롯한 세 곳의 호텔만을 정차한다. 배차시간이 자주 변경되기 때문에 현지에서 시간표를 재확인하고 미리 와서 여유롭게 기다려야 한다.

운행시간 투몬 샌즈 출발 10:12~22:00,
GPO 출발 10:12~21:00
배차시간 21~29분 간격

○ A노선

운행시간 니코 출발 09:55~22:55,
T 갤러리아 출발 10:10~23:15
배차시간 20분 간격

마이크로네시아 몰 셔틀버스

(팬데믹 기간 운행 중단)

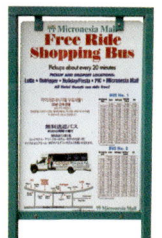

호텔 로드에 있는 주요 호텔 네 곳에 정차하지만, 주변 호텔들도 도보로 이동이 가능하기 때문에 GPO 셔틀버스보다 좀 더 이용대상이 넓다.

○ B노선

운행시간 홀리데이 출발 09:55~22:55,
T 갤러리아 출발 10:19~23:20
배차시간 30분 간격

운행시간 롯데 출발 09:40~21:10,
마이크로네시아 몰 출발 10:10~21:00
배차시간 20분 간격

Travel Info 3.

와이파이 & 필수 앱에 관한 모든 것

해외여행의 든든한 안내자(?)로 등극한 스마트폰.
영어 번역도 척척, 길 안내도 OK, 여행지, 레스토랑 정보도 가득!
언제 어느 때나 유용하게 쓸 수 있는 와이파이, 필수 앱의 정보들을 지금 만나 보자.

어디서든 편하게! 와이파이

○ 해외 데이터 로밍

통신사에 따라 다르지만, 하루 1만 원 정도로 데이터 무제한 로밍을 신청할 수 있다. 하지만 한국과 괌의 주파수 차이로 속도가 느리고 수신 불가 지역도 많아 선호도가 낮다.

위치 각 통신사 홈페이지나 고객센터, 한국 공항 출국심사 전에 위치한 통신사 부스에서 신청한다.

○ 휴대용 와이파이 대여

기계 1대당 최대 5명이 공유할 수 있기 때문에 가족 여행객들이 많이 찾는다. 출국 전 전문 업체에 미리 예약해야 국내에서 기계를 수령할 수 있다. 그 외 현지 여행사나 렌터카 업체들이 프로모션으로 와이파이를 무료 대여해 주기도 한다.

위치 인터넷 쇼핑몰에서 예약 구입한 경우, 인천공항에서 공유기를 수령한다.

○ 유심칩 교체

해외 유심으로 교체하면 일정기간 데이터 무제한은 물론 전화 통화도 가능하다. 모바일 핫스팟을 연결하면 공유도 OK. 도코모docomo의 유심칩은 속도와 통화 품질이 좋아 가장 많이 이용한다. 국내 전문업체나, 괌 현지공항 도착홀, 혹은 GPO, 마이크로네시아 몰 등에서 구입 가능하다.

위치 인터넷 쇼핑몰에서 구입 후 인천공항에서 수령하거나, 괌공항 혹은 현지 대형 쇼핑몰 내 도코모 매장에서 구입.

Q&A | 나에게 딱인 와이파이 사용법

Q1. 휴대용 와이파이나 유심칩이 꼭 필요한가요?

A1. 호텔이나 레스토랑, 대형쇼핑몰에서는 무료 와이파이를 이용할 수 있다. 괌 자체가 복잡하지 않아 오프라인 구글 맵스나 맵스미 등의 지도 앱을 이용하면 길 찾는데도 큰 문제는 안 된다. 간혹 급하게 검색이 필요할 때 이용할 수 없다는 게 답답할 수는 있다.

Q2. 휴대용 와이파이와 유심칩 중 뭐가 좋아요?

A2. 가격은 비슷하다. 휴대용 와이파이는 기계를 충전하고 들고 다녀야 하며 반납도 해야 한다는 불편이 있다. 유심은 정해진 데이터 용량을 넘어가면 3G로 전환돼 속도가 느려진다. 가족이 모두 스마트폰을 이용하고 영상 시청이 많다면 휴대용 와이파이가, 1~2명이 검색 중심으로 이용하려면 유심칩 사용을 고려하자.

괌 여행 필수 앱

 **구글 번역기**
Google Translate

영어 때문에 해외여행이 두렵다는 생각은 버리자! 영어를 한국어로, 한국어를 영어로 자유자재로 번역해 준다. 한국어를 녹음하면 영어 음성으로 바로 통역도 해 준다.

 구글 맵스
Google Maps

내 위치에서 목적지까지 자동차나 도보 이용 시 가장 빠른 길을 안내해 준다. 또한 관광지, 레스토랑 등의 정보와 리뷰, 평점까지 검색할 수 있어 가장 유용한 앱이다.

 웨이즈
Waze

괌 내비게이션 앱으로 가장 추천받는 앱이다. 렌터카에서 유료로 구매해야 하는 내비게이션보다도 낫다는 평이 많다. 영어 기반 앱이지만 한국어도 가능하다.

 샵 괌 페스티벌
Shop Guam Festival

 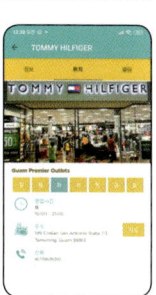

괌 쇼핑에 진심인 사람들을 위한 맞춤 앱이다. 괌의 주요 쇼핑몰 정보는 물론 카페, 레스토랑, 투어 업체 등도 소개하고 있다. 다양한 할인 쿠폰도 다운받을 수 있다.

01

Mission in Guam

괌에서 꼭 해봐야 할 모든 것

Highlight 01

먹고, 즐기고, 힐링하는 괌

대표적인 신혼 여행지에서 태교 여행지, 가족 여행지로 더 큰 사랑을 받고 있는 괌. 괌을 안 가 본 사람은 있어도 한 번만 가 본 사람은 없다는 이곳의 매력은 뭘까? 당신이 놓쳐서는 안 될 괌의 10가지 매력을 소개한다.

저렴하게 겟잇!

구찌, 타미힐피거, 맥 립스틱, 센트룸 등등…. 한국보다 싼 품목들로 지름신이 납시었네! 아웃렛에서 면세점까지, 방방곡곡 누벼 보자.

모두가 즐겨요, 스노클링

해변 앞, 산호초 근처만 가도 알록달록 신기한 물고기들이 가득가득. 수심이 얕고 잔잔해 위험하지 않아요~

바다 물빛, 이거 실화냐?

남태평양의 산호초 섬, 괌. 에메랄드빛 바다란 바로 이런 거지. 사진 보정이 필요 없는 신세계! 탄성이 절로 난다.

괌이니깐 이 음식!

입에 착착 감기는 바비큐와 두툼한 패티의 햄버거, 차모로식 로코 모코. 자꾸자꾸 생각나는 그 맛. 또 먹고 싶네~

기분도 상쾌한 무공해 드라이브

미세먼지 No No No! 맑고 깨끗한 공기를 뚫고 해안가와 산악지대, 시골 마을까지 구석구석 신나게 누비자.

해 질 녘의 낭만 볼거리, 일몰

하루 중 가장 로맨틱한 때. 작열하던 한낮의 태양이 붉고도 노란빛을 흩뜨리며 수평선 넘어 사라지는 장관이란!

낮보다 더 흥겨운 쇼, 쇼, 쇼

다양한 바비큐와 해산물로 배가 빵빵, 남태평양 전통댄스와 불쇼로 두 눈이 휘둥그레~ 오랜만에 눈과 배가 호사하네.

차모로 야시장 vs. 데데도 새벽시장

너네는 사러 가니? 나는 먹으러 가! 맛있는 먹거리가 가득. 기념품 쇼핑은 덤. 새벽부터 밤까지, 알뜰살뜰 먹어 보자.

세상일은 잊고 간만의 힐링 타임

리조트 수영장의 선베드든, 화이트 비치의 야자수 아래든, 세상 편한 자세로 먹고 자고 수다떨고 멍때리기.

밤낮 두 얼굴의 산책을 즐겨요

알록달록한 건물들과 야자수로 이국적 정취를 물씬 풍기는 쇼핑 스트리트. 선선한 밤에는 산책하기에도 굿~

Attraction 01

괌에서 놓치면 100% 후회할 이곳!

괌 여행은 투몬 비치에서 시작해 투몬 비치에서 끝난다!? 천만의 말씀. 렌터카와 셔틀버스, 투어만 똑똑하게 이용해도 볼거리는 무궁무진! 시간 가는 줄 모르고 푹 빠질걸?

1 | 사랑의 절벽 Two Lovers Point

괌의 관광 1번지. 괌에 와서 이곳을 안 간다는 건 말이 안 된다고 할 만큼 '뻔한 코스'의 선두주자. 하지만 이곳에서 바라보는 투몬만의 절경을 놓칠 수 없다. 바다 빛깔 역시 남다르다. 일몰 스폿으로도 유명해 늦게까지 관광객들로 붐빈다.

2 | 리티디안 비치 Ritidian Beach

자연 보호구역으로 지정되어 이렇다 할 편의시설이 없어 괌의 태곳적 모습을 엿볼 수 있다. 비치도 좋지만, 비치까지 들어가는 정글이 더 신비롭다. 진정한 자연을 만나는 이곳을 걷다 보면 정글 트레킹이 따로 없다. 렌터카가 없다면 투어로도 OK.

3 | NCS 비치 NCS Beach

버섯 바위 비치라고도 불리는 이곳은 에메랄드빛 바다 위에 버섯 바위가 둥둥 떠 있어 신비롭기 그지없다. 사유지로 지정돼 조금 더 걸어가야 하지만, 탕기슨 비치를 통해서 접근이 가능하다. 사진 찍기 좋아하는 사람에게 특히 추천한다.

4 | 스페인 광장 & 스키너 광장 일대
Plaza De Espana & Skinner

스페인 총독의 관저 터가 남아 있는 스페인 광장에는 GUAM 구조물이 세워져 있어 기념사진 찍기 좋다. 흰 건물이 인상적인 아가냐 대성당과 괌 박물관도 훌륭한 포토 스폿이다.

5 | 리카르도 J. 보르달로 주정부 종합 청사
Ricardo J. Bordallo Governor's Complex

맑고 깨끗한 물을 강조하는 우리나라 이온 음료 광고의 최초 촬영지였다. 그만큼 이곳에서 바라다 보는 아가냐만의 해안풍경이 훌륭하다는 뜻. 잘 가꿔진 조경과 건물들, 바다와 파란 하늘까지, 그 조화가 남다르다.

6 | 파라 이 라라히타 기념공원
Para I Lalahi Ta Park

10명 중 9명은 그냥 지나치는 이곳은 기념비 자체보다 조망이 훌륭하다. 뒤로는 산기슭이, 앞으로는 우마탁 마을과 바다가 드넓게 펼쳐져 있다.

7 | 솔레다드 요새
Fort Nuestra Senora de La Soledad

정감 있는 시골 마을인 우마탁 마을은 그 자체도 좋지만, 솔레다드 요새에서 바라보는 마을과 우마탁만의 전경이 특히 멋지다.

8 | 이나라한 마을 Inarajan Village

이나라한은 자연 형성된 해수 풀장으로 유명하지만, 성 조셉 성당과 이나라한 마을 역시 놓치기 아깝다. 역사 보존 지역으로 지정되어 볼거리보다 퇴색한 옛집이 아련한 추억을 떠올리게 한다.

9 | 투레 카페 Ture Cafe

먹기 위해서가 아니라 환상적인 전망을 위해 가야 한다! 투몬의 바다와는 또 다른 물빛, 여행객 하나 없는 한적한 비치가 그야말로 별세상이다. 반드시 카페에 들어갈 필요는 없다. 근처 야자수 그늘 아래 앉아 무념무상, 그저 바라만 봐도 좋다.

10 | 에메랄드 밸리 Emerald Valle

매혹적인 물빛은 바다에만 있지 않다! 피티만 일대는 해양 보호구역으로 지정될 만큼 투명한 수질을 자랑하는데, 괌 발전소에서 피티만으로 이어지는 작은 수로도 예사롭지 않다. 개울 양옆은 바위 산책로로 조성돼 인스타용 사진 찍기 좋다.

Attraction 02

괌, 최고의 비치는 어디?

괌에는 수십 개의 아름다운 비치들이 산재해 있는데 개발이 덜 된 곳은 괌의 순수 자연과 하나 되어 그림 같은 절경을 보여준다. 드라이브 코스에 넣든, 본격적인 물놀이를 하든 즐기는 방법은 다르지만, 천연 비치의 아름다움은 언제나 상상 그 이상!

위치 투몬 지역에서 북쪽으로 3번과 3A 도로를 따라가다 언덕길까지 다 내려와 주차 공간에 차를 세우고, 밀림을 지나 비치 쪽으로 빠져나간다.

리티디안 비치 Ritidian Beach

국가 야생동물 보호구역으로 지정되어 깨끗한 해변과 무성한 밀림이 그대로 살아 있는 괌 최고의 비치이다. 북부 끝자락에 위치해 찾아오는 사람도 드물고 그만큼 조용해 휴식을 취하기에 최적의 장소이다. 샤워 시설이 전무하므로 물놀이 후 씻을 물은 직접 가져가야 한다. 비치로 내려가는 중에 바라본 전경은 야자수 우거진 정글과 거대한 석회석 절벽, 새하얀 해변이 어우러져 깊은 인상을 남긴다. 월, 화 휴무.

투몬 비치 Tumon Beach

괌을 대표하는 비치. 에메랄드빛 맑은 바다와 하얗고 부드러운 모래, 리조트와 비치 파라솔, 야자수가 어우러진 휴양지 풍경이 더없이 평화롭고 아름답다. 수심이 얕고 물고기들도 많아 어린아이들과 함께 스노클링을 즐기기에도 좋다.

위치 투몬 시내 어디서든 접근이 쉽다.

이파오 비치 Ypao Beach

부드러운 모래와 맑은 해변으로 수영과 스노클링에 적합하다. 비치 공원으로 조성돼 각종 편의시설을 갖춰 바비큐나 피크닉을 즐길 수도 있다.

위치 PIC(퍼시픽 아일랜즈 클럽)와 힐튼 리조트 사이에 위치

아산 비치 Asan Beach

해변 자체보다 야자수가 늘어선 전경이 이국적 낭만을 더해 주며 강한 인상을 준다. 태평양전쟁 역사 공원을 끼고 있어 같이 방문할 수 있다.

위치 1번 도로를 타고 리카르도 J. 보르달로 주정부 종합청사를 지나 남쪽으로 1km 더 내려가 오른쪽

검은 모래 해변 Black Sand Beach

산호초가 부서져 백사장을 이룬 여타의 비치들과 달리 화산재가 부서져 흑사장을 이룬다. 푸른 언덕에 둘러싸여 보다 자연 친화적인 느낌이 든다. 파도가 높아 서핑에 좋지만 수영은 주의가 필요하다.

위치 4번 도로를 따라 북쪽으로 올라가다 탈로포포 다리 건너기 전 오른쪽

이판 비치 Ipan Beach

오랜 옛날 차모로족의 거주지였다. 해안에 숲이 우거지고 테이블과 바비큐 시설 등이 잘 갖춰져 고기를 굽고 스노클링을 즐기며 하루를 보내기에 좋다.

위치 4번 도로를 따라 탈로포포만을 지나 북쪽으로 올라가다 보면 오른쪽. 제프스 파이러스 코브 레스토랑 전에 위치

NCS 비치 NCS Beach

괌의 숨겨진 비경 중 하나. 좁고 간간이 튀어나온 돌덩이 탓에 해변이 발달하지는 못했지만, 눈부신 에메랄드빛 바다 위로 버섯 모양의 거대한 바위가 떠 있는 듯한 모습은 입을 다물 수 없을 정도다.

위치 사랑의 절벽 쪽 34번 도로로 가다 사랑의 절벽으로 빠지지 말고 직진하면 탕기슨 비치 공원이 나온다. 거기서 해변을 바라보고 섰을 때, 우측의 숲길로 한참 들어가면 된다.

건 비치 Gun Beach

제2차 세계대전 때 쓰던 대포가 남아 있어 건 비치라 불린다. 그다지 크지 않은 해변으로, 이곳에서 바라보는 사랑의 절벽이 아름답다. 호텔 니코 쪽 비치에서 사랑의 절벽 방향으로 해안을 따라가면 나오는 절벽길이 전경도 멋지고 스릴도 있다.

위치 호텔 로드를 타고 웨스틴 리조트와 호텔 니코를 지나 포장도로가 끝나는 지점까지 직진

Attraction 03

가족과 함께하는 스페셜 투어

자녀나 부모님과 함께하는 가족 여행이라면, 유명 관광지 투어와 드라이브, 물놀이 외에도 뭔가 특별한 볼거리, 흥밋거리를 찾기 마련이다. 뻔한 듯해도 괌을 다녀온 가족 여행객들에게 특히 만족도가 높은 투어는 뭐?

아쿠아리움

언더워터 월드 Underwater World (p.100)
vs. 피시 아이 마린 파크 Fish Eye Marine Park (p.108)

미리 말하지만, 규모 면에서나 내용 면에서, 한국의 여느 아쿠아리움들과는 비교할 수 없을 만큼 작고 소박하다. 하지만 내 옆과 머리 위로 상어와 거북이, 물고기들이 오가는 언더워터 월드는 시내 중심에 위치한 덕에 접근성도 좋고 초등학생 이하의 어린이들에게 반응이 좋다. 피시 아이 마린 파크는 괌 서부 해안에서 수중환경이 가장 좋은 곳에 위치해 있다. 스쿠버다이빙을 못 하는 사람도 바닷속 전망대로 내려가 손대지 않은 천연의 수중환경을 엿볼 수 있다는 점에서 아이들과 부모님들 모두에게 흥미롭다.

언더워터 월드

피시 아이 마린 파크

©Fish Eye Marine Park

수륙양용차 시티투어

라이드덕 Ride Duck (p.124)

노란 오리 모양의 수륙양용차를 타고 바닷가를 달리다 에메랄드빛 바다로 풍덩 돌진해 배처럼 둥둥 떠다니는 특별한 경험. 아이들에겐 운전석에 앉아 운전대도 잡아보고 사진까지 찍을 수 있는 특권이 주어지기 때문에 특히 인기가 많다. 오디오가이드의 한국어 설명까지 들으며 아가냐의 유명 관광지를 돌아볼 수 있어, 시티투어용으로도 나쁘지 않다.

디너쇼

호텔 매직쇼 Hotel Magic Show (p.131)
vs. 타오타오 타씨 비치 디너쇼
Taotao Tasi Beach Dinner Show (p.131)

먹는 것과 볼거리(즐길거리)를 동시에 해결해 준다는 점에서 괌 여행자 대부분이 선택하는 디너쇼. 잘 먹는 것에 초점을 둔다면 선셋 바비큐를 선택하면 된다. 하지만 아이들과 함께 보는 것, 즐기는 것에 초점을 둔다면 매직쇼에 주목하자. 청소년 이상 성인들과 부모님을 모신 가족 여행자들은 타오타오 타씨 비치 디너쇼가 낫다. 스케일이 큰 라스베이거스식 공연, 샌드 캐슬도 성인들에게 추천한다.

크루즈

돌핀 와칭 Dolphin Watching (p.66)
vs. 리버 크루즈 River Cruise (p.70)

괌에서 가장 많이 찾는 해양 옵션 투어는 바로 돌핀 와칭 크루즈다. 수족관에서만 보던 돌고래를 바다 한가운데서 마주하는 짜릿한 경험! 그 외 스노클링과 선상 낚시도 즐길 수 있어 어른, 아이 할 것 없이 지루할 새가 없다. 바다를 벗어나 내륙에 있는 정글을 탐험하는 색다른 경험은 최근 서서히 주목을 받고 있다. 원시적인 열대우림의 풍경을 즐기다 원주민 마을로 들어서 야생문화체험, 물소 타기 등의 소소한 즐거움을 맛볼 수 있다.

Eat
01

세계인들이 선택한 괌 베스트 레스토랑 10

사실 입맛만큼 각양각색인 것도 없다. 적극 추천을 받은 곳도, 막상 가 보면
내 입맛에 안 맞는 일이 얼마나 많던가. 그렇다고 아무 곳이나 문 열고 들어갈 수는 없는 법.
그나마 타율(?)을 높이기 위해 전 세계 여행객들의 리뷰가 모인
트립어드바이저(www.tripadvisor.co.kr)의 추천평을 소개해 본다.

타시 그릴 Tasi Grill (p.160)

"바다와 해변의 놀라운 전망. 사랑스러운 데이트를 위해 추천." _Cycy_1008
"식사와 일몰, 음악까지 즐길 수 있는 훌륭한 레스토랑." _benxalves
"내가 지금까지 받아본 중 최고의 서비스." _SmaartGuyy

위치 두짓타니 괌 리조트 수영장 옆

프로아 레스토랑 Proa Restaurant (p.159)

"45분의 기다림. 하지만 그만큼 맛있다는 뜻이다." _BC B
"지난 3~4년간 10번도 더 방문했다. 맛있는 음식, 좋은 와인,
친절한 스태프. 나는 이곳을 사랑한다." _Seattleflyer50
"요리는 예술이다. 모든 것이 훌륭하다." _TCJake67

위치 퍼시픽 아일랜즈 클럽과 힐튼 호텔 사이, 이파오 비치 공원 입구에 위치

피카스 카페 Pika's Cafe (p.159)

"전 세계 사람들의 입맛을 만족시킬 최고의 괌 전통음식점이다." _dbatravelfan
"어떤 음식을 시켜도 실망한 적이 없다." _KumaKato2
"친절한 스태프, 분위기, 음식 모든 것이 최고다." _TravelsofCorina

위치 북부 마린 코프 드라이브 세인트 존스 스쿨 맞은편

추라스코 Churrasco

"한국인 입맛에 최적화. 느끼함이 거의 없다." _minibabylove81
"고기를 좋아한다면 굿 초이스! 샐러드 바도 훌륭하다." _James T
"먹은 것을 생각하면 $35는 매우 싼 가격이다." _Elise81

위치 T 갤러리아 근처. 하얏트 기준 약 10분 정도 쭉 걸어오면 반 타이 건너편

루비 튜즈데이 Ruby Tuseday (p.172)

"샐러드 바 쪽 리뷰가 좋았는데 역시 실망스럽지 않았다." _Pasha
"스테이크와 랍스터 모두 훌륭하고 가격도 적당하다." _O986
"전형적인 미국식 요리와 음료, 훌륭한 샐러드 바를 경험할 수 있다." _Jason C

위치 괌 프리미어 아웃렛 바로 앞

캘리포니아 피자 키친 California Pizza Kitchen (p.164)

"음식이 맛있다. 당연하다. 캘리포니아 피자 키친이니까." _GuamReviewer
"괌에 올 때마다 들른다. 괌 최고의 피자다." _sleeplessinseoul
"어떤 피자를 시켜도 다 좋아할 것이다." _James S

위치 홀리데이 리조트 1층

메스클라도스 Meskla Dos (p.166)

"차모로풍의 고품격 버거를 맛볼 수 있다." _SATCOM
"란체루나 블루 버거 앞에서 난 어찌할 바를 모르겠다. PBLT나 새우 버거 역시 굉장하다." _Amber W
"괌에서 버거를 먹는다면 최고의 장소가 되리라 생각한다." _Castroleilani

위치 퍼시픽 스타 리조트에서 K마트 올라가는 길 끝 왼쪽

더 비치 바 The Beach Bar (p.132)

"뷰는 정말 최고. 선셋 보며 맥주 먹기 좋다." _AshleySYPARK
"일몰과 함께 칵테일 한잔. 여행의 참맛을 느낀다." _sunset900
"라이브 공연 연주랑 노래가 너무 좋다." _JiAeS12

위치 호텔 니코 지나 건 비치 내

자메이칸 그릴 Jamaican Grill (p.165)

"립이 그립다면 언제든지 달려가라. 양도 많고 맛도 훌륭하다." _James T
"립과 함께 이집의 대표 메뉴는 저크 치킨이다. 이곳을 가 보지 않고 괌을 떠나지는 말라." _Randy R
"이 가격에 이 정도의 양이라니 놀라울 따름이다." _RoRoFTC

위치 퍼시픽 아일랜즈 클럽 맞은편 상가 2층

반 타이 Ban Thai (p.161)

"멋진 태국 요리. 그중 그린 카레는 정말 훌륭하다. 적극 추천한다." _Chris D
"음식 맛도 좋고 양도 많으니 가족과 함께 가면 좋다." _CHO3J
"진정한 태국 요리를 맛보려면 반 타이로 가라." _MungMink

위치 투몬 샌즈 플라자를 바라보고 오른쪽으로 300m

※ 순위는 집계 시마다 변동될 수 있음

Eat 02

먹고 먹고 또 먹고! 맛있는 로컬 음식

:

곰은 차모로족의 생활터이지만, 지난 한 세기 동안 미국과 일본의 영향을 받아
관광객들이 접하게 되는 음식은 대부분 미국식과 일본식이다.
하지만 그 명맥을 유지하며 관광객들에게도 좋은 평가를 받고 있는 음식은 다음과 같다.

레드 라이스 Red Rice
차모로식 레스토랑을 표방한 곳에서 쉽게 접할 수 있다. 소금과 기름, 아초테라는 향신료를 넣어 지은 밥으로 붉은색이라기보다 주홍색에 가깝다.

치킨 켈라구엔 Chicken Kelaguen
잘게 썬 닭고기에 레몬즙과 다진 코코넛, 매운 고추로 만든 소스를 버무린 것. 주로 레드 라이스와 단짝으로 나온다.

차모로 바비큐 Chamorro BBQ
곰에서 가장 흔하고 가장 한국인 입맛에 잘 맞는 음식. 취향에 따라 돼지고기와 닭고기 두 종류 중 하나를 선택할 수 있다.

피나딘 소스 Finadenne
쉽게 말하면 각종 양념을 한 간장 소스다. 전통적으로 차모로 요리에 많이 사용되는데, 간장, 식초, 다진 양파, 매운 고추가 들어간다.

코코넛 크랩 Coconut Crab
코코넛을 먹고 자란 게를 쪄서 먹는다. 하지만 물량이 충분치 않아 몇몇 식당에서만 고가에 먹을 수 있다는 단점이 있다.

아피기기 Apigigi
바나나 잎에 코코넛 가루와 찹쌀가루를 섞어 찐 것으로, 코코넛 맛이 나는 찹쌀떡이라 할 수 있다. 디저트로 흔히 먹는다.

로코 모코 Loco moco
하와이에서 시작돼 차모로식으로 변형됐다. 볶음밥에 계란 프라이, 그레이비 소스를 더해 우리 입맛에도 딱!

포케 Poke
생선회(주로 참치나 연어)를 양파, 오이 같은 야채와 함께 매콤새콤한 참기름 소스에 무친 것이다.

Eat
03

당신이 괌에서 꼭 먹어야 할 것들

:

간이 세고 가격은 비싸 레스토랑 가기가 만만치 않다는 괌이지만,
먹고 나면 또 먹고 싶어지는 음식, 괌 아니면 먹기 힘든 먹거리들이 있으니!
더 이상 무슨 말이 필요할까. 절대 놓칠 수 없는 먹거리 리스트 완전 공개.

참치회 회 마니아라면 주목! 아가냐의 괌 피셔맨즈 코업(p.179)은 신선한 참치와 연어를 단돈 5달러에 판매한다. 초고추장은 미리미리 준비해 가자.

바비큐 레스토랑, 디너쇼 뷔페에서 제대로 먹는 것도 좋지만, 데데도 새벽시장이나 차모로 야시장에서 먹는 1달러짜리 꼬치 바비큐는 그야말로 환상이다.

와사비 코코넛 코코넛의 핵심은 음료보다 안에 든 하얀 과육이다. 특히 괌에서는 이 과육을 와사비와 간장에 찍어 먹는데, 신기하게 회 맛이 난다.

스테이크 최고급 소고기로 만든 미국식 스테이크. 두툼한 크기에 한국에 비해 저렴하고 맛까지 훌륭하니 절대 그냥 넘어갈 수 없는 기회다.

코코넛 슈림프 한국인이 꼭 간다는 새우요리 전문점 비치 슈림프(p.163)의 베스트 오브 베스트 메뉴. 코코넛 튀김옷을 입혀 바삭하게 튀겨낸 새우는 맥주와 찰떡궁합!

햄버거 100% 소고기만을 사용해 영양은 물론 두툼한 크기에 입이 딱 벌어질 정도. 같이 나오는 통통하고 바삭한 감자튀김은 비교를 불허한다.

미스터 브라운 캔 커피 한 번 마셔 보면 도장 찍듯 하루에 한 번씩은 꼭 먹어 줘야 하는 마약(?) 커피도 있다! 다양한 종류 중 최고는 마카다미아 너트 커피. 추천!

괌 맥주 괌에서만 맛볼 수 있는 괌 맥주. 특히 과일 맛이 더해진 달콤쌉싸름한 맥주를 즐긴다면, 망고 맥주, 바나나 맥주, 사과 맥주에도 주목해 보자.

고디바 아이스크림 괌 쇼핑 리스트에 오른 벨기에 고급 초콜릿 고디바. 하지만 디저트로 앞다퉈 찾는 것은 소프트 아이스크림이다. 가격은 사악해도 언제 또 먹으리~

Activity 01

괌을 더 즐겁게 하는 수상 액티비티

수백 종의 산호와 열대어, 돌고래가 바닷속 멋진 신세계를 선사하고, 얕은 수심, 잔잔한 물결이 각종 해양 스포츠에 최적의 환경을 제공하는 괌. 제트스키, 스쿠버다이빙, 바다낚시, 돌핀 와칭 등 내 취향에 딱 맞는 수상 액티비티를 찾아라.

스쿠버다이빙 Scuba Diving

스노클링과 차원이 다른 진정한 바닷속 세계를 경험하는 데 반드시 자격증이 필요한 것은 아니다. 체험 스쿠버다이빙 프로그램을 이용하면 간단한 교육과 실습 후 전문 강사를 동반하여 약 30~40분간 아름다운 바닷속을 탐험해 볼 수 있다. 한국인이 운영하는 다이버 숍이 있어 본격적인 다이버 강습을 받고 자격증까지 손에 넣을 수 있다.

괌 드림 다이브 Guam Dream Dive
전화 671-687-7017
홈피 www.guamdreamdive.com

시 워커 Sea Walker

산소가 공급되는 헬멧이나 마스크를 쓰고 바닷속에 들어가 바다 세계를 즐긴다. 자격증이 필요 없고 안전 요원이 동반하여 심각한 질병이 없는 한 누구나 쉽게 즐길 수 있다.

돌핀 와칭 Dolphin Watching

돌고래 서식지 근처로 배를 타고 가면 신나게 헤엄치는 돌고래를 볼 수 있다(확률은 70% 정도라고). 보통 스노클링과 낚시 등 다른 레포츠를 추가한 형태로 진행된다. 프로그램에 따라 회도 준다.

스노클링 Snorkeling
수심 5~10m 이내에서 호흡관과 수경장비를 갖추고 열대어와 산호초들을 관찰하는 레포츠다.

제트스키 Jet Ski
직접 전동 수상 바이크를 몰고 전속력으로 물 위를 달리는 레포츠다. 조작법이 간단해 교육 후 바로 즐길 수 있다.

바나나보트 Banana Boat
바나나 모양의 긴 보트를 모터보트에 연결해 수면 위를 달리는 것으로 국내에서도 보편화되어 있다.

선셋 크루즈 Sunset Cruise
바다 한가운데로 나가 푸른 바다를 붉게 물들이는 저녁노을을 바라보며 근사한 디너 뷔페와 맥주, 와인을 즐긴다.

시 카약 Sea Kayak
앞뒤로 긴 아몬드형 보트에 앉아 양날 노를 저어 앞으로 나간다. 투몬만의 호텔 앞 비치에서 주로 많이 탄다.

패러세일링 Parasailing
모터보트의 가속을 이용해 낙하산을 바다 위로 띄워 올려 바다의 풍경과 스릴을 즐기는 레포츠다.

낚시 Fishing
괌은 어종이 다양하고 어획이 풍부해 즐기기 좋다. 파세오 공원 지정구역(개인장비 필수)이나 낚싯배 투어를 이용한다.

Tip | 액티비티 어디서 예약할까?

소개하는 해양 스포츠 중 스노클링처럼 간단한 것은 각 호텔 전용 비치에서 체험해 볼 수 있다. 그러나 전문적인 수상 레포츠나 돌핀 와칭처럼 배를 타고 먼바다로 나가야 하는 경우, 알루팡 비치 클럽이나 비키니 아일랜드 클럽 같은 전문 업체를 직접 찾아가는 방법이 있지만, 괌 현지 여행사나 네이버 카페 등을 이용하는 것이 편리하고 저렴한 경우가 많다. 뒤에서 소개하는 지상 액티비티 예약 역시 마찬가지다.

괌플레이
전화 02-517-9369
카톡채널 괌플레이 추가
홈피 www.guamplay.com

괌조아
전화 02-6013-0777
홈피 www.guamjoa.com

괌 자유여행 길잡이(네이버 카페)
홈피 cafe.naver.com/guamfree

Activity 02

스트레스가 싹 사라지는 지상 액티비티

괌의 육지와 하늘은 바다만큼 아름답다. 4륜 구동 버기카나 보트를 타고 누비는 원시 자연의 밀림이나 하늘에서 내려다본 섬과 바다, 스트레스를 한 방에 날려버릴 사격 등 흥미진진한 지상 액티비티도 꼼꼼하게 체크하고 화끈하게 즐겨 보자.

어드벤처 리버 크루즈

보트를 타고 아름다운 정글을 감상한다. 중간에 차모로족의 생활터를 들러 원주민 문화도 엿본다.

밸리 오브 더 라테 (3시간)
- 요금 성인 $110~, 아동 $80~
- 전화 671-488-7187
- 홈피 www.valleyofthelatte.com

오프로드 버기 투어

4륜 버기/ATV를 타고 오프로드와 정글 숲을 달려, 괌 북부 해안의 아름다운 전망을 즐긴다.

괌 어드벤처 (약 3시간 30분)
- 요금 $75~
- 전화 070-8238-5420
- 홈피 www.guamadventures.com
- 픽업 09:00, 11:30, 14:00, 16:30

경비행기 조종

직접 경비행기를 조종해 아름다운 투몬만을 감상하자. 조종사가 옆에 타며, 뒷좌석 2인 동승 가능.

스카이 괌 애비에이션
- 요금 사랑의 절벽~아가냐만 20분 코스 $130~(동승자 2인 무료)
- 전화 671-477-0737
- 홈피 skyguam.us

사격

미국령이라 여행객도 실제 탄환을 사용할 수 있다. 호텔 로드 곳곳에 실내 사격장 간판이 보인다.

USA 건 클럽
- 위치 PIC 건너편
- 전화 671-646-3007
- 요금 총 종류에 따라 $50~120

스카이다이빙

고도 4,200m 상공에서 점프하여 괌의 하늘을 날아 본다. 전문가가 함께 하기 때문에 안전하다.

스카이다이브 괌 (3시간)
- 요금 $299(상해보험 포함)
- 전화 671-475-5555
- 홈피 www.skydiveguam.com

정글 트레킹

동쪽 해안 석회암 절벽의 절경을 만나는 기회. 정글 숲을 걷고 에메랄드빛 동굴 호수에서 수영도 즐긴다.

괌플레이 (4시간)
- 요금 $75
- 전화 02-517-9369
- 홈피 www.guamplay.com

Tip | 렌터카 NO! 리티디안 옵션 투어

사람의 손이 닿지 않아 천혜의 환경을 그대로 간직한 리티디안 비치(리티디안 포인트). 하지만 대중교통이 닿지 않아 차량을 렌트하거나 택시(편도 100달러)를 이용해야 하기 때문에 망설여지는 것이 사실이다. 렌터카도 없고 이것저것 신경 쓰기도 싫다면 옵션 투어를 적극 활용해 보자. 팬데믹 기간 중에는 투어가 중단되었지만, 관광 활성화와 함께 재개될 예정이다.

코코팜 가든 비치
Coco Palm Garden Beach

리티디안 지역 내 위치한 프라이빗 비치 중 가장 유명한 곳이다. 해먹, 비치 파라솔, 에어컨 휴게실, 온수 샤워 등 편의시설이 잘 갖춰져 있다. 비치 뒤편으로 잘 관리된 정원 역시 휴식에 한몫한다. 스노클링, 카약, 낚시 도구 등도 무료로 대여해 준다.

위치 리티디안 포인트에서 4.5km. 무료 픽업 서비스 이용
홈피 www.cocopalm-guam.com

리티디안 에코 비치 리조트
Ritidian Eco Beach Resort

리티디안 포인트에서 가장 가까운 프라이빗 비치다. '에코'라는 이름에서 느껴지듯 야생동물 보호구역까지 연결돼, 리티디안 본연의 자연환경을 만끽할 수 있다. 렌터카로 개별 이용도 가능하지만, 마보 동굴이 포함된 옵션 투어 추천.

위치 리티디안 포인트에서 2.5km
전화 671-687-2029

스타 샌드 비치
Star Sand Beach

리티디안 포인트에서 약 5km 떨어진 곳에 있는 프라이빗 비치다. 별 모양의 모래가 발견돼 스타 샌드라는 이름이 붙었다. 다른 2곳과는 달리 오후에 호텔에서 출발해 리티디안에서 일몰을 보고 돌아오는 선셋 비치 & 바비큐 프로그램도 운영한다.

위치 리티디안 포인트에서 5km. 무료 픽업 서비스 이용
홈피 www.guamstarsand.com

Culture 01

괌 한정! 전통문화 100배 즐기기

괌은 스페인, 일본, 미국의 지배라는 아픈 역사를 가지고 있다. 하지만 이 땅의 주인은 엄연히 고대부터 그 명맥을 이어온 차모로족이다. 현대 문명의 발달로 많이 희석되기는 했지만, 괌의 전통 문화는 관광지 곳곳에서 쉽게 경험해 볼 수 있다.

어드벤처 리버 크루즈

보트를 타고 정글을 헤치며 강을 거슬러 올라가면 옛 원주민들의 터를 재현한 민속마을(?)에 닿는다. 한국인 가이드의 알찬 설명과 다양한 체험으로 원주민들의 역사와 문화를 제대로 접할 수 있다.

게프 파고 빌리지

실제 차모로족이 살던 이나라한만 한쪽에 그들의 주거 상태를 그대로 재건하고 재현을 통해 생활상을 이해할 수 있도록 한 민속촌이다. 상업성도 덜하고 실제 괌의 소박함을 느낄 수 있다.

라테 스톤 공원

차모 전통 가옥의 구성과 형태를 짐작할 수 있게 하는 곳. 남부 지역의 옛 마을에서 옮겨 온 것으로, 기둥만 덩그러니 남아 실망할 수도 있지만 진품이라는 사실에 의의가 있다.

각종 전통 댄스 디너쇼

남태평양 섬을 여행할 때 빼놓을 수 없는 것 중 하나는 원주민들의 전통 공연을 관람하는 것. 경쾌한 음악에 리드미컬한 춤사위, 가슴 졸이는 불쇼 등을 즐기며 풍성한 저녁까지 맛본다.

차모로 빌리지 수요일 야시장

선셋 바비큐 디너보다 5배는 저렴한 가격에 바비큐와 다양한 음식의 도시락을 즐길 수 있다. 개장부터 폐장까지 이어지는 댄스 공연과 관중들의 열기로 여느 디너쇼도 부럽지 않다.

Spa & Massage 01

괌 스파 & 마사지 궁금해요~

휴양지 여행에서 빠질 수 없는 것, 마사지! 괌은 동남아만큼 저렴하진 않지만 마사지를 받는 사람들이 많다. 하지만 동남아 같은 마사지를 기대했다 실망했다는 말이 많은데…. 미리 알면 실패하지 않을 괌의 스파 & 마사지 정보를 모았다.

마사지 종류

스웨디시 Swedish
서양식 수기 요법으로, 부드럽게 압력을 가해 근육이완과 혈액순환을 돕는다.

아로마 오일 Aroma Oil
몸에 좋은 오일을 사용하여 피부 영양뿐 아니라 향을 통해 정신적 안정을 돕는다.

핫 스톤 Hot Stone
따뜻하게 데운 돌로 뭉친 근육을 풀어주고 혈액순환 촉진, 노폐물 배출을 돕는다.

스포츠 Sports, **시아추** Shiatsu, **경락**
적절한 압력의 자극을 통해 뭉친 근육을 풀고 혈액순환을 촉진시켜 피로를 완화시킨다.

괌 마사지 특징

괌의 중급 이상 호텔들은 대부분 스파 시설을 보유하고 있다. 호텔 스파인 만큼 시설이 좋고, 시중 마사지 숍보다 2배 정도 비싸며, 부드럽게 케어해 주는 아로마 오일 마사지나 약간의 압력을 더한 스웨디시 마사지가 대부분이다. 한국인들은 시원한 느낌의 강한 마사지를 선호하는데, 이때에는 스포츠, 시아추, 경락, 지압 마사지를 주로 하는 전문 숍을 찾는 것이 좋다. 괌 시내에는 수많은 마사지 숍들이 난립해 있는데 이 중에는 퇴폐업소들도 있어 주의해야 한다.

이용 시 주의사항

1 원하는 시간에 마사지를 받기 위해서는 예약이 기본이다.
2 최소 예약 시간 10분 전에 도착해야 한다. 지각하는 시간만큼 마사지 시간은 짧아진다.
3 마사지가 끝나면 테라피스트에게 만족도에 따라 2~5달러 정도 팁을 준다.
4 아로마 오일 마사지 후에는 오일의 효능을 지속시키기 위해 가능한 목욕을 하지 않는다.
5 마사지 숍은 여행사나 괌 여행 카페를 통해 예약하는 것이 더 저렴하다.

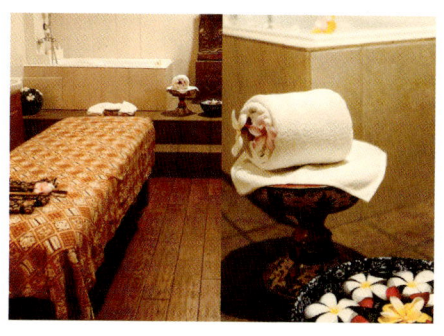

Buy 01

아는 것이 힘, 괌 쇼핑의 모든 것!

괌은 세계적인 명품부터 중저가 브랜드, 미국 의약품, 유아용품, 먹거리, 아이디어 소품, 기념품까지 살거리가 넘쳐 난다. 하지만 많아도 너무 많다. 도대체 뭘 사야 할지 모르겠다는 사람들을 위한 똑똑한 쇼핑 어드바이스!

이 브랜드를 공략하라

섬 전체가 면세구역이지만 한국보다 특히 저렴한 브랜드들이 있다. 쇼핑 자체를 즐기는 사람이 아니라면, 명품은 구찌, 의류는 타미힐피거, 폴로랄프로렌, 캘빈클라인, 유아아동복은 카터스, 화장품은 에스티로더와 맥, 조말론 향수, 주얼리 및 잡화는 판도라와 쌤소나이트 캐리어에 주목하자.

쿠폰을 챙겨라

인기 좋은 브랜드일수록 할인 쿠폰이 많다. 쿠폰을 받기 위해서는 미국 쿠폰 웹사이트(www.retailmenot.com)로 들어가 원하는 브랜드를 검색하고 쿠폰을 프린트해 놓는다. 수많은 종류의 쿠폰 중 '매장 내 쿠폰 In-Store Coupons'만 사용 가능하다. 유효기간이 있으므로 이 역시 꼼꼼하게 체크하자. 그 외 '괌 쿠폰'을 키워드로 네이버에서 검색하면 각종 쿠폰 및 관련 정보를 얻을 수 있다. K마트 할인 쿠폰은 홈페이지(www.kmart.com)로 들어가 상단의 Coupons 메뉴 클릭!

세일 기간을 노려라

전 세계가 들썩일 만큼 엄청난 세일이 감행되는 '블랙 프라이데이 Black Friday'는 추수감사절(11월 마지막 주 목요일) 다음 날을 말한다. 또한 크리스마스 이후, 신년 1월까지 대대적인 겨울 세일이 있다. 괌에서는 이 세일 기간에 맞춰 11월부터 다음 해 2월까지 '숍 괌 페스티벌'이라는 쇼핑 축제를 연다. 여름 세일로는 7월 4일 독립기념일 세일이 가장 크고, 5월 14일 어머니의 날, 5월 마지막 월요일 메모리얼데이(현충일), 6월 18일 아버지의 날 등을 전후로 크고 작은 세일을 한다.

어떤 물건 어디서 살까?

품목	쇼핑 장소
명품 브랜드	T 갤러리아, 투몬 샌즈 플라자, 더 플라자, 롯데 면세점
중저가 의류 및 잡화	메이시스(마이크로네시아 몰 내), 로스(GPO, 마이크로네시아 몰 내)
가정 의약품	K마트, 페이레스 슈퍼마켓, ABC스토어
비타민류	비타민 월드 (마이크로네시아 몰, GPO 내)
어린이 장난감	트윙클스(GPO 내)
기념품	JP 슈퍼스토어, ABC 스토어, K마트
먹거리	K마트, 페이레스 슈퍼마켓, ABC 스토어

사이즈 조견표

아래 표는 미국의 일반적인 치수이며, 브랜드와 디자인에 따라 다를 수 있으니 참고용으로 사용하자.

여성복

국가 \ 사이즈	XS	S	M	L	XL
한국	44(85)	55(90)	66(95)	77(100)	88(105)
미국	2	4 6	8 10	12 14	16 18

남성복

국가 \ 사이즈	XS	S	M	L	XL	XXL
한국	85	90	95	100	105	110
미국	85~90	90~95	95~100	100~105	105~110	110~

아동복

나이 \ 국가	0~3개월	3~6개월	6~12개월	12~18개월	18~24개월	만 2세	만 3세	만 4세	만 5세	만 6세	만 7세	만 8세
한국 1	70	75	80	85	90	95	100	110	120	130	140	150
한국 2	–	–	–	–	–	3호	5호	7호	9호	11호	13호	15호
미국	0~3M	3~6M	6~12M	12~18M	18~24M	2T	3T	4T	5T	6T	7T	8T

남녀 신발

한국	성별	210	220	230	240	250	260	270	280	290
미국	남	–	–	5.5	6.5	7.5	8.5	9.5	10.5	11.5
	여	4	5	6	7	8	9	10	11	12

아동 신발

한국	120	130	140	150	160	170	180	190	200	210	220
미국	6	7	8	9	10	11	12	13	1	2	3

유아 신발

cm	10.6	11.4	12.3	13.1	13.9	14.8	15.6	16.4	17.3
호수	2	3	4	5	6	7	8	9	10

Buy 02

주목해야 할 패션 브랜드 & 숍

"쇼핑만 잘하면 항공권 값은 번다"는 말이 있을 만큼 괌 여행에서 빼놓을 수 없는 것이 쇼핑이다. 괌은 물가가 비싼 편이지만, 이것만큼은 한국보다 싸서 꼭 사야 한다는데…. 지름신이 강림한다는 브랜드와 숍은 어디?

명품

구찌 GUCCI

'괌 특산품'이라는 수식어가 붙을 만큼 명품 쇼핑 중에서도 가장 대표적인 브랜드. 한국에 비해 저렴한 데다 제품도 다양하기 때문. 하지만 한화 200만 원 이상 명품 가방에는 고액의 개별소비세가 부과된다는 것을 염두에 두어야 국내에서보다 저렴한 쇼핑이 가능하다. 더 플라자의 매장이 가장 크고, 투몬 샌즈 플라자 매장이 가장 덜 붐빈다.

위치 T 갤러리아, 더 플라자, 투몬 샌즈 플라자

토리버치 TORY BURCH

30%에서 많게는 50%까지 세일을 자주 하기 때문에 한국보다 저렴한 브랜드다. 아메리칸 라이프스타일의 튀지 않는 디자인과 부담스럽지 않은 가격으로, 데일리 유즈 Daily Use 아이템으로 그만이다. 가장 인기 있는 것은 가방류이지만, 샌들이나 플랫슈즈, 플립플랍(조리)도 많이 찾는다.

위치 T 갤러리아, 롯데 면세점(괌 공항)

코치 COACH

한국인들이 좋아하는 (준)명품 브랜드 톱 5 중 하나다. 미국 브랜드인 만큼 가격 면에서 한국보다 싸고 디자인도 다양한 편. 더 플라자 매장은 2층으로 되어 있어 제품이 다양하고, T 갤러리아, 롯데 면세점은 다양한 프로모션(쿠폰)을 이용하면 할인 폭이 커진다. 마이크로네시아 몰 메이시스 여성관 내에도 작은 부스가 마련돼 있어 메이시스 할인 쿠폰을 이용할 수 있다.

위치 T 갤러리아, 더 플라자, 롯데 면세점(괌 공항), 마이크로네시아 몰

······· 캐주얼 의류 ·······

타미힐피거 TOMMY HILFIGER

'괌 쇼핑의 꽃'이라고도 불리는 아메리칸 클래식 캐주얼 브랜드로, GPO의 매장은 90% 이상 한국인이 차지한다. 베이직한 깔끔함에 활동성을 살린 데일리 룩으로, 남성복, 아동복, 여성복 순으로 선호도가 크다. GPO는 아웃렛인 만큼 물건이 많고 좀 더 저렴한 편이며, 메이시스는 백화점답게 품질이 더 좋다. 초알뜰 쇼핑을 원한다면 할인 쿠폰은 꼭 챙겨가자.

위치 괌 프리미엄 아웃렛(GPO), 마이크로네시아 몰 내 메이시스 백화점

캘빈 클라인 Calvin Klein

청바지와 향수 CK ONE, 허리밴드에 브랜드 이름을 새긴 언더웨어로 큰 성공을 거둔 캘빈 클라인은 GPO에 의류 매장과 잡화 매장 2곳을 운영한다. 여기서 주목할 것은 언더웨어. 한국보다 30%에서 많게는 80%까지 저렴하다. 타미힐피거 구매 시 같은 날 사용할 수 있는 캘빈 클라인 10% 할인 쿠폰을 받을 수 있다.

위치 괌 프리미엄 아웃렛(GPO)

기타 브랜드

말을 탄 폴로 선수의 로고가 새겨진 폴로랄프로렌 Polo Ralph Lauren은 깔끔하고 차분한 세미포멀 룩을 선보인다. 게스 GUESS, 리바이스 Levi's는 청바지와 티셔츠 등 젊은 감각의 캐주얼웨어를 애용하는 사람들에게 그만이다.

위치 폴로랄프로렌
마이크로네시아 몰 내 메이시스,
게스·리바이스
괌 프리미엄 아웃렛(GPO)

Tip | 다양한 할인 쿠폰 얻는 법

1. www.retailmenot.com으로 들어가 검색창에 Tommy Hilfiger, 혹은 Calvin Klein 입력. 쿠폰 유형 Coupon Type 중 매장 전용 쿠폰 In Store Coupon을 클릭하면 현지 매장에서 사용 가능한 쿠폰이 뜬다. 유효기간이 있으므로 주의.
2. GPO 홈페이지(www.gpoguam.com)로 들어가 상단 메뉴바에서 Events를 클릭하면 GPO의 세일 및 쿠폰 일정표가 나온다.
3. 네이버 검색창에 '타미힐피거 쿠폰'을 입력 후 엔터. 각종 타미힐피거 쿠폰을 다운받거나 실물 종이 쿠폰을 양도받을 수 있다.

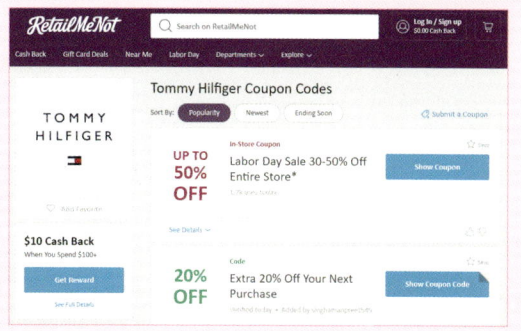

··· 유아동복 ···

카터스 Carter's

한국에서는 온라인 직구나 공동구매로 인기 많은 브랜드다. 신생아 유아복부터 초등학생 아동복까지 연령대는 넓지만, 특히 주목을 받는 것은 유아복이다. 개중에서도 보디수트, 발 달린 아기우주복은 예비엄마들의 필수품. 미국 아기 옷은 치수가 작게 나오기 때문에 아래 사이즈 표를 기준으로 한 치수 크게 사야 한다. 마이크로네시아 몰 메이시스에 가장 큰 매장이 있고, 로스Ross의 아기옷 섹션에서도 찾아볼 수 있다. 메이시스는 제품이 많은 만큼 디자인 선택의 폭이 넓고, 로스는 아웃렛인 만큼 가격이 저렴하지만 다른 브랜드들과 섞여 있어 선택의 폭은 좁다.

위치 마이크로네시아 몰 내 메이시스, 로스, 괌 프리미엄 아웃렛 내 로스

카터스 사이즈 조견표

Size	키(인치)	키(센티미터)	몸무게(파운드)	몸무게(킬로그램)
이른둥이	~17	~43	~6	~2.7
신생아	~21.5	~55	6~9	2.7~4.1
3M(개월)	21.5~24	55~61	9~12.5	4.1~5.7
6M	24~26.5	61~67	12.5~17	5.7~7.7
9M	26.5~28.5	67~72	17~21	7.7~9.5
12M	28.5~30.5	72~78	21~25	9.5~11.3
18M	30.5~32.5	78~83	25~28	11.3~12.7
24M	32.5~34	83~86	28~30	12.7~13.6

타미힐피거 키즈 Tommy Hilfiger Kids

고급 캐주얼 브랜드 타미힐피거의 아동복 라인이다. 스타일리시한 디자인과 믿을 만한 품질로 아동복 직구 인기 브랜드 중 하나. 사이즈가 작은 성인 여성 중에는 키즈 XXL 옷을 입기도 한다. 그 외 폴로랄프로렌 아동복도 인기가 많다.

위치 **타피힐피거** 마이크로네시아 몰 내 메이시스나 GPO,
폴로랄프로렌 마이크로네시아 몰 내 메이시스

잡화

에스티로더 ESTÉE LAUDER
한 번도 안 써 본 사람은 있어도 한 번만 써 본 사람 없다고 하는 전설의 수분 에센스, '에스티로더 갈색병(나이트 리페어)'. 괌에서는 국내 면세점보다도 저렴한 가격에 구입할 수 있어 화장품 필수 쇼핑 아이템으로 추천된다.

위치 T 갤러리아, 롯데 면세점(괌 공항)

맥 MAC
한국보다 저렴한 데다 다량 구입 시 할인이나 한 개 더 증정 같은 프로모션이 많아 선물용으로도 많이 구입한다. 대체로 T 갤러리아와 롯데 면세점에서 많이 구입하는데, 프로모션 여부에 따라 더 저렴한 곳의 순위는 뒤바뀐다. 메이시스 내 맥 매장은 테스팅 공간이 따로 마련돼 있다는 이점이 있다.

위치 T 갤러리아, 롯데 면세점(괌 공항), 마이크로네시아 몰 내 메이시스

조말론 JO MALONE
런던 상류층이 애용하는 럭셔리 뷰티 브랜드로, 향수가 특히 유명하다. 코롱이라 지속성은 아쉽지만, 강하지 않고 은은하게 퍼지는 향이 일품이다. 가장 인기 있는 향은 잉글리쉬 페어 & 프리지아, 블랙베리 & 베이, 라임 & 바질 정도며, 중성적인 향을 좋아한다면 우드세이지 & 씨솔트도 주목해 보자. 모든 향수는 시향이 가능하다.

위치 T 갤러리아, 롯데 면세점(괌 공항)

판도라 Pandora
예쁜 디자인에 부담스럽지 않은 가격으로 20~30대 여성들이 많이 찾는 덴마크 중저가 주얼리 브랜드다. 한국 여행객들이 가장 좋아하는 아이템은 탄생석 반지. 한국보다 더 저렴한 것은 물론이고, 심플한 디자인의 신모델보다 더 예쁘다는 구 모델은 국내에서 구입할 수 없기 때문에 찾는 사람들이 많다.

위치 T 갤러리아, 롯데 면세점(괌 공항)

고디바 GODIVA
100여 년 전통을 자랑하는 벨기에 프리미엄 초콜릿이다. 현지에서 디저트로 즐기는 초콜릿 음료와 아이스크림콘 외 모둠초콜릿이나 초콜릿 & 캐러멜 원두커피. 핫 코코아 파우더는 쇼핑 품목으로도 인기다. 특히 프레즐에 밀크 초콜릿이나 다크 초콜릿을 입힌 고디바 프레즐은 최고의 핫 아이템. 가장 저렴하게 살 수 있는 곳은 마이크로네시아 몰 내 메이시스다.

위치 T 갤러리아, 롯데 면세점(괌 공항), 메이시스, JP 슈퍼스토어

Buy 03

이건 꼭 사야 해, 건강을 위하여!

우리나라의 약품들은 신약 개발보다 복제품이 대부분이다. 따라서 같은 기능의 약품도 한국보다 효과가 더 좋다는 평이 많다. 꼭 쇼핑 목적이 아니라도, 현지에서 의약품이 필요할 때 다음 제품들에 주목해 보자.

건강보조식품
비타민 월드

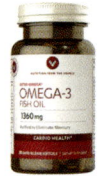

성인용 오메가
Omega-3 Fish Oil

유해 콜레스테롤과 중성지방을 없애 혈액순환과 혈관, 뇌 건강 등에 효능이 있다.

어린이용 오메가3 젤리
Kids' Omega-3 Gummies

비타민 D3까지 함유된 영양제로, 젤리 타입에 맛도 좋아 아이들이 잘 먹는다.

종합비타민
Ultra Multivitamin

여성용, 남성용, 실버용, 피부 건강용 등 복용자에 따라 선택의 폭이 넓다.

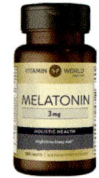

멜라토닌
Melatonin

한국에서는 구입할 수 없는 수면유도제. 심한 불면증이 아니라면 함유량 3mg이 적당하다.

프로바이오틱 10
Probiotic 10

200억 마리의 생 프로바이오틱스를 함유하고 있으며 한국보다 매우 저렴한 가격!

레티놀 크림
Retinol Cream

한국인들이 쓸어 담아오는 최고의 아이템. 주름 예방과 피부탄력 증대에 좋다.

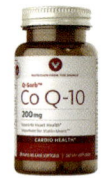

코엔자임Q10
CoQ 10

세포를 공격하는 유해산소를 억제해 노화 방지, 혈압감소 등에 효과가 좋다.

빌베리
Bilberry

항산화 효과가 높은 안토시아닌이 블루베리보다 5배 높아 눈 건강에 좋다.

가정 의약품

K마트, 페이레스 슈퍼마켓, ABC 스토어

센트룸
Centrum
전 세계적으로 유명한 종합 영양제. 여성용, 남성용, 연령대별로 나뉘어 있다.

오스테오 바이플렉스
Osteo Bi-Flex
무릎 염증을 다스림은 물론 연골 재생에 도움을 준다. 미의약사 추천 제품.

에어본
Airborne
면역기능 강화에 초점을 둔 발포비타민제. 피로와 감기 예방에 좋다.

알카셀처
Alka-Seltzer
너무나도 유명한 소화제. 소화불량, 배탈, 속 쓰림, 두통, 몸살에도 복용 가능하다.

텀스
Tums
임산부도 먹을 수 있는 소화제라 해서 불티나게 팔리지만 엄밀히 말하면 제산제이다.

엑스락스
Ex Lax
초콜릿 모양에 초콜릿 맛이 나는 변비약. 신기해서 사 보니 효과도 괜찮네!

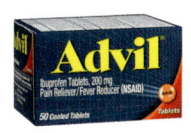

애드빌
Advil
이부프로펜 계열의 소염 진통제. 빠르게 통증을 잡아주는 것으로 유명하다.

펩토 비스몰
Pepto-Bismol
100년 전통의 핑크색 물약 소화제(12세 이상용). 속 쓰림, 구토, 배탈, 설사에도 좋다.

다임탭
Dimetapp
유명한 어린이 감기약. 기침감기Cold & Cough약과 비염 알레르기Cold & Allergy약이 있다.

자비스
Zarbee's
천연 벌꿀이 들어간 유아용(2개월 이상) 기침 & 목감기 혹은 기침 & 코감기 시럽.

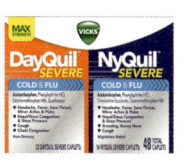

데이킬 & 나이킬
DayQuil / NyQuil
성인용 독감약. 보다 강력한 성분으로 졸음을 유발하는 나이킬은 밤에 복용한다.

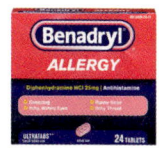

베나드릴
Benadryl
눈물, 콧물, 재채기, 가려움 등 알레르기 증상에 즉효인 항히스타민제.

Buy 04

취향저격 먹거리를 사수하라!

K마트, 페이레스 슈퍼마켓, ABC 스토어, JP 슈퍼스토어의 공통점은? 먹거리 쇼핑의 최고 장소라는 점! 우리나라 마트에는 들어오지 않거나 구입할 수 있더라도 훨씬 비싼 먹거리를 이 기회에 부담 없이 구입해 보자.

7D 건망고
7D Mangoes
맛있기로 유명한 말린 망고 브랜드. 다양한 브랜드가 있지만 제일 잘나간다.

마우나로아 마카다미아 너트
Mauna Loa Macadamia Nuts
비행기도 되돌린 그 유명한 땅콩. 오리지널 맛을 즐기려면 Dry Roasted 맛으로.

하와이안 호스트
Hawaiian Host
하와이 지역에서 판매 1위를 기록한 마카다미아 너트 초콜릿 브랜드.

리치 바나나 칩
Rich Banana Chips
코코넛 오일을 덧입혀 고소함과 달콤함을 더했다. 필리핀 조비스 칩의 괌 버전.

코코넛 칩
Coconut Chips
코코넛 과육을 얇게 썰어 말린 것. 코코넛의 고소하고 달콤한 맛을 칩으로 즐긴다.

이지치즈
Easy Cheese
크래커나 소시지 등에 발라 먹는 스프레이 치즈. 체다 치즈 맛이 가장 인기다.

오레오민트&레드벨벳
OREO Mint & Red Velvet

한국에 들어오지 않아 더 귀한 맛. 오레오 마니아라면 놓치지 말자.

팝 타르트
Pop Tarts

전자레인지에 돌리면 촉촉하고 쫀득한 잼 맛이 일품. 단, 칼로리가 높다.

시나본 시리얼
Cinnabone

꿈의 명물 시나본 빵을 시리얼로~ 시나몬 향이 강하고 엄청 달다.

치리오스 허니 너트
Cheerios Honey Nut

통곡물에 꿀을 코팅해 달지 않고 건강한 맛이 느껴지는 인기 시리얼.

퍼지 바
Fudgee Barr

촉촉한 케이크 안에 초코, 바닐라, 판단, 커스터드 등의 크림이 쏘옥.

스카이 플레이크
Sky Flakes

크래커를 좋아한다면 꼭 먹어 보자. 치즈맛, 갈릭맛, 양파맛 다 맛있다.

코코 조 쿠키
CoCo Jo's Cookies

이나라한 마을에서 만들어진 쿠키. 코코넛, 초콜릿, 피나콜라다 맛이 있다.

스타버스트 구미
Starburst Gummies

하리보보다 훨씬 부드러우면서 시럽이 들어 있어 더 진한 과일맛 젤리.

길리안 초콜릿
Guylian Chocolate

고디바가 너무 비싸 고민될 때, 대체할 수 있는 보급형 벨기에 초콜릿.

기라델리 초콜릿
Ghirardelli Chocolate

고디바, 노이하우스와 함께 세계 3대 초콜릿의 하나로 알려진 브랜드.

누텔라 & 고
Nutella & Go

'악마의 잼'이라고 불리는 헤이즐넛 초코 스프레드와 과자가 한 패키지에.

고디바 프레즐
Godiva Pretzel

짭조름한 프레즐에 진한 고디바 초콜릿이 만나 단짠의 정석을 보여준다.

스팸
SPAM

스팸 종류가 이렇게 많아? 갈릭, 베이컨, 할라피뇨, 데리야키 등 다양하다.

하와이안 코나
Hawaiian Kona

세계 3대 커피 중 하나로 꼽히는 하와이안 코나 커피를 우리 집으로~

갈릭 솔트
Garlic Salt

마늘과 파슬리가 들어가 풍미를 살려주는 소금. 요리가 업그레이드된다.

히말라야 핑크 소금
Himalayas Pink Salt

불순물이 적고 미네랄이 풍부해 몸에 좋은 건강 소금.

Buy 05

깜찍하고 기발한 기념품들 집합!

즐거움을 뒤로하고 일상으로 돌아가야 할 때! 빈손으로 괌을 떠날 수는 없는 법. 화장품, 액세서리, 커피 등 개인 소장용은 물론 지인들에게도 부담 없이 건넬 수 있는 것이 무궁무진하다. 괌의 추억을 되새기며 흐뭇함에 젖을 수 있는 기념품을 찾아보자.

휴대전화 고리
괌 토속 인형 커플이 깜찍해~

괌 스타일 가죽 가방
괌의 상징들로 가득한 멋쟁이 미니 가방

조개 & 모래 병
아름다운 바닷가의 추억을 담아

마그넷
해외여행 기념품 넘버원!

아이 러브 괌 곰인형
곰아, 나도 괌을 사랑해~

코코넛 쿠키
맛도 맛이지만 케이스가 더 예뻐!

괌질라
괌의 상징들로 디자인된 괌 마스코트 인형

포스트잇
메모를 남길 때마다 괌 추억이 솔솔~

코코넛 보디오일
망고, 플루메리아 같은 괌의 향기까지 입혔다!

에코백
괌의 관광지며 상징들이 프린트된 실용 백

병마개
휴양지 느낌이 물씬~

비키니 소주잔
세상에서
가장 섹시한 소주잔!

컵받침
괌 토속 느낌이 물씬 나는
목공예품

파인애플 도마
자꾸 요리 하고 싶게
만드네~

비치웨어
과감한 의상에도
도전?

노니 비누
피부 트러블,
탄력 강화에 Good!

캐리어 네임택
나 괌
다녀왔어요~

스노우볼
눈 내리지 않는 괌에도
스노우볼이?

젤리캣
분리불안도 잡아주는
우리 아이 애착 인형

조리 샌들
알록달록 예뻐서
기분도 up!

얼음 틀
귀여운 얼음을
만들어 봐요!

봉지매듭
먹다 남겨도
괜찮아

티 인퓨저
티를 즐겨 마시는
그대에게

미니 거품기
작고 귀여운 실용만점
주방용품

실리콘 턱받이
아기가 있는 집은
주목!

텀블러
들어 보면
"아, 거기~"
할 만한
지명들로 가득

Stay 01

나에게 딱 맞는 숙소는 어디?

:

가족 휴양지로 사랑을 받고 있는 괌은 물놀이를 즐기며 숙소에서 머무는 시간이 많은 만큼 숙소 선택은 무엇보다 중요하다. 따라서 예산과 숙소 위치, 특징, 여행 목적 등에 따라 신중히 따져보고 결정하자.

숙소 사정

괌은 제주도보다 작은 섬인 데다 여행자들이 머무는 곳은 투몬 및 타무닝 지역에 한정돼 있어 숙소 선택의 폭이 좁은 편이다. 미국 본토와 먼 남태평양의 외진 섬, 휴양지이기 때문에 객실 상태가 노후화된 곳이 많고(팬데믹 기간 일부 리노베이션 진행), 직원들 서비스도 대도시의 호텔만 못하다. 괌의 숙소는 리조트가 대부분으로 호텔은 숙박을 목적으로 객실 상태에 큰 비중을 두는 반면 리조트는 위락 시설에 초점을 둔다는 사실 역시 유념해야 한다. 고온 다습한 섬나라의 특성상 에어컨을 끄고 몇 시간만 지나면 습도가 올라가고 꿉꿉한 냄새가 난다. 물가 자체가 비싼 괌을 동남아와 단순 비교하며 숙소 수준을 논하는 것은 무의미하다. 객실의 화려함보다 괌이 주는 다양한 즐거움에 눈높이를 맞춰보자.

이럴 땐 이런 숙소

신축 혹은 리노베이션한 곳을 원한다
▶①츠바키 타워 ③하얏트(상급 룸) ⑤두짓 비치 ⑦괌 플라자 ⑨오션뷰 ⑩베이뷰 ⑭크라운 플라자

워터파크를 즐기고 싶다
▶⑦괌 플라자 ⑫PIC ⑲온워드

시내에서 쇼핑과 식도락을 즐기고 싶다
▶②두짓타니 ③하얏트 ④웨스틴 ⑤두짓 비치 ⑥괌 리프 ⑦괌 플라자

교통이 불편해도 조용히 쉬고 싶다
▶⑳리가 로열 ㉓레오 팔레스

콘도처럼 밥도 해먹고 편하게 지내고 싶다
▶⑨오션뷰 ⑯가든 빌라 ㉒알루팡 ㉓레오 팔레스

바닷가에 있으면서 적당한 가격이면 좋겠다
▶⑥괌 리프 ⑰홀리데이 ㉒알루팡

시설이 좋은데 가격도 괜찮았으면 한다
▶⑥괌 리프 ⑦괌 플라자 ㉑힐튼

새벽 비행기라 1박 잠만 자면 된다
▶⑩베이뷰 ⑱로열 오키드 ㉔데이즈 인

무조건 싸야 한다
▶⑪그랜드 플라자 ⑱로열 오키드 ㉔데이즈 인

숙소 리스트

호텔명	위치	가격	장점	누구에게 좋을까
① 츠바키 타워	중심가 위치	50만 원대 중반	괌 최고의 호텔	최고의 시설과 특별한 서비스를 찾는 사람
② 두짓타니		30만 원대 중반	2015년 신축 건물	룸 컨디션이 중요한 사람
③ 하얏트		20만 원대 후반	크고 조경 잘된 수영장	가격만 맞는다면 누구나
④ 웨스틴		20만 원대 후반	조용한 객실, 포근한 침구	편안한 잠자리, 휴식을 찾는 사람
⑤ 두짓 비치 리조트		20만 원대 후반	시내 정중앙 위치, 리노베이션	쇼핑, 맛집 투어를 즐기는 사람
⑥ 괌 리프		20만 원대 초반	모든 장점을 조금씩 갖춤	가격, 위치, 시설 다 고려하는 사람
⑦ 괌 플라자		10만 원대 중반	일본 비즈니스식 호텔	최고의 위치, 깔끔한 숙소를 찾는 사람
⑧ 롯데	중심가와 근접	20만 원대 후반	한국식 호텔 서비스	한국식 서비스를 신뢰하는 사람
⑨ 오션뷰 레지던스		10만 원대 후반	콘도형, 가성비 좋음	알뜰 가족 여행객
⑩ 베이뷰		10만 원대 중반	위치와 가성비 좋음	외부 활동이 많은 사람
⑪ 그랜드 플라자		10만 원대 초반	저렴하면서 시내 근접	시내에서 최저가 숙소를 찾는 사람
⑫ PIC	중심가와 거리 있음	30만 원대 초반	최고의 워터파크 보유	물놀이를 좋아하는 가족 여행객
⑬ 니코		20만 원대 중반	한적함, 최장 슬라이드	한적하게 물놀이를 즐길 사람
⑭ 크라운 플라자		20만 원대 중반	최신 리모델링, 비치 앞 위치	컨디션이 좋은 비치 앞 호텔을 찾는 사람
⑮ 퍼시픽 스타		10만 원대 후반	K마트 접근 용이	가성비 좋은 곳을 찾는 사람
⑯ 가든 빌라		10만 원대 중반	콘도형	알뜰 가족 여행객
⑰ 홀리데이		10만 원대 초반	저렴함, 비치 앞 위치	저렴한 비치 앞 호텔을 찾는 사람
⑱ 로열 오키드		10만 원대 초반	K마트 접근 용이	외부 활동이 많은 사람
⑲ 온워드	중심가와 매우 먼 거리	20만 원대 중반	워터파크 보유	워터파크를 무료로 즐길 사람
⑳ 리가 로열		20만 원대 초반	한적함, 인피니트 풀 보유	한적한 휴양 목적의 여행객
㉑ 힐튼		20만 원대 초반	다양한 풀장	누구에게나 무난(샌드 비치 없음)
㉒ 알루팡 비치 타워		10만 원대 후반	콘도형, 전객실 오션뷰	오션뷰가 중요한 알뜰 가족 여행객
㉓ 레오 팔레스		10만 원대 후반	콘도형, 산의 맑은 공기	바다보다 산 전망이 좋은 사람
㉔ 데이즈 인		10만 원대 초반	공항에서 가까움	공항 근처에서 잠만 잘 사람

※ 가격은 비수기 스탠더드룸 기준. 성수기, 비수기, 식사 포함 혹은 프로모션 여부에 따라 가격 변동이 크다.
※ '중심가'란 T 갤러리아 일대를 기준으로 함.

Stay 02

감춰진 실속 만점 숙소를 찾아라!

:

많은 사람이 찾는 데는 다 이유가 있겠지만, 유명하지 않다고 해서 꼭 나쁜 것만은 아니다. 100% 만족감을 줄 수 있는 숙소가 얼마나 되랴. 한두 가지 아쉽지만 좋은 점이 훨씬 많은 숙소에 주목해 보자.

괌 리프 리조트
Guam Reef Resort

요즘은 한국인들도 많이 찾지만, 여전히 일본인들의 아지트 같은 곳이다. 시내 중심에 위치, 인피니티 풀 보유, 깔끔한 객실과 좋은 뷰, 계단으로 투몬 비치 접근성 등 장점이 많다. 20만 원 초반대에 이런 숙소라면 그야말로 가성비 갑이다.

괌 플라자 리조트 & 스파
Guam Plaza Resort & Spa

시내 중심에 자리해 있어 위치가 환상적이다. 투몬 비치에 인접해 있지 않고 수영장, 객실 모두 작다는 아쉬움이 있지만, 바로 옆에 있는 타자 워터파크 유무료 이용, 리모델링한 객실, 일본식 서비스, 상대적으로 저렴한 요금 등 장점이 매우 많다.

알루팡 비치 타워 Alupang Beach Tower

투몬 비치나 호텔 로드에서 뚝 떨어져 외진 듯하지만, 물빛이 기가 막힌 알루팡 비치 바로 앞에 위치해 전망이 매우 아름답다. 대가족이 이용 가능한 콘도식 객실로 세탁기, 건조기까지 갖춰 편리하다.

베이뷰 호텔 괌 Bayview Hotel Guam

언덕 중간에 있지만 거의 시내 중심이라 할 수 있는 위치에 있다. 호텔 내 머무는 시간보다 외부 활동이 많은 사람에게 숙박비를 줄여주면서도 편안한 잠자리를 제공하는 실속 호텔이다. 일부 객실은 리모델링을 마쳤고 현재도 진행 중이다.

오션뷰 호텔 & 레지던스 Oceanview Hotel and Residences

성인 4인 이상 가족 여행객들이라면 꼭 주목해 보자. 넓은 거실과 2개의 침실, 2개의 욕실, 부엌까지 갖춰 내 집처럼 편안하게 사용할 수 있다. 비치 옆은 아니지만 수영장도 있고 시내와 매우 가까운데 가격까지 저렴하다. 일부 객실은 리모델링을 마쳤고 현재도 진행 중이다.

에어비앤비 Airbnb

현지인의 집 전체나 일부를 빌리는 방법이다. 일반 주거 공간이므로, 호텔보다 편리하고 음식도 해먹을 수 있으며, 상대적으로 가격도 저렴하다. 대체로 트롤리(셔틀)버스 이용이 불가하므로 렌트카는 필수. 투몬, 타무닝 지역 외 숙소를 찾고 싶은 사람이라면 특히 주목해 보자.

홈피 www.airbnb.co.kr

한인 게스트 하우스 Guest House

영어 울렁증이 심한 사람, 한 푼이라도 더 아껴 맛있는 거 먹고 부담 없이 렌트해 괌 이곳저곳을 누비고 싶은 사람에게 이만큼 좋은 곳도 없다. 숙소에 따라서는 주방, 세탁기 사용도 가능하다. 중심가나 비치, 어디에서나 멀리 떨어져 있다.

Stay
03

호텔 & 리조트 120% 즐기는 법

:

괌의 숙박 시설들은 대부분 호텔이 아닌 리조트로 운영된다. 이는 즉, 괌 여행에서 숙소는 그저 '잠을 자는 곳'이 아니라 그 자체가 '즐김의 대상'이 된다는 말이다. 하루쯤은 여유롭게, 그리고 조금은 사치스럽게 호텔 라이프를 즐겨 보자(모든 일정은 실제 '괌 리프 리조트' 기준).

AM 08:30 기상
휴가다. 너무 이른 기상은 부담이지만 너무 늦는 것 역시 하루를 늘어지게만 할 뿐. 맑고 깨끗한 공기 아래 테라스로 나가 오션뷰를 즐겨 보자. 모닝커피 한잔 곁들이면 천국이 따로 없다.

AM 09:00 조식
호텔 조식은 언제나 기대된다. 일본인, 한국인들이 많이 찾아와 밥, 국, 김치 정도는 잘 준비돼 있다. 간단한 서양식부터 일식, 한식에 이르기까지, 입맛대로 골라 먹는다. 조리장이 즉석에서 만들어 주는 오믈렛은 조식의 별미 중의 별미이다. 조식이 포함돼 있지 않다면 조식으로 유명한 '리틀 피카스(p.159)'를 방문해 보자.

AM 10:30 비치
괌 하면 무엇보다 비치 아니겠는가. 호텔 바로 앞에 하얀 백사장과 에메랄드빛 바다가 우리를 유혹한다. 발끝으로 부서지는 하얀 모래의 감촉, 빨간 비치 파라솔 아래 설핏 든 잠. 하지만 무엇보다 스노클링은 놓칠 수 없다. 애니메이션으로만 봤던 니모를 호텔 앞바다에서 내 눈으로 직접 만나 볼 수도 있을 테니까.

PM 01:00 런치

뜨거운 햇살에 멀리 나갈 것도 없이, 호텔 내 수많은 레스토랑 중 하나에서 간단한 점심을 즐긴다. 각 호텔에 하나씩은 있는 유명한 레스토랑에서 디너와는 달리 좀 더 저렴한 가격에 내놓는 런치 세트는 꼭 한번 공략해 볼 것!

PM 03:00 풀사이드

모든 호텔들이 심혈을 기울이는 시설이 바로 풀사이드다. 하지만 호텔마다 콘셉트가 조금씩 달라, 물놀이 시설에 초점을 둔 곳도 있고 선베드에서의 휴식을 선호하는 사람들을 위해 조경에 신경 쓴 곳도 많다. 물놀이를 즐기든, 선베드 위의 여유를 즐기든 풀사이드에서 느끼는 즐거움은 매한가지일 것이다. 특히 괌 리프나 리가 로열처럼 인피니티 풀을 가지고 있다면, 풀에서 즐기는 석양의 아름다움은 절대로 놓치지 말자.

PM 06:00 스페셜 디너

괌 하면 바다, 바다 하면 시 푸드가 자동적으로 떠오르는 법. 대부분의 호텔이 해변 근처에 바비큐 구역을 마련하고 선셋 바비큐 디너를 제공하고 있다. 팬데믹 전에는 디너와 함께 전통 민속춤 공연도 관람할 수 있었는데, 현재는 일몰을 감상하며 바비큐를 즐기는 정도로 축소됐다. 웨스틴, 호텔 니코, PIC처럼, 전통 댄스 외에도 매직쇼, 서커스 같은 프로그램이 준비돼 있기도 하다.

PM 09:00 스파 & 마사지

휴양지에서의 바쁜(?) 하루를 마감할 때쯤 찌뿌둥한 기분과 함께 스파 & 마사지가 머릿속에 떠오른다. 럭셔리한 분위기에서 누군가로부터 케어를 받는다는 건 기분 좋은 일이다.

PM 11:00 바 혹은 라운지

늦은 밤, 간단한 술 한잔이 생각난다면 호텔 내 바 혹은 라운지를 찾아가 보자. 호텔에 따라서는 라이브 음악을 연주해 주기도 한다.

02

Enjoy Guam

괌을 즐기는 가장 완벽한 방법

Sightseeing

관광명소

괌 북부

N
리티디안 비치
리티디안 에코 비치 리조트
코코팜 가든 비치
스타 샌드 비치
3A
파티곶
9
스타츠 괌 골프 리조트
사랑의 절벽
NCS 비치
데데도 새벽시장
남태평양 기념공원
1
건 비치
29
투몬 비치
투몬만
Tumon Bay
34
27A
알루팡 비치 타워 콘도
괌 인터내셔널 컨트리클럽
27
1
T 갤러리아
T Galleria
이파오 비치
마이크로네시아 몰
Micronesia Mall
아산 비치
아가냐만
Agana Bay
30
16
태평양전쟁 역사 공원
괌 국제공항
A. B. Won Pat International Airport
피시 아이 마린 파크
6
4
에메랄드 밸리
1
괌 프리미어 아웃렛
Guam Premier Outlets
온워드 망길라오 골프 클럽
아산만 전망대
15
스페인 광장

아가냐

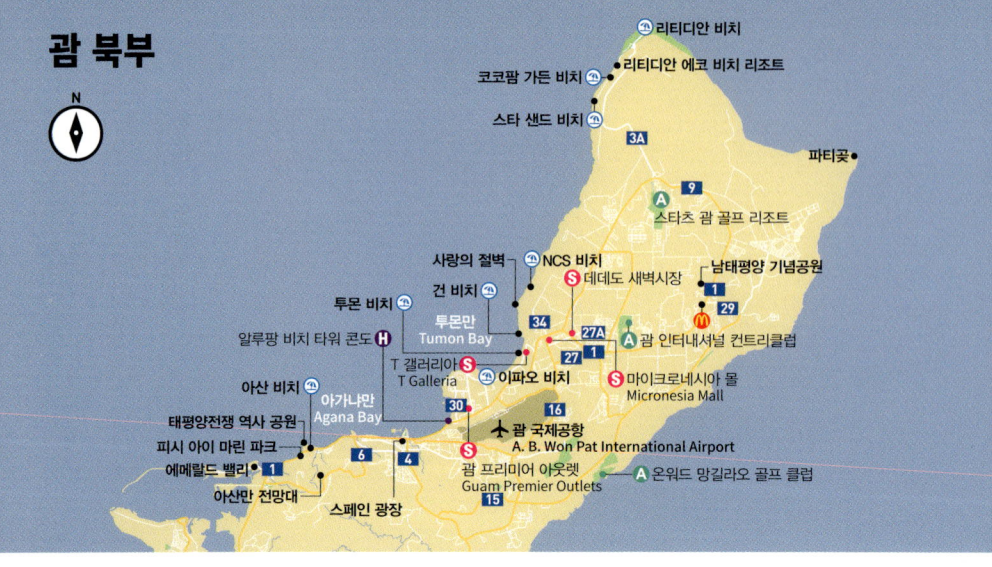

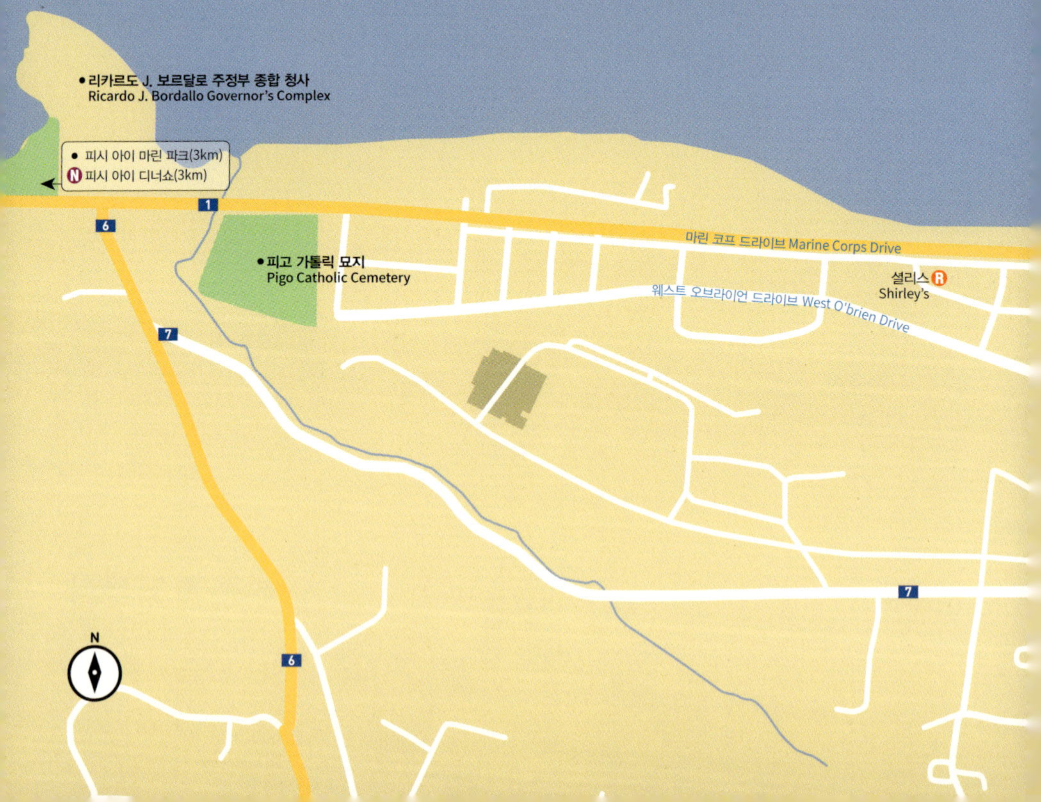
리카르도 J. 보르달로 주정부 종합 청사
Ricardo J. Bordallo Governor's Complex
피시 아이 마린 파크(3km)
피시 아이 디너쇼(3km)
1
6
피고 가톨릭 묘지
Pigo Catholic Cemetery
마린 코프 드라이브 Marine Corps Drive
셜리스
Shirley's
웨스트 오브라이언 드라이브 West O'brien Drive
7
7
N
6

괌 남부
N
태평양전쟁 역사 공원
아산 비치
피시 아이 마린 파크
에메랄드 밸리
아산만 전망대
스페인 광장
괌 국제공항
A. B. Won Pat International Airport
괌 프리미어 아웃렛
Guam Premier Outlets
온워드 망길라오 골프 클럽
알루팡 비치 타워 콘도
수메이 펍 & 그릴
인퓨전 커피 & 티
파고만 전망대
파고만
Pago Bay
레오 팔레스 리조트 괌
타가창 비치
아가트만
Agat Bay
레오 팔레스 리조트 컨트리클럽
퍼시픽 컨트리클럽
탈리팍 다리
아가트 마리나
제프스 파이러츠 코브
온워드 탈로포포 골프 리조트 괌
이판 비치
탈로포포만 Talofofo Bay
정글 리버 크루즈
검은 모래 해변
세티만 전망대
람람산
탈로포포 폭포 리조트 파크
파라 이 라라히타 기념공원
맥크라우츠
솔레다드 요새
우마탁 마을
가다오 동굴
이나라한 마을
게프 파고 빌리지
곰 바위
추장 가다오 동상
비키니 아일랜드 클럽
Bikini Island Club
메리조 마을
이나라한 천연 수영장
30
16
1
6
4
15
10
2A
5
17
12
2
4A

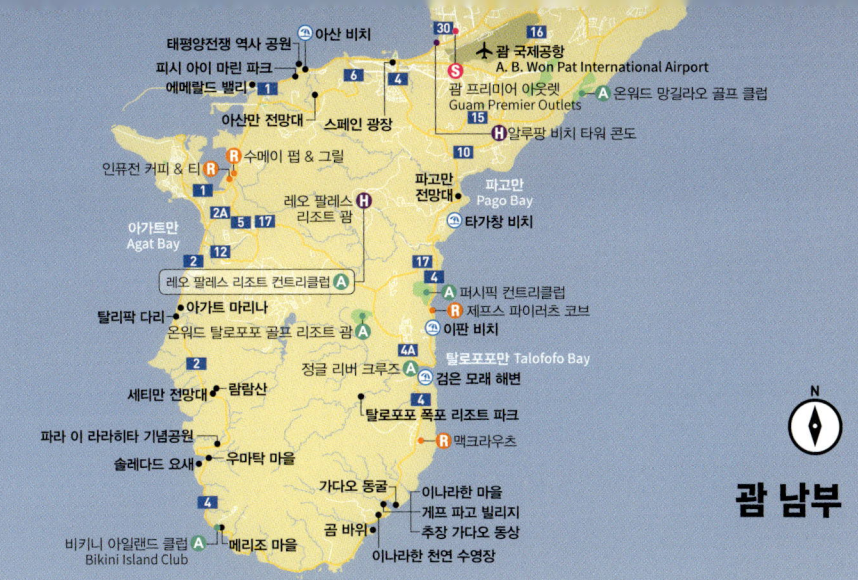

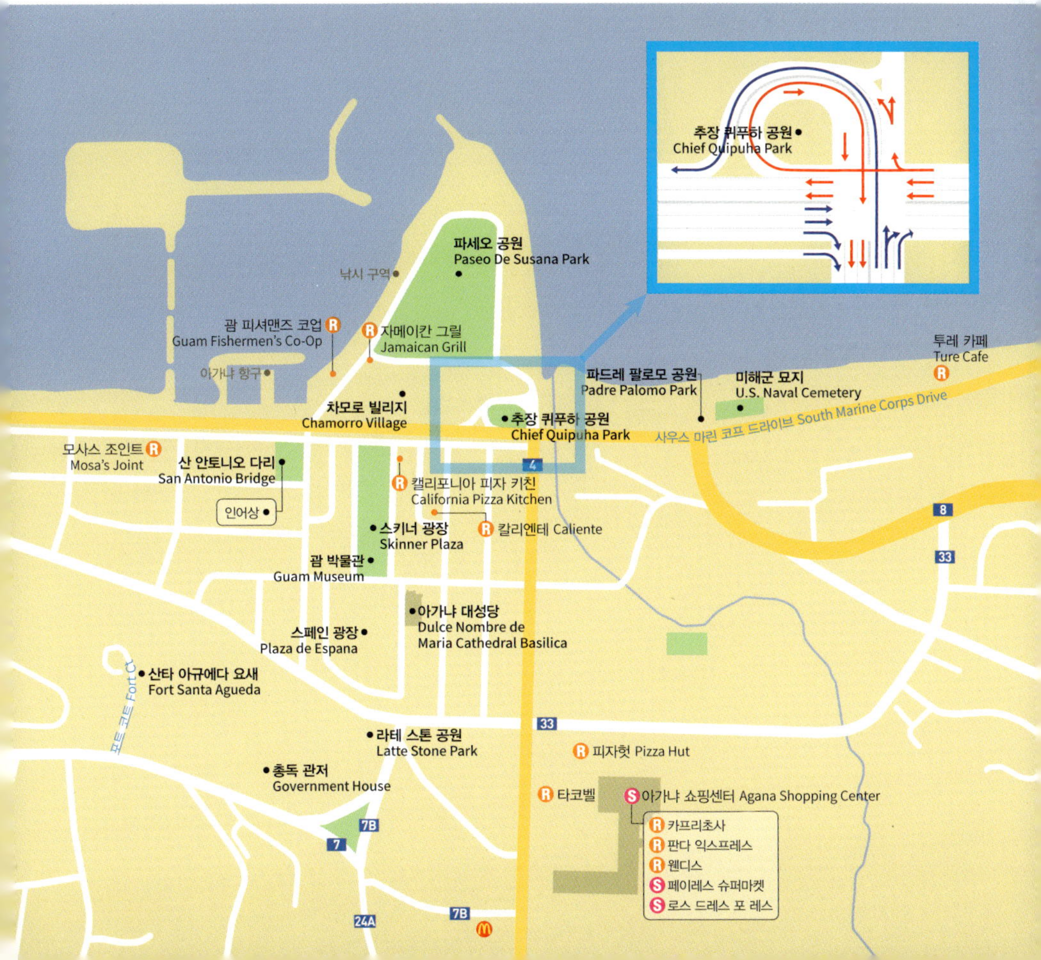
추장 퀴푸하 공원
Chief Quipuha Park
파세오 공원
Paseo De Susana Park
낚시 구역
괌 피셔맨즈 코업
Guam Fishermen's Co-Op
자메이칸 그릴
Jamaican Grill
아가냐 항구
투레 카페
Ture Cafe
파드레 팔로모 공원
Padre Palomo Park
미해군 묘지
U.S. Naval Cemetery
차모로 빌리지
Chamorro Village
추장 퀴푸하 공원
Chief Quipuha Park
사우스 마린 코프 드라이브 South Marine Corps Drive
모사스 조인트
Mosa's Joint
산 안토니오 다리
San Antonio Bridge
캘리포니아 피자 키친
California Pizza Kitchen
인어상
스키너 광장
Skinner Plaza
칼리엔테 Caliente
괌 박물관
Guam Museum
아가냐 대성당
Dulce Nombre de
Maria Cathedral Basilica
스페인 광장
Plaza de Espana
산타 아규에다 요새
Fort Santa Agueda
포트 코트 Fort Ct
라테 스톤 공원
Latte Stone Park
피자헛 Pizza Hut
총독 관저
Government House
타코벨
아가냐 쇼핑센터 Agana Shopping Center
카프리초사
판다 익스프레스
웬디스
페이레스 슈퍼마켓
로스 드레스 포 레스
8
33
7B
7
24A

괌을 여행하는 사람들을 위한
괌 관광명소

언제든 가볍게 다녀올 수 있는
투몬 & 북부 Tumon & North

역사와 문화가 숨 쉬는
아가냐 Agana

구불구불 산 넘고 해안길 따라, 최고의 드라이브 코스
남서부 Southwest

문화 유적과 자연의 조화
남동부 Southeast

Tumon & North

★★★
사랑의 절벽 Two Lovers Point

괌을 여행하는 사람들은 반드시 찾는다는 관광의 성지(?)라 할 수 있다. 깎아지른 듯한 절벽과 빽빽한 나무들이 새파란 필리핀해와 어우러져 잊지 못할 해안 절경을 선사한다. 특히 이곳이 유명한 이유는 죽음조차 갈라놓지 못한 남녀 한 쌍의 애절한 사랑 이야기 때문이다.

아름다운 차모로족 여인이 부모에 의해 스페인 장교와 강제 결혼을 하게 되자, 서로 깊이 사랑했던 연인과 섬을 탈출하려 하다 이 절벽에까지 오게 되고 결국 두 사람은 영원한 사랑을 다짐하며 머리를 한데 묶고 바다로 몸을 던졌다는 것. 이 사연이 전해지며 수많은 연인이 이곳을 방문하여 서로의 사랑을 다짐한다고 한다. 이를 증명이라도 하듯, 전망대 철조망에는 커플들의 이름이 쓰인 하트 모양의 자물쇠가 빼곡히 채워져 있다. 또한 '사랑의 종Love Bell'을 치며 영원히 해로할 것을 다짐하기도 한다. 이곳에서 바라보는 선셋은 아름답기로 유명해 해 질 무렵에는 이곳을 찾는 사람들로 북적댈 정도이다.

위치 ❶ 투몬에서 1번 도로를 타고 마이크로네시아 몰 근처에서 34번 도로로 좌회전 (마이크로네시아 몰 지나 왼쪽으로 사랑의 절벽 진입로 표지판이 보이므로 이를 따라간다)
❷ T 갤러리아 정류장에서 레드 셔틀버스 이용 (왕복 $10, 전망대 입장료 포함)
운영 10:00~19:00
요금 전망대 $3
전화 671-647-4107
GPS 13.535190, 144.802506

> **Tip │ 사랑의 절벽 깨알팁**
> 1 입장료가 있는 전망대 대신 그늘 있는 카페에서 음료 한 잔 ($4~5) 시켜 놓고 전망을 즐기는 것도 좋은 선택이 될 수 있다.
> 2 탁 트인 바다의 시원한 해안 전경과 선셋을 동시에 즐기기 위해서는 일몰 시간(p.206 참고)을 체크하고 일정을 짠다.
> 3 자물쇠($6)는 전망대 입구 옆 기념품점에서 구입할 수 있다.

Tumon & North

  ★★☆

언더워터 월드 Underwater World

완벽하게 재현한 수중 세계를 유리관 좌우에서 머리 위까지 180도로 관람할 수 있는 해저터널식 수족관이다. 각종 열대어부터 거대한 크기의 가오리, 거북이, 상어에 이르기까지 1,000여 종의 수중 생물들을 한자리에서 볼 수 있다. 터널 끝에 있는 에스컬레이터를 타고 2층으로 올라가면 해파리나 바다뱀, 니모 등 신기하고 예쁜 생물을 좀 더 자세히 볼 수 있는 소형 수족관이 나온다. 야간에는 수족관이 바와 레스토랑으로 변해 마치 바닷속에서 식사와 음료를 즐기는 듯한 독특한 경험을 할 수 있다.

주소	1245 Pale San Vitores Road, Suite 450, Tumon, Guam
위치	T 갤러리아 앞, 혹은 두짓 비치 리조트 괌 옆
운영	팬데믹 기간 단축 운영 금~일 10:00~16:00
요금	성인 $23, 아동(3~11세) $12
전화	671-649-9191
홈피	www.uwwguam.com

GPS 13.514313, 144.805303

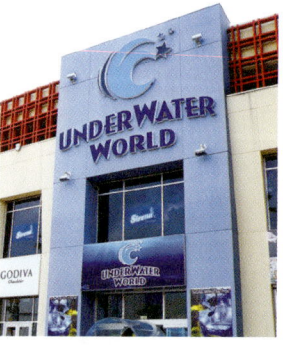

Tumon & North

★☆☆

복자福者 디에고 산 비토레스 사원
Blessed Diego San Vitores Shrine

괌 최초의 예수회 교회 및 학교를 설립한 산 비토레스 신부가 차모로의 두 추장 마타팡과 후라오에 의해 순교한 것을 기리기 위해 세워졌다. 산 비토레스 신부는 마타팡의 반대를 무릅쓰고 그 아내의 요구에 따라 그의 딸에게 세례를 주려 했고 추장은 자신의 뜻을 거역했다는 이유로 신부를 살해했다. 사원에는 비토레스 신부가 추장 딸에게 세례를 주는 동상이 있고, 안뜰에는 당시 신부의 순교 장면을 묘사한 조형물이 있다.

위치 괌 리프 리조트와 더 플라자 사잇길로 내려가 정면에 있는 세일즈 바비큐를 바라보고 오른쪽

GPS 13.516487, 144.806070

Agana

스페인 광장 Plaza de Espana

★★★

스페인의 탐험가였던 레가스피가 괌을 스페인의 통치하에 둔다고 선언한 1565년 이래 약 333년간의 흔적이 남아 있는 곳이다. 광장 안에는 1736년 지어져 1898년 미국과의 전쟁에서 패할 때까지 스페인 총독이 거주했던 관저 터가 남아 있다. 2층짜리 이 건물은 당시 총독 집무실과 무기 저장실, 직원 사무실을 1층에 두고 2층은 주거 공간으로 사용되었다. 하지만 1944년 미국이 일본의 점령에 맞서 폭탄 투하를 감행하면서 관저 역시 크게 훼손되어 지금의 형태만 남게 되었다.

3개의 돌 아치문은 1736년 지어진 무기고Almacen의 정문으로, 당시 이 건물은 군수품 저장고(1층)와 병영 및 병원(2층)으로 쓰였다. 하지만 1930년 이 무기고가 안전하지 못하다는 진단을 받자 3년 뒤 정부는 이를 무너뜨리고 그 자리에 정원과 분수대, 정자를 세웠다.

이 외에도 정부 관료들의 사교 모임 시 스페인 전통에 따라 핫초콜릿을 대접했다 하여 이름 붙여진 초콜릿 하우스Chocolate House와 야외 연주 무대로 쓰인 키오스코Kiosko도 볼 수 있다.

위치 ❶ 1번 도로를 따라 남쪽으로 가다가 4번 도로로 접어든다. 두 번째 교차로에서 우회전하여 웨스트 오브라이언 드라이브(West O'brien Drive)에 진입. 다시 오른쪽 두 번째 길로 들어간다. ❷ 레드 셔틀버스 이용 (셔틀버스 정보는 p.45 참고)
GPS 13.473970, 144.751654

키오스코

초콜릿 하우스

무기고 정문

분수대

총독 관저

아가냐 대성당 Dulce Nombre de Maria Cathedral Basilica

★★★ Agana

1668년 예수회의 산 비토레스 신부가 괌에 도착해 선교 활동을 펼친 이래 괌에 세워진 최초의 성당(1670년)으로, 이 부지는 차모로의 추장 퀴푸하가 직접 기부한 것이다. 하지만 제2차 세계대전의 폭격으로 옛 모습은 사라지고 1959년 재건축을 거쳐 지금에 이르렀다. 파란 하늘 아래 새하얀 대성당의 모습은 아름답기 그지없어 가톨릭 신자가 아니더라도 많은 사람이 즐겨 찾는 대표적 명소이다. 성당 내부로 들어서면 높은 천장에 웅장함이 느껴지고 괌에 큰 사건이 발생할 때마다 눈물을 흘렸다는 성모 마리아상(제단 정면)과 성모 마리아와 예수를 모티프로 하는 아름다운 스테인드글라스도 볼 수 있다.

성당을 등지고 왼쪽 도로 중앙에는 교황 요한 바오로 2세의 괌 방문을 기념해 세운 그의 동상이 여행객들을 맞이하고 있다. 특이한 것은 이 동상이 매일 360도 회전을 하는데, 이는 교황이 바라보는 곳에 축복이 있다고 믿는 주민들의 요청으로 모든 방향을 바라볼 수 있도록 만들었기 때문이다.

위치 ❶ 1번 도로를 타고 남쪽으로 가다가 4번 도로로 들어가 첫 번째 신호등에서 우회전 ❷ 레드 셔틀버스 이용 (셔틀버스 정보는 p.45 참고)
운영 팬데믹 기간 단축 운영
월~수·금·토 11:00~16:00
일 08:00~11:30 **휴무** 목요일
요금 공식 입장료는 없지만, 기부금 명목으로 입구에서 $1를 받는다.
전화 671-472-6201
GPS 13.474408, 144.752421

Agana

차모로 빌리지 Chamorro Village
★★★

괌 원주민들의 문화와 생활양식, 음식들을 맛볼 수 있는 곳. 이 지역 예술가들과 장인들이 만든 전통 수공예품에서부터 생활용품, 의류, 기념품 등을 구입할 수 있다. 하지만 이곳에서 가장 인기가 높은 것은 차모로 전통 음식이다. 레드 라이스, 해산물, 프라이드치킨, 돼지나 치킨 바비큐 등 전통 로컬 음식들을 $10 선에 푸짐하게 맛볼 수 있다. 특히 $1에 판매하는 바비큐 꼬치구이는 야시장 최고의 간식거리.

수요일 오후 6시부터 이어지는 야시장은 관광객뿐 아니라 현지인들에게도 큰 인기이다. 낮에 비해 살거리, 먹거리의 종류가 더 많아지는 것은 물론이거니와 전통 복장을 한 원주민들의 다양하고 흥겨운 댄스 공연이 끊임없이 이어지기 때문이다. 호텔 레스토랑에서 즐기는 선셋 바비큐 & 쇼 못지않은 전통 공연과 맛있는 저녁을 $10대의 돈으로 즐길 수 있다는 점에서 상당히 매력적이다. 단, 쇼핑을 목적으로 방문할 경우, 제품의 디자인이나 품질 등에 실망할 수도 있으니 큰 기대는 하지 말 것.

위치
① 투몬에서 마린 드라이브 (Marine Drive)를 타고 남쪽으로 내려가다 원형 교차로 지나 오른쪽
② 레드 셔틀버스 이용 (셔틀버스 정보는 p.45 참고)
③ 수요일 야시장에는 야시장 셔틀 이용(3~4회 운행, 차모로 빌리지행은 GPO에서 탑승, 복귀편은 투몬 시내 주요 호텔 정차)
운영 09:30~17:30(시설에 따라 다름)
수요일 야시장 18:00~21:30
GPS 13.477642, 144.752243

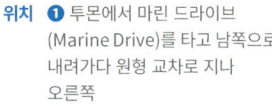

Tip | 공연 관람 후 배가 출출하다면?

공연장 뒤편으로 사람들이 줄 서서 먹을 만큼 매력적인 도시락 식당이 있다. 10여 개의 음식 중 자신이 원하는 것을 2~4개 선택해 담을 수 있다. 바비큐는 닭고기와 돼지고기 중 선택할 수 있다. 대부분이 한국인 입맛에 잘 맞고, 성인 남자 혼자서 먹기에도 부담스러울 만큼 양이 많으므로 여성 둘이 갈 경우 하나를 시켜 나눠 먹는 것도 나쁘지 않다.

Agana

 ★★★
스키너 광장과 괌 박물관 Skinner Plaza & Guam Museum

스키너 광장은 괌 최초의 민간 지사였던 칼턴 스키너의 이름을 따 조성된 곳이다. 입구에는 제2차 세계대전 때 목숨을 잃은 괌 출신 군인들의 추모비가 세워져 있고, 광장 중앙에는 미켈란젤로의 피에타상을 상기시키는 조형물이 자리해 있다. '피에타'는 이탈리아어로 '자비를 베푸소서'라는 뜻으로, 죽은 그리스도를 안고 있는 성모 대신 전쟁에서 사망한 아들을 안은 어머니의 모습을 재현해 놓았다.

스키너 광장의 정면에는 웅장한 괌 박물관이 위치해 있다. 괌 박물관은 '차모로인들의 여정 Journey of the Chamoru People'이라는 제목의 상설전(2층)을 통해 괌의 역사와 문화, 자연환경들을 소개한다. 300여 점의 유물과 각종 이미지, 오디오와 단편 영화 등을 통해 흥미를 북돋우며, QR 코드를 사용하면 한국어 설명도 참고할 수 있다. 1층에는 기념품점과 커피숍도 들어서 있다.

스키너 광장
위치 ❶ 차모로빌리지와 스페인광장 사이
❷ 레드 셔틀버스 이용
(셔틀버스 정보는 p.45 참고)

괌 박물관
운영 팬데믹 기간 단축 운영
화~금 10:00~14:00
요금 팬데믹 기간 18세 이상 $3
(예약제)
전화 671-989-4455
홈피 www.guammuseumfoundation.org
GPS 13.475749, 144.751698

전사자 추모비

괌 박물관

스키너 광장

Agana

시레나 공원 Sirena Park ★★☆

스키너 광장 옆에 위치한 작은 공원으로, 1800년 스페인의 총독 마누엘 무로가 19세기 스페인 건축양식에 따라 강 위에 세운 산 안토니오 다리 San Antonio Bridge가 있다. 이는 산 안토니오 드 파두아 성인에게 바쳐진 것으로, 제2차 세계대전 이후 도시 재건 사업에 따라 강의 흐름이 단절되면서 지금의 모습을 갖게 되었다. 다리 아래쪽에는 인어가 된 소녀의 전설을 모티프로 한 인어상이 하나 세워져 있다. 수영을 좋아한 소녀 시레나가 늦게 집에 들어오자 엄마가 저주를 내려 그녀의 몸은 물고기로 변하기 시작하였다. 다행히 이때 이를 발견한 할머니가 그 저주를 막아 냈지만, 반은 이미 물고기로 변해 버린 상황이었다. 그래서 인어가 된 시레나는 다리 아래 흐르던 강물을 따라 바다로 헤엄쳐 갔다는 이야기이다.

위치 ❶ 파세오 공원에서 나와 마린 드라이브 건너 스페인 광장을 바라보고 오른쪽
❷ 레드 셔틀버스 이용
(셔틀버스 정보는 p.45 참고)
GPS 13.476636, 144.750192

총독 관저 Government House ★☆☆

Agana

1954년 건축돼 총독과 그 가족들이 머물렀던 관저다. 1978년 보르달로 총독이 2층 건물로 증축하고 "주민들의 집(House of the People)"이라고 부르며 지역 행사장으로 대중들에게 개방해 지금에 이르고 있다.

위치 산타 아규에다 요새 가기 전, 아가냐 쇼핑센터에서 도보 10분
GPS 13.472056, 144.749861

파드레 팔로모 공원 Padre Palomo Park ★☆☆

Agana

차모로족의 첫 가톨릭 신부로 차모로인들의 권익 보호에 앞장섰던 팔로모 신부를 기념하는 공원이다. 1923년에는 이곳에 그의 이름을 딴 초등학교가 세워지기도 했다. 공원 우측엔 1902년 조성된 미해군 묘지가 있다. 또 스페인–미국 전쟁, 제1, 2차 세계대전, 한국전쟁 등에서 전사한 자들의 묘 254기도 들어서 있다.

위치 추장 퀴푸하 공원에서 도보 5분
GPS 13.477205, 144.757123

Agana

★★☆
라테 스톤 공원 Latte Stone Park

기원전 500년경에 차모로족은 라테 스톤이라는 돌기둥 위에 집을 짓고 살았다. 각 기둥은 2개의 돌로 되어 있는데, 아래쪽 받침돌은 '할리기', 위쪽의 덮은 돌은 '타사'라고 부른다. 일반적으로 1m에서 6m에 이르기까지 다양한 높이의 라테 스톤은 2열 종대로 마주 서 있고 각 열은 3개에서 7개의 기둥으로 되어 있다. 이곳에 있는 라테 스톤은 높이 1.5~2m에 달하고 각 열에 4개씩 기둥이 서 있는데, 수천 킬로미터 떨어져 있는 남부 페나 계곡, 메포의 옛 마을에서 1956년에 옮겨 온 것이라 한다. 괌 원주민인 차모로족의 전통 가옥의 기초를 알 수 있는 귀중한 자료로, 괌 곳곳에서는 이를 모방한 가로등이나 장식물들을 흔히 볼 수 있다. 한편 이곳에는 제2차 세계대전 때 일본인들이 한국 및 동남아 징용자들을 데려다 파 놓은 동굴도 있다.

위치 아가냐 대성당 및 스페인 광장 뒤편
GPS 13.472409, 144.751860

Agana

★★☆
파세오 공원 Paseo De Susana Park

제2차 세계대전 이후 전쟁의 잔해물을 모아 매립한 뒤 그 위에 세운 공원이다. 야자수가 시원한 그늘을 만들어 주어 쉬어 가기에도 좋다. 이곳에서 가장 눈길을 끄는 것은 뉴욕에 있는 자유의 여신상 복사품이다. 미국 보이스카우트가 창립 40주년을 기념하여 기증한 것으로 괌의 해방과 자유를 의미한다. 한쪽에는 차모로어로 '수산나의 산책로'라 불리는 길도 나 있어 바다를 보며 산책을 즐길 수 있으며, 낚시도 가능하다.

위치 차모로 빌리지 뒤편 비치 방향. 자유의 여신상은 공원 가장 안쪽, 야자수가 무성하게 심어져 있는 녹지대 끝에 있다.
GPS 13.479265, 144.753220

Agana

산타 아규에다 요새 Fort Santa Agueda
★★☆

아푸간 요새로도 알려진 이곳에서는 바다와 도시가 어우러진 전경을 즐길 수 있다. 1800년대 지어진 이 요새는 아가냐만과 마을을 보호하고 이곳에 정박한 무역선을 해적들로부터 지키는 데 기여했다. 한때 스페인 지배에 항거하는 차모로족을 강제 진압했던 곳이기도 하다. 지금은 포대 3기만 덩그러니 놓여 있다.

위치 ❶ 라테 스톤 공원을 감싸듯 시계방향으로 언덕길을 올라 오른쪽 첫 번째 골목으로 진입
❷ 아가냐 쇼핑센터에서 도보 20분
GPS 13.473572, 144.747854

Agana

추장 퀴푸하 공원 Chief Quipuha Park
★☆☆

처음 스페인 사람들이 괌에 정착했을 때, 아가냐 지역을 다스리던 추장 퀴푸하를 기념해 조성한 공원이다. 퀴푸하 추장은 괌 최초의 성당을 건축할 수 있도록 부지를 지원했으며, 죽기 전에는 세례를 받고 기독교인이 되어 성당 부지에 안장되었다. 이곳에 세워진 추장 퀴푸하의 동상은 늠름한 차모로인의 모습을 상징하는 것이기도 하다.

위치 투몬에서 마린 드라이브를 타고 남쪽으로 내려가다 차모로 빌리지 닿기 바로 전 원형 교차로 내
GPS 13.477199, 144.754024

Agana

피고 가톨릭 묘지 Pigo Catholic Cemetery
★☆☆

예수상을 중심으로 12제자의 거대한 조각상이 긴 담을 장식하고 있어 한눈에도 시선이 간다. 기도하는 두 천사상을 지나 안으로 들어가면 넓은 잔디 위에 평화로워 보이기까지 한 비석들이 보인다. 우리나라의 묘지와 달리 한적한 공원 분위기를 자아내므로 독특한 서양식 장례 문화를 접할 수 있는 기회가 된다.

위치 스페인 광장에서 1번 도로를 타고 남쪽으로 가다가 리카르도 J. 보르달로 주정부 종합 청사 가기 전 왼쪽 도로변에 있다.
GPS 13.477212, 144.732613

Agana

★★☆
리카르도 J. 보르달로 주정부 종합 청사
Ricardo J. Bordallo Governor's Complex

전통 차모로족의 건축양식과 스페인 양식을 혼합해 1954년 지어졌다. 청사 진입로에는 초대 주지사의 동상이 세워져 있는데, 괌 주지사는 이곳 주민들 가운데 선출된다고 한다. 청사 뒤편 언덕에는 하얀색 계단으로 이어진 새하얀 건물이 눈에 띄는데, 이곳은 우리나라 최초의 해외 CF 촬영 장소로도 알려져 있다. 현재 이 건물은 다목적 문화센터로 사용되며, 그 옆으로 라테 스톤 모양의 전망대(Latte of Freedom)와 연결돼 있다. 청사 주위에 심어진 야자수와 짙푸른 해안 풍경이 어우러져 장관을 이루는 곳으로 꼭 한번 방문해 볼 가치가 있다.

위치 스페인 광장에서 1번 도로를 타고 남쪽으로 가다가 피고 가톨릭 묘지 지나 1km 오른쪽으로 이동한 지점
운영 라테 스톤 전망대 월~금 08:00~16:00
GPS 13.479903, 144.729668

Southwest

★★☆
피시 아이 마린 파크 Fish Eye Marine Park

스쿠버다이빙이 아니라면 절대 볼 수 없는 아름다운 수중 세계를 물 한 방울 적시지 않고 편안하게 감상할 수 있는 곳이다. 해양자원 보호구역인 피티만의 바다 위로 300m의 긴 다리를 건너 6m 아래 해중 전망대로 내려가면 창밖으로 알록달록 열대어들이 산호초 사이를 지나다니는 것을 볼 수 있다. 아쿠아리움보다 작아 소박함에 실망할지도 모르지만, 대형 어항에 갇힌 물고기가 아니라 진짜 바닷속을 헤엄치는 자연 그대로의 수중 생물을 접한다는 점이 이곳만의 장점. 스노클링을 즐기기에 어려움이 있는 어린아이나 부모님을 동반한 가족 여행객이 주로 찾는다.

주소 818 North Marine Corps Drive Piti, Guam
위치 ❶ 1번 도로를 타고 아산 비치를 지나 남쪽으로 500m 내려가 오른쪽
❷ 아가냐 쇼핑센터에서 아가냐 마린 버스 탑승(팬데믹 기간 운영 중단)
운영 팬데믹 기간 단축 운영 토~화·목 08:00~18:00
요금 **해중 전망대** 성인 $14, 아동(6~11세) $7
전화 671-475-7777   **홈피** www.fisheyeguam.com
GPS 13.472474, 144.703555

Tip | 이것도 즐기세요!

1 해중 전망대에 닿기까지 걷게 되는 긴 다리는 뷰포인트다. 앞만 보며 걷지 말고 상쾌한 바닷바람과 아름다운 피티만의 경치를 충분히 즐겨 보자. 늦은 오후 이곳에서 바라보는 석양 역시 매우 아름답다.
2 피티만은 수중환경이 뛰어나 스노클링 포인트로도 인기다. 이곳에서는 전문 강사와 함께 45분가량 해중 전망대 주변을 돌아보는 스노클링 투어를 즐길 수 있다. 초보자들은 스노클링 강습도 받을 수 있어 누구나 안전하게 이용할 수 있다. 성인 $38, 아동 $19.

태평양전쟁 역사 공원 ★☆☆ Southwest
War in the Pacific National Historic Park

제2차 세계대전 당시 일본으로부터 괌을 탈환하기 위해 미해군이 집중 사격을 벌인 곳으로, 이 작전 중에 사망한 수많은 사람에게 바쳐진 뜻깊은 장소이다. 바로 옆으로는 야자수가 심어진 아산 비치가 있다.

위치 리카르도 J. 보르달로 주정부 종합 청사에서 1번 도로를 타고 2km 이동한 지점 오른쪽
GPS 13.473342, 144.709048

아산만 전망대 ★☆☆ Southwest
Asan Bay Overlook

니미츠 언덕에 조성된 전망대로, 멀리 마이크로네시아 최대 상업 항구인 아프라 항이 내려다보인다. 이곳은 제2차 세계대전 당시 상륙작전과 교전이 벌어진 곳으로 현재 태평양전쟁 사적 공원으로 관리되고 있다. 우리에게는 대한항공 사고 지역으로도 알려져 있다.

위치 ❶ 리카르도 J. 보르달로 주정부 종합 청사 건너편 6번 도로를 따라 3.5km 지점
❷ 피시 아이 마린 파크를 방문할 경우, 괌 참전용사 묘지 (Guam Veterans Cemetery)가 있는 6번 도로를 타고 니미츠 힐까지 간다(도로 왼편에 위치).
GPS 13.460426, 144.715425

에메랄드 밸리 ★★☆ Southwest
Emerald Valley

특별한 볼거리가 있는 것은 아니지만, 에메랄드빛 청록색의 맑고 투명한 수로는 매혹적인 물빛 하나만으로도 방문할 가치는 충분하다. 한쪽에는 발전소가 다른 한쪽 끝에는 피티만(바다)이 위치해 있는데, 그 사이의 좁은 산책로를 걷는 것만으로도 기분이 상쾌해진다. 성게와 물뱀이 많아 수영이나 스노클링은 조심해야 한다.

위치 피시아이 마린파크를 지나 11번 도로로 접어들어 있는 마리나스 에너지(Marianas Energy Co.) 발전소 뒤쪽
GPS 13.465108, 144.687343

탈리팍 다리 ★☆☆ Southwest
Talaiyfak Bridge

아가트에서 우마탁으로 향하는 해안도로 엘 카미오 레알(El Camio Real)에 있는 작은 다리이다. 스페인 통치 시대의 가장 오래된 유물로, 처음 축조될 당시에는 나무 다리였지만, 1800년대 중반에 석조 다리로 재건축되어 지금에 이르고 있다. 포토존으로 그만이다.

위치 니미츠 해양공원(Nimitiz Beach Park) 지나 바로 옆에 작은 마트(Old Spanish Bridge Store)가 있다.
GPS 13.361669, 144.649332

©Guam Visitors Bureau

세티만 전망대 Cetti Bay Overlook
★★☆ Southwest

람람산 중턱에 자리한 세티만 전망대에서는 1700년경 차모로족이 거주했던 세티만 일대와 사슬처럼 연결된 천여 개의 작은 언덕이 이뤄 내는 장관을 즐길 수 있다. 이곳은 화산이 분출하던 고대에 형성된 것으로, 베개 용암(점성이 낮은 유동성 용암이 천천히 흘러내릴 때 차가운 바닷물과 만나 표면이 급속히 냉각되며 베개 모양을 이룬 용암)의 예를 보여준다. 괌의 여러 뷰포인트 중에서도 아름답기로 손꼽힐 정도. 날씨가 좋을 때에는 남쪽 끝에 위치한 코코스섬까지 볼 수 있다.

위치 아가트 항 1번 도로에서 2A 도로를 거쳐 2번 도로로 접어들어 5분쯤 언덕을 오르면 오른쪽으로 전망대 입구가 보인다.
GPS 13.325820, 144.666283

파라 이 라라히타 기념공원 Para I Lalahi Ta Park
★★☆ Southwest

1971년 베트남전쟁에 참여했다가 목숨을 잃은 괌 군인 74명을 추모하기 위해 건립됐다. 이곳에서 바라보는 우마탁 마을과 능선 고운 주변 산의 전경은 놓치기 안타까울 만큼 아름답다.

위치 2번 도로의 세티만 전망대 지나 3분 정도 내리막길을 타고 가다 왼쪽 도로변에 있다.
GPS 13.302900, 144.668423

람람산 Mount Lamlam
★★☆ Southwest

괌에서 가장 높다는 람람산은 해발 407m에 불과하지만, 세계에서 가장 깊다는 마리아나 해구로부터 측정할 경우 세계에서 가장 높은 산이 된다. 아가트 항구를 지나 남쪽으로 내려가면서 오르막길이 시작되고 왼쪽으로 이 람람산이 보이는데, 굽이굽이 이어지는 능선이 매우 아름답다. 도로가 산을 따라 나 있기 때문에 오름 사이로 자동차 도로를 달리는 제주도 내륙의 전경과 비슷한 느낌이 들기도 한다. 세티만 전망대 맞은편에 있는 작은 길을 따라 30분 정도 올라가면 정상에 닿을 수도 있는데 이곳에서 바라보는 전경은 가히 장관을 이룬다. 정상 곳곳에는 기독교의 상징인 십자가들이 있고, 이는 마치 가장 높은 곳에서 신이 괌을 지켜 주고 있는 것처럼 느껴진다.

위치 아가트 항구에서 우마탁으로 향하는 2번 도로 왼쪽에 위치. 람람산 하이킹 코스 입구는 세티만 전망대 입구 맞은편에 있다.
GPS 13.338253, 144.666595

Southwest

★★★ 솔레다드 요새 Fort Nuestra Senora de la Soledad

한쪽으로는 우마탁 마을이, 다른 한쪽으로는 탁 트인 바다가 내려다보이는 이곳은 1810년 스페인 점령기 때 지어진 요새이다. 당시 괌은 멕시코의 아카풀코와 마닐라를 오가는 무역상들이 남미의 금과 은, 중국의 비단과 도자기, 향신료를 교역하던 해상무역의 전략적 기지였다. 따라서 해적으로부터 배와 상인들을 안전하게 보호해 줄 요새가 필요했던 것. 아직까지 이곳에는 대포 3문이 필리핀해를 향해 그 위용을 드러내고 있다. 운이 좋으면 괌 부근에 서식하는 스피너 돌고래 Spinner Dolphin도 볼 수 있다고 한다.

위치 2번 도로에서 우마탁 다리를 지나 오르막길이 시작되면 오른쪽으로 작은 길이 보이는데 이 길을 따라 직진한다.
GPS 13.295419, 144.660027

★★☆ 우마탁 마을 Umatac Village

우마탁만에 있는 이 작은 어촌이 사람들의 주목을 끄는 것은 포르투갈의 탐험가 마젤란 때문이다. 1521년 3월 6일에 세계일주를 떠났던 마젤란 일행이 우연한 계기에 우마탁만에 상륙하게 되면서 세계지도에 괌이라는 섬이 표기될 수 있었다.

이를 기념하여 마을 입구에는 4m 높이의 마젤란 기념비가 세워져 있고, 매년 3월 6일에는 마젤란 상륙 기념 선박 퍼레이드가 벌어진다. 스페인의 지배하에 있던 17세기에 우마탁 마을은 수도의 역할을 담당하며 총독 관저 및 성당까지 갖추고 있었지만 이들은 모두 지진과 태풍으로 인해 무너져 버렸다. 하지만 1939년 스페인 양식의 노란색 산 디오니시오 성당 San Dionisio Church이 지금의 자리에 재건되어 관광객들의 시선을 끌고 있다. 우마탁 마을을 남북으로 연결하는 도로 위의 우마탁 다리 역시 스페인 양식의 건축물로 이 마을의 랜드마크가 되었다.

위치 1번 도로를 따라 남쪽으로 가다가 아가트 항구를 지나 2번 도로로 들어가서 그대로 직진. 언덕길의 내리막 끝에 자리 잡고 있다.
GPS 13.298987, 144.662937

산 디오니시오 성당

우마탁 다리

솔레다드 요새에서 바라본 우마탁만과 마을

Southwest

★★★ 메리조 마을 Merizo Village

메리조라는 이름은 '레조Lesso'라는 단어에서 유래했는데, 이는 이 마을에서 많이 잡히는 작은 독가시치Rabbitfish와 관련된 것이다. 그래서인지 메리조 부두 공원Merizo Pier Park에서는 낚시를 즐기는 사람을 많이 볼 수 있다. 또한 이곳의 목재 잔교는 사진이 예쁘게 나오기로도 유명하다.

공원에서 조금 지난 곳에 있는 종탑은 캄파나얀 말레소Kampanayan Malesso라고 불리는 것으로, 1910년 크리스토발 데 카날스 신부가 미사나 각종 종교 행사, 마을 회의의 개최 등을 알리기 위해 세운 것이다. 종탑 맞은편에는 괌에서 가장 오래된 민간 주택, 메리조 콘벤토Merizo Conbento가 있고, 다시 그 뒤편으로는 스페인과 북아프리카 스타일로 건축된 산 디마스 성당San Dimas Catholic Church이 순백의 담백한 자태를 선보이고 있다.

종탑을 오른쪽에 두고 지척에 있는 산타 마리안 카말렌 공원Santa Marian Kamalen Park은 성모 카말렌에게 경의를 표하는 뜻에서 조성된 것이다. 이곳에 세워진 성모상은 아가냐 대성당의 성모상을 복사한 것이다. 전해져 오는 말에 따르면, 300년 전 거대한 게 두 마리가 성모상을 호위하며 괌으로 흘러들었다. 이것을 본 어부들이 스페인 총독에게 선물로 바쳤고, 아가냐의 대성당에 옮겨져 지금에 이르고 있다.

위치 우마탁 마을을 지나 4번 도로로 접어들어 4km 정도 가면 오른쪽으로 메리조 부두 공원이 있다.

GPS 13.268613, 144.664638

카말렌 공원

종탑

산 디마스 성당

메리조 콘벤토

이나라한 마을 Inarajan Village

★★★ Southeast

이나라한 천연 수영장

이나라한 마을

1680년대부터 개발되기 시작하여 스페인 통치기의 흔적이 가장 잘 남아 있는 역사적 마을이다. 스페인 후기와 초기 미국풍의 건축양식을 간직한 집들은 낡고 오래되어 보잘것없어 보이지만 그만큼 친숙하고 편안한 느낌을 준다.

특히 이나라한의 수호성인의 이름을 딴 성 조셉 성당 St. Joseph Catholic Church은 괌에서 가장 아름다운 스페인식 건축물 중 하나이다. 현재 성당 안에 있는 성 조셉 동상은 원래 우마탁의 성당에 놓일 예정이었는데, 그 동상을 운반하던 배가 심한 파도로 더 이상 움직이지 못해 이곳에 모셔진 것이라는 이야기가 전해져 온다.

이나라한의 최고 명소는 자연적으로 형성된 해수 천연 수영장 Natural Pool인데, 둑을 막고 인공적으로 만들었다 해도 믿을 만큼 제대로다. 3.6m 깊이의 잔잔한 물에서 수영과 다이빙을 즐기는 현지인들이 눈에 띈다. 둑 너머로 높게 이는 파도 역시 인상적이다.

위치 4번 도로를 따라 남쪽에서 북쪽으로 올라가다 보면 곰 바위를 지나 이나라한 천연 수영장이 나타나고 조금 더 가면 마을이 나온다.
GPS 13.271700, 144.747782

성 조셉 성당

★☆☆　　　　　　　　　　Southeast
곰 바위 Bear Rock

메리조 마을에서 이나라한 마을을 향해 4번 도로를 타고 가다 보면 오른쪽에 마치 곰이 일어서서 멀리 바다를 바라보는 듯한 형상의 바위를 볼 수 있다. 괌 남부 여행 코스로 많이 들르는 곳으로 푸른 바다와 어우러진 모습이 어딘지 모르게 든든하게 느껴진다.

위치 메리조 마을에서 이나라한 천연 수영장 닿기 전 아그파얀만에 위치
GPS 13.266461, 144.739589

 ★★☆　　　　　　　　　　Southeast
게프 파고 빌리지 Gef Pa'go Village

이나라한만을 따라 무성한 야자수와 전통 가옥들이 보이는 이곳은 차모로족 민속촌이다. 차모로족의 건축 양식을 재현한 가옥에서 방문객들은 바닷물에서 소금을 얻거나 코코넛 캔디를 만드는 법, 나무껍질로 모자나 밧줄 만들기 등 과거 차모로인들의 생활상을 시연을 통해 생생하게 접할 수 있다. 또한 전통 공연 관람과 토산품 구입도 가능하다.

위치 4번 도로를 따라 이나라한 마을의 성 조셉 성당을 지나 50m 오른쪽 도로변
운영 팬데믹 기간 임시 휴업
GPS 13.275906, 144.748306

★☆☆　　　　　　　　　　Southeast
추장 가다오 동상
Chief Gadao Statue

게프 파고 옆 길가에 있는 동상은 차모로의 지도자 가다오를 형상화한 것이다. 투몬 부족장과 힘겨루기를 하던 중 반으로 쪼개진 보트를 타고 힘차게 노를 젓는 가다오의 모습에서 차모로인의 진취적 기상과 용기를 엿볼 수 있다. 그 옆에 부겐빌레아로 뒤덮여 있는 유적은 1900년대 초에 지어진 침례교회의 일부로, 현재 역사 보존 지역으로 지정, 관리되고 있다.

위치 이나라한의 게프 파고 빌리지 바로 옆
GPS 13.276640, 144.747592

★☆☆　　　　　　　　　　Southeast
가다오 동굴 Gadao's Cave

일반인들에게는 잘 알려져 있지 않지만 역사적으로 매우 가치 있고 흥미로운 암각화가 이 동굴에 남아 있다. 큰 손을 가진 두 사람이 힘겨루기를 하는 그림에서 이것이 가다오와 투몬 부족장 간의 결투를 모티프로 하고 있다는 것을 알 수 있다.

위치 가다오 추장 동상을 지나 이나라한만 반대편으로 가 사유지 팻말이 보이면 차를 세운 뒤, 바다로 향하는 내리막길을 지나 해안 암벽을 따라 들어가면 어느 순간 푹 파인 듯한 동굴의 입구가 나타난다.
GPS 13.276004, 144.753392

Southeast

★☆☆ 탈로포포 폭포 리조트 파크 Talofofo Falls Resort Park

계곡을 따라 흐르던 물이 9m 높이의 절벽에서 떨어져 깊은 못을 만들고 이것이 다시 완만한 경사를 이루며 두 번째 폭포를 만든다. 제2폭포에서 250m쯤 정글 속을 들어가면 요코이 동굴이 있다. 1944년 미국이 일본으로부터 괌을 탈환하기 위해 공격했을 당시 일본군 병장 쇼키 요코이가 정글로 숨어들어 대나무 숲 밑에 굴을 파고 약 28년간 숨어 지냈다고 해서 붙여진 이름이다. 현재 이곳은 리조트 공원으로 조성되어, 모형을 통해 괌의 역사를 살펴볼 수 있는 작은 괌 역사 박물관을 둘러보고 러브랜드, 귀신의 집 같은 즐길거리도 경험해 볼 수 있다.

위치 이나라한 마을을 지나 북쪽으로 4번 도로를 달리다 탈로포포만 가기 전 왼쪽 길(Dandan Rd.)로 접어든다.
운영 팬데믹 기간 단축 운영
　　　금~일 09:00~17:00
요금 성인 $20, 아동 $8
전화 671-828-1150~1　**홈피** www.guamtalofofo.co.kr
GPS 13.324457, 144.737253

Tip | 진입로 주의!

4번 도로를 타고 북쪽에서 남쪽으로 내려가는 중에 탈로포포 폭포를 방문하려 한다면, 아래와 같은 표지판과 함께 오른쪽으로 길이 나 있어 여기로 들어가기 쉽다. 하지만 진짜 진입로는 3분 정도 더 직진하여 오른쪽으로 나 있으니 주의할 것.

Southeast

★☆☆ 파고만 전망대 Pago Bay Overlook

찰란 파고와 요나 마을 사이, 파고만 전망대가 위치한 작은 언덕은 동부 해안에서 가장 크고 웅장한 파고만의 경치를 즐길 수 있는 곳이었다. 하지만 그 절경에 매혹된 부자들이 언덕 곳곳에 빌라를 세워 지금은 전망대에서 바라보는 전망이 그리 좋지만은 않다. 파고만 전망대 가기 전 오른쪽에 타가찬 비치로 향하는 길이 나 있는데, 여기서 밑으로 내려가며 바라보는 경치가 괌에서 손꼽힐 만큼 아름답다.

위치 4번 도로를 따라가다 파고만 다리를 지나면 언덕을 오르게 된다. 언덕 꼭대기에 다다라 내리막길이 시작되는 느낌이 들 즈음 오른쪽에 전망대가 있다 (오른쪽으로 '빌라 데 카르멘'의 울타리가 나오면 그 끝에 사진에 보이는 전망대가 있다).
GPS 13.414504, 144.783593

Tip | 파고만의 전설

아주 먼 옛날, 거대한 물고기 한 마리가 괌섬을 반으로 잘라 버리려고 섬 중앙을 몸으로 죄고 있었다. 이때 마을 처녀들이 머리카락을 엮어 그물을 만들고 이 물고기를 잡아 섬을 위기에서 구했다. 하지만 물고기가 힘껏 죄었던 곳은 이미 허리처럼 잘록하게 들어가 버렸고, 지금의 아가냐만과 파고만이 되었다는 이야기!

Activity
액티비티

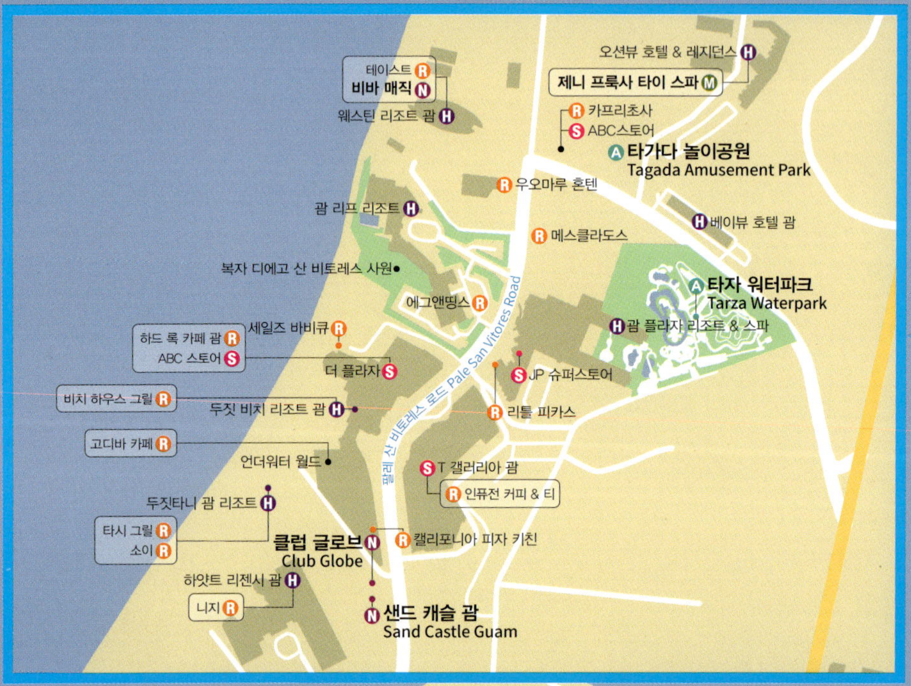
오션뷰 호텔 & 레지던스
제니 프룩사 타이 스파
테이스트
비바 매직
웨스틴 리조트 괌
카프리초사
ABC스토어
타가다 놀이공원
Tagada Amusement Park
우오마루 혼텐
괌 리프 리조트
베이뷰 호텔 괌
메스클라도스
복자 디에고 산 비토레스 사원
타자 워터파크
Tarza Waterpark
에그앤띵스
괌 플라자 리조트 & 스파
하드 록 카페 괌
ABC 스토어
세일즈 바비큐
더 플라자
JP 슈퍼스토어
비치 하우스 그릴
두짓 비치 리조트 괌
리틀 피카스
고디바 카페
팔레 산 비토레스 로드 Pale San Vitores Road
언더워터 월드
T 갤러리아 괌
인퓨전 커피 & 티
두짓타니 괌 리조트
타시 그릴
소이
클럽 글로브
Club Globe
캘리포니아 피자 키친
하얏트 리젠시 괌
니지
샌드 캐슬 괌
Sand Castle Guam

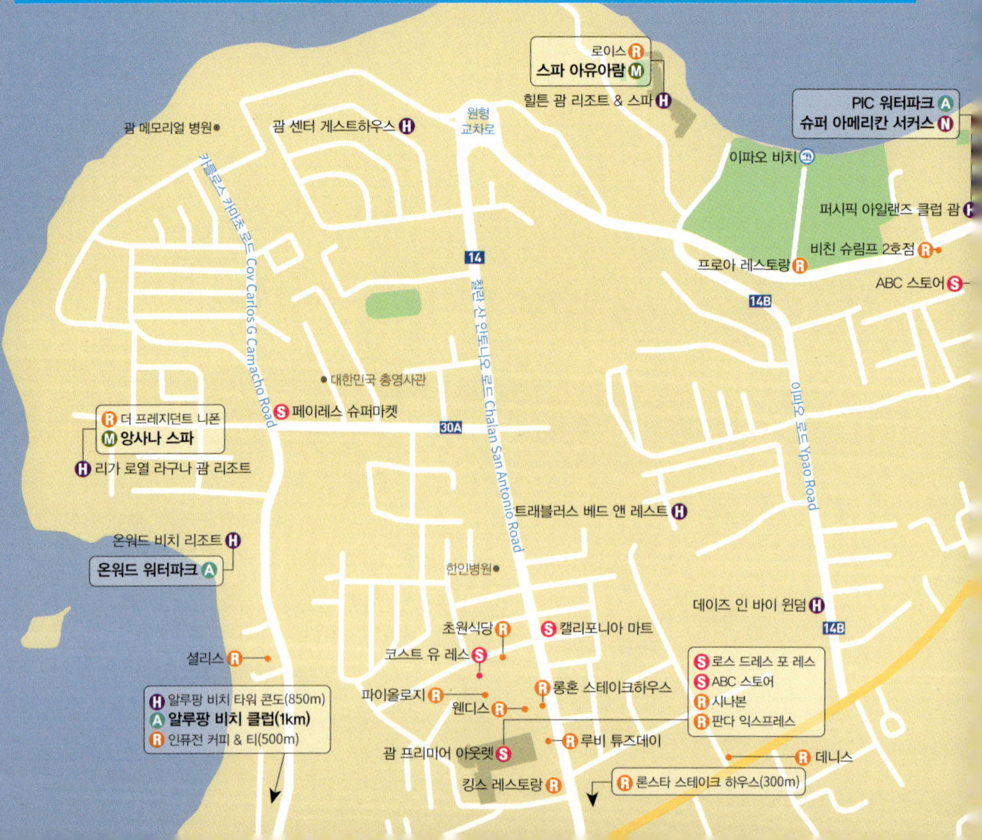
로이스
스파 아유아람
힐튼 괌 리조트 & 스파
원형 교차로
PIC 워터파크
슈퍼 아메리칸 서커스
괌 메모리얼 병원
괌 센터 게스트하우스
이파오 비치
퍼시픽 아일랜즈 클럽 괌
카를로스 카마초 로드 Cov Carlos G Camacho Road
14
비친 슈림프 2호점
프로아 레스토랑
ABC 스토어
14B
찰란 산 안토니오 로드 Chalan San Antonio Road
대한민국 총영사관
이파오 로드 Ypao Road
더 프레지던트 니폰
앙사나 스파
페이레스 슈퍼마켓
30A
리가 로열 라구나 괌 리조트
트래블러스 베드 앤 레스트
온워드 비치 리조트
온워드 워터파크
한인병원
데이즈 인 바이 윈덤
14B
초원식당
캘리포니아 마트
셜리스
코스트 유 레스
로스 드레스 포 레스
ABC 스토어
롱혼 스테이크하우스
시나본
판다 익스프레스
알루팡 비치 타워 콘도(850m)
알루팡 비치 클럽(1km)
인퓨전 커피 & 티(500m)
파이올로지
웬디스
루비 튜즈데이
괌 프리미어 아웃렛
데니스
킹스 레스토랑
론스타 스테이크 하우스(300m)

녹초가 될 때까지
괌 액티비티

물놀이의 하이라이트
워터파크 Waterpark

환상적인 필드에서 굿 샷
골프 Golf

아이처럼 신나게
어뮤즈먼트 Amusement

타국에서의 여유
스파 Spa

매일매일이 불금
나이트 라이프 Night Life

Waterpark

PIC 워터파크 PIC Waterpark

스노클링과 스쿠버다이빙이 가능한 인공 수족관과 카약을 즐길 수 있는 인공 열대우림이 조성돼 있다. 이 외에도 윈드서핑, 수중 징검다리 등 각종 액티비티를 체험해 볼 수 있고 종목에 따라서는 무료 강습도 해준다. 키즈풀, 유아풀처럼 나이대에 맞는 시설과 각종 아동용 프로그램이 따로 마련돼 있어 어린 자녀를 둔 가족들에게도 큰 사랑을 받고 있다.

위치 T 갤러리아에서 남쪽으로 2km. K마트에서 도보 10분
운영 09:00~21:30
요금 투숙객 외 이용 불가
전화 671-646-9171
홈피 www.pic.co.kr
GPS 13.502954, 144.793936

Waterpark

온워드 워터파크 Onward Waterpark

온워드 비치 리조트 내에 있는 워터파크다. 튜브를 타고 12m 높이에서 미끄러져 내려오는 스릴 만점의 만타 슬라이드와 총 길이 360m의 리버 풀, 파도 풀과 자쿠지, 오션 집라인 등 성인층이 좋아하는 워터파크 시설들이 잘 갖춰져 있다. 어린이와 유아 전용 풀장이 따로 마련돼 있으며, 알루팟섬까지 카약을 타고 가 스노클링을 즐기는 특별한 경험도 할 수 있다.

위치 괌 프리미어 아웃렛에서 1.7km
운영 월~금 10:30~16:30, 토·일 09:30~17:30
요금 팬데믹 기간 할인, 성인 $40, 어린이 $20
전화 671-647-7777
홈피 www.onwardguam.com
GPS 13.495001, 144.774503

Tip | 내게 맞는 워터파크를 못 찾겠어요!

Q. 초등학생 아이를 둔 가족으로, 키즈 프로그램에 아이를 맡기고 내 시간도 갖고 싶다면?
A. PIC 워터파크(단, 비싸다)

Q. 아이들뿐 아니라 성인을 위한 물놀이 시설도 잘 갖춰져 있고, 스노클링하기 좋은 수중 환경에 가성비까지 생각한다면?
A. 온워드 워터파크(단, 교통불편)

Q. 접근성이 좋고 가장 저렴하며 북적이지 않고 기본적인 워터파크 시설만으로도 충분하다면?
A. 타자 워터파크(단, 기본 시설)

Waterpark

타자 워터파크 Tarza Waterpark

괌 플라자 리조트에 위치한 타자 워터파크는 두 곳에 비해 규모도 적고 한국인들에게 잘 알려져 있지 않지만, 두 곳 다 투숙객 외에는 이용을 제한하면서 찾는 사람이 많아졌다. 시설이라고 하면 인공적으로 서프보드를 탈 수 있는 플로 라이더와 유수풀, 자쿠지, 슬라이드 정도로 단출, 소박하다. 하지만 괌 플라자 투숙객은 무료, 외부인은 상대적으로 저렴한 요금에 이용할 수 있다는 점, 다양한 종류의 슬라이드를 길게 줄 설 필요가 없이 마음껏 이용할 수 있다는 점 등에서 만족도가 높은 편이다.

위치 T 갤러리아에서 도보 5분
운영 10:00~16:30
(수요일은 휴무이나 제외하는 날도 있으니 홈페이지 참조)
요금 성인 $40~, 아동(5~11세) $30~
(괌 전문 인터넷 여행사 등에서 할인 티켓 구입 가능)
전화 671-646-7803~8
홈피 www.guamplaza.com/ko
GPS 13.515935, 144.809363

Golf

스타츠 괌 골프 리조트 Starts Guam Golf Resort

괌 북쪽 산자락에 자리한 골프 코스로, 동, 서, 북쪽 3곳에 9홀씩 모두 27개 홀(총 108파)로 구성되어 있다. 대부분이 평탄하여 비거리에 자신 있는 골퍼들에게 특히 인기가 많다.

주소 2991 Route 3 Yigo Guam 96929
위치 마이크로네시아 몰에서 북쪽으로 약 10km 지점(무료 셔틀 운행)
운영 목~화 07:00~13:00 휴무 수요일 **요금** $60~200(2022년 12월 27일까지)
전화 671-632-1111
홈피 www.starts.co.jp/guam
GPS 13.580245, 144.867751

Tip | 괌에서 골프 꿀팁!

괌에서는 산과 바다의 아름다운 자연경관을 즐기며 초보자부터 상급자에 이르기까지 자신의 수준에 맞는 다양한 코스를 선택해 라운딩할 수 있다. 모든 골프장에는 장비와 의류를 대여해 주는 렌털 숍이 있으므로 굳이 한국에서부터 무거운 장비를 챙겨 갈 필요도 없다. 온워드나 레오 팔레스 리조트에서 숙박하고 같은 계열사나 제휴 골프장을 이용할 경우 할인 혜택이 주어진다. 투몬 지역 대부분의 호텔 컨시어지에서 골프 예약의 도움을 받을 수 있으며, 국내 여행사를 이용하거나 각 골프장 인터넷 홈페이지로 들어가 직접 예약할 수도 있다.

Golf

괌 인터내셔널 컨트리클럽
Guam International Country Club

총 18홀(72파)로 된 미국식 스타일의 골프장으로 미국 골프 협회가 인정한 곳 중 하나이다. 어려운 홀과 아름다운 경관으로 유명한 홀이 적절하게 섞여 있어, 남녀 골퍼들 모두에게 적합하다.

주소 495 Battulo Street Dededo, Guam
위치 마이크로네시아 몰에서 동쪽으로 약 6km(무료 셔틀 운행)
운영 수~월 08:00~15:00 휴무 화요일 **요금** 파3 $39, 9홀 $69~, 18홀 $109
전화 671-632-4422
홈피 www.giccguam.com/kr
GPS 13.526235, 144.853905

온워드 망길라오 골프 클럽
Onward Mangilao Golf Club — Golf

괌 동해안을 따라 지어진 골프장으로, 태평양의 짙푸른 바다를 유감없이 즐길 수 있어 이곳을 찾는 골퍼들의 발길이 끊이지 않고 있다. 총 18홀(72파)로, 특히 바다를 넘어가는 12, 13번 코스는 골퍼들 사이에서 인기이다.

- 주소 15, Mangilao, Guam
- 위치 T 갤러리아에서 동쪽으로 12km(무료 셔틀 운행)
- 운영 목~일 06:00~18:00 휴무 월~수
- 요금 $200~(온워드 리조트 2박 이상 투숙객은 $160~)
- 전화 671-734-1111
- 홈피 www.mangilaogolf.com
- GPS 13.462932, 144.842174

레오 팔레스 리조트 컨트리클럽
Leo Palace Resort Country Club — Golf

골프의 거장 아놀드 파머와 잭 니클라우스가 공동으로 설계하였다. 총면적 약 520만㎡로 괌에서 가장 큰 규모를 자랑하며 4개 코스에 각 9홀씩(총 36파)을 갖추고 있다. 비투숙객 플레이어도 키즈클럽을 이용(유료)할 수 있다는 점에서 가족 여행객들도 많이 찾는다.

- 주소 221 Lake View Drive Yona, Guam
- 위치 T 갤러리아에서 남중부로 18km(무료 셔틀 운행)
- 운영 06:30~17:00
- 요금 $160~(레오 팔레스 리조트 숙박객은 $120~)
- 전화 671-300-1219
- 홈피 www.leopaleceresortguam.com
- GPS 13.414187, 144.737519

퍼시픽 컨트리클럽
Country Club of the Pacific — Golf

괌에서 가장 오래된 이 골프장은 총 18홀에 산과 바다 전망을 골고루 갖춘 아름다운 곳이다. 다른 골프장에 비해 배수 시설이 잘 되어 있어 갑작스러운 스콜에도 경기에 지장이 없다.

- 주소 215 CCP Lane, Yona, Guam
- 위치 T 갤러리아에서 남동쪽으로 24km(무료 셔틀 운행)
- 운영 07:00~18:00
- 요금 $140~(리가 로열, 힐튼, 하얏트, PIC, 니코, 츠바키 타워 숙박객은 $110~)
- 전화 671-789-1361
- 홈피 www.ccp-guam.net
- GPS 13.372512, 144.767972

온워드 탈로포포 골프 리조트 괌
Onward Talofofo Golf Resort Guam — Golf

골프장은 주변의 산과 조화를 이루고 있어 정원과 정글의 분위기가 공존한다. 그린과 그린 사이의 낙차가 크고 연못 등의 장애물이 많은 편이라 집중력을 요하며, 특히 18번 홀은 골퍼들에게 마의 홀이라 불릴 정도이다(72파).

- 주소 825 Route 4A, Talofofo, Guam 96930
- 위치 T 갤러리아에서 남동쪽으로 28km(무료 셔틀 운행)
- 운영 06:00~18:00
- 요금 $160~(온워드 리조트 2박 이상 투숙객은 $120~)
- 전화 671-789-5555
- 홈피 www.onwardguam.com/OnwardTalofofoGolfClub/kr
- GPS 13.362200, 144.736766

Amusement

 라이드덕 Ride Duck

바다와 육지를 모두 오가는 수륙양용차, 라이드덕은 제2차 세계대전 때 사용하던 수륙양용장갑차를 노란색 오리 모양의 관광용 차로 변용시킨 것이다. 아가냐의 유명 관광지(괌 박물관, 대성당, 아산 공원 및 주정부 종합 청사 등)를 지날 때마다 오디오가이드를 통해 한국어 설명도 들을 수 있어 어른들에게도 좋은 평을 받는다. 라이드덕의 하이라이트는 아산 비치를 지나서이다. 육지를 달리던 차가 마침내 바다로 들어서는데, 이때에는 어른 아이 할 것 없이 탄성을 내지른다. 특히 아이들에게는 운전석에 앉아 사진을 찍을 수 있는 기회도 주어진다.

위치 투몬 지역 건 비치에 위치한 더 비치 바 레스토랑 앞에서 출발
운영 팬데믹 기간 단축 운영(토요일 11시 30분 1회, 예약률에 따라 취소 혹은 추가 운영 가능)
요금 성인 $55, 아동 $25
홈피 bestguamtours.kr/cruises/ride-the-duck
GPS 13.512327, 144.805961

Amusement

 타가다 놀이공원
Tagada Amusement Park

괌의 월미도 공원 같은 곳이다. 규모가 작은 만큼 놀이기구도 디스코팡팡, 바이킹, 범퍼카, 로데오, 영유아용 코인 기구로 단출하다. 하지만 화려한 조명과 경쾌한 음악소리, 놀이기구에서 터져 나오는 비명 소리로 흥겨운 분위기는 어느 곳 못지않다.

위치 웨스틴 리조트 앞 언덕길 100m쯤
운영 화~일 17:00~23:00 **휴무** 월요일
요금 놀이기구당 $8
GPS 13.517512, 144.808421

Amusement

펀타스틱 파크 Funtastic Park

아이들을 위한 맞춤 실내 놀이터라 할 수 있다. 실내인 만큼 규모도 작고 아이들 대상이라 미니 롤러코스터와 미니 바이킹, 회전목마, 범퍼카 등 기본적인 놀이기구와 각종 게임기, 작은 키즈카페 등 시설도 단출하다. 게임기는 티켓 오피스에서 토큰을 구입해 이용한다.

위치 마이크로네시아 몰 2층　　**운영** 10:30~21:00
요금 게임 $1~　　**요금** 671-637-1056
GPS 13.52040, 144.81819

Amusement

비키니 아일랜드 클럽 Bikini Island Club

구글맵에도 나오지 않는 비키니 섬은 괌 남서부 메리조 마을 앞 코코스 라군에 위치해 있다. 조수 간만의 차에 따라 발목 정도부터 무릎 위까지 물이 차 있는데, 맑고 투명한 물빛과 수상 그네, 오두막 등의 시설물로 괌의 유명 포토 스폿으로 자리 잡았다. 특히 스노클링이나 섬 투어는 물론 6km의 장거리를 시원하게 내달리는 제트스키, 바나나보트, 땅콩보트, 패러세일링 등의 해양 스포츠까지 한곳에서 즐길 수 있으며, (날씨와 당일 상황에 따라 다르지만) 코코스 라군에 서식하는 돌고래까지 볼 수 있어, "괌 수상 액티비티의 원조"라는 타이틀이 무색하지 않다.

- 주소 Lot 5 448 Chalan Kanton Tasi, Merizo, Guam
- 위치 괌 남서부 메리조 마을 포구 옆
- 운영 10:00~17:00
- 요금 2시간 투어(돌핀워칭, 스노클링, 비키니섬 투어) $95, 5시간 투어(2시간 투어+제트스키, 바나나보트, 땅콩보트, BBQ 점심 포함) $155
- 전화 671-828-8889 (카톡 GABBY6606)
- 홈피 www.bikiniislandclub.co.kr
- GPS 13.267503, 144.665342

Amusement

알루팡 비치 클럽 Alupang Beach Club

각종 해양 스포츠를 즐기는 데 초점을 둔 사람이라면 이곳을 주목해 보자. 괌 프리미엄 아웃렛에서 아가냐 방향으로 1.5km 떨어져 있어 접근성도 좋고 투몬 못지않은 아름다운 비치가 시간과 돈을 투자하기에 충분한 가치가 있다. 이곳에서는 돌고래 투어나 패러세일링, 바나나보트, 제트스키 등 괌에서 즐기는 모든 해양 액티비티를 마음껏 즐길 수 있으며, 여러 메뉴를 묶어 패키지 형식으로 판매한다. 알루팡 비치에서 스노클링이나 워터바이크, 카약 등 무동력 액티비티를 하거나 선베드에 누워 휴식을 취하고 점심 뷔페를 먹는 일반 프로그램(슈퍼비치 리조트) 이용도 가능하다.

- 주소 997 S Marine Corps Dr, Tamuning
- 위치 괌 프리미엄 아웃렛에서 아가냐 방향으로 1.5km (무료 픽업 서비스 제공)
- 운영 10:00~17:00
- 요금 슈퍼비치 리조트 $60, 제트스키+바나나보트 $100, 돌고래 투어+패러세일링+바나나보트+오션스노클링 $140
- 전화 671-649-5200
- 홈피 www.abcguam.kr
- GPS 13.48403, 144.77248

Amusement

 ## 별빛 투어 Guam Star Tour

"너는 별 보러 몽골 가니, 나는 괌으로 간다!"라는 말이 생길 만큼 괌 여행자들 사이에서 급부상한 별빛 투어. 고사양의 카메라만으로는 담아내기 쉽지 않은 별 사진은 전문 사진작가들의 손끝에서 나만의 인생 사진으로 거듭난다. 별빛 투어는 투몬 시내에서 벗어나 별이 잘 보이는 지역으로 이동 후 한 팀씩 사진 촬영을 하게 되고, 그 외 팀들은 별에 관한 이야기들을 듣고 별자리를 찾는 등 별을 감상하는 시간을 갖는다. 사진은 촬영 즉시 확인 가능하고 선택 사진은 SNS를 통해 전달된다. 별밤사진관의 경우, 별사진은 물론 일몰 사진도 함께 찍을 수 있는 프로그램도 준비돼 있으며, 모든 별빛 투어는 투몬 지역 전 호텔 픽/드롭이 가능하다.

별밤사진관
위치 투몬 지역 모든 호텔 픽업 후 지정 장소로 이동
운영 1부 19:00~22:00 2부 22:30~ (픽/드롭 시간 포함)
요금 1인 $45(성인 아동 동일)
홈피 blog.naver.com/kenyaa001
인스타그램 guamstartour
카톡 kenyaa

스파 아유아람 SPA ayualam

아유아람은 산스크리트어로 '생명', 인도네시아어로 '자연', '아름다움'을 뜻하는 말로, 사람의 손과 천연 재료만을 이용해 긴장을 풀고 기의 회복을 돕는 내추럴 힐링 스파를 지향한다. 아로마 오일을 이용한 아유아람 릴렉세이션 마사지를 비롯해 발마사지, 스포츠마사지, 임산부 마사지, 헤드 스파 및 디톡스 스파 등의 특별 메뉴도 있다. 호텔 니코와 힐튼 괌 리조트에 위치한 만큼 투숙객에게는 20% 할인이 주어지며, 오후 2~4시 예약자에게는 30% 할인 프로모션도 제공된다.

힐튼 괌 리조트 지점
- **주소** Hilton Guam Resort & Spa, 202 Hilton Road Tumon Bay, Guam
- **운영** 월·수·금·일 10:00~22:00 휴무 화·목
- **요금** 아유아람 릴렉세이션 60분 $120, 90분 $160
- **전화** 671-646-5378 **홈피** spaayualamguam.co.kr
- **GPS** 13.506078, 144.785231

호텔 니코 지점
- **주소** Hotel Nikko Guam, 245 Gun Beach Rd, Tumon, Guam
- **운영** 월~목 15:00~22:00, 금~일 10:00~22:00
- **요금** 아유아람 릴렉세이션 60분 $120, 90분 $160
- **전화** 671-648-1007 **홈피** spaayualamguam.co.kr
- **GPS** 13.522343, 144.804743

앙사나 스파 Angsana Spa

전 세계 베스트 스파상을 휩쓸 만큼 많은 사람의 사랑을 받고 있는 태국 정통 스파 브랜드로, 테라피스트들 모두 태국 앙사나 스파 아카데미 출신이다. 꽃이나 과일 등 천연 재료만을 고집하는 자체 스파용품을 사용하며 연인들을 위한 커플룸, VIP룸 등 럭셔리한 시설을 갖추고 있다. 마사지 외 바디 스킨 케어 프로그램을 보유하고 있으며, 여성용과 남성용, 효능별, 부위별 등 다 다르므로 선택 전 꼼꼼하게 상담을 받아 보는 것이 좋다.

- **주소** 470 Farenholt Avenue, Tamuning, Guam
- **위치** 리가 로열 괌 리조트 1층
- **운영** 10:00~23:00
- **요금** 상반신 마사지(30분) $80, 전신 마사지(60분) $125, 앙사나 시그니처(120분) $220 (Tax & SC 10%)
- **전화** 671-646-2222(내선 2500, 2501)
- **홈피** www.angsanaspa.com
- **GPS** 13.496601, 144.771277

제니 프룩사 타이 스파 Jenny's Phruksa Thai Spa

하체를 중심으로 한 전신 스트레칭을 통해 온몸의 기 순환을 촉진시키는 타이 마사지 전문 숍이다. 타이 마사지를 전문적으로 습득한 태국인이 운영하며, 괌에서 가장 저렴한 축에 속하지만 주무르는 듯한 괌 스타일의 마사지에 실망한 사람들에게 가성비 좋은 곳으로 유명하다. 오션뷰 호텔 내 위치해 있지만, '호텔' 내 스파라는 말에 걸맞지 않게 숍 내부는 소박한 편이다.

주소 1433 Pale San Vitores Rd, Tumon, Guam
위치 오션뷰 호텔 & 레지던스 실외 수영장 앞
운영 10:00~22:00
요금 로열 타이 마사지 60분 $60
전화 671-646-3384
홈피 www.phruksathaispa.com
GPS 13.519037, 144.810249

 ## 텐주도 스파 Tenjudo Spa

2020, 2021 Pika's Best of Guam(매년 괌 현지인들이 뽑은 각 분야 최고의 업체)에 선정된 마사지 숍으로 투몬 샌즈 플라자에서 도보 5분, 투몬 비치에서 3분 거리에 위치해 있다. 이곳의 대표 메뉴는 지압 마사지. 지압점을 눌러 혈액 순환을 촉진시켜 기를 살려준다. 그 외 아로마 마사지와 발 마사지도 선택 가능하다. 현지인들 사이에 유명한 만큼 사전 예약이 필수이다.

주소 144 Fujita Rd, Tamuning, Guam
위치 그랜드 플라자 호텔 건너편의 골목길 후지타 로드 Fujita Road로 200m 들어가 오른쪽의 분홍색 건물
운영 10:00~24:00
요금 지압 마사지 30분 $38, 60분 $68
전화 671-649-9336
GPS 13.509711, 144.803712

Lounge

오션뷰 라운지 Ocean View Lounge

늦은 밤 비행기로 괌을 드나드는 사람들 중 숙박비를 아끼고 싶다면 주목해 보자. 공동 수면실과 휴게실, 와이파이, 샤워 시설을 갖추고 있으며, 호텔 픽업/드롭 서비스, 공항 샌딩 서비스를 무료로 제공해 비행기를 타기 전, 혹은 새벽 도착 후 호텔 체크인 전까지 쉬었다 가기 좋다. 특히 퍼시픽 스타 리조트의 수영장도 이용할 수 있다는 점에서 장점이 많다. 도보 5분 거리에 K마트가 있고, GPO행 무료 셔틀(팬데믹 기간 일시 중단)도 이용할 수 있어 쇼핑을 즐기기에도 편리하다.

주소 627B Pale San Vitores Road, Tumon, Guam
위치 퍼시픽 스타 리조트 로비에서 한 층 아래(4층)
운영 24시간
요금 성인(만 12세 이상) $22, 아동 $18
홈피 www.oceanviewlounge.modoo.at
GPS 13.504717, 144.794602

Cruise

빅 선셋 디너 크루즈 BIG Sunset Dinner Cruise

괌의 선셋은 아름답기로 유명하다. 투몬 비치나 건 비치 등 괌 서부에 위치한 해안가에서 선셋을 즐기는 방법도 여럿 있지만, 배를 타고 바다 한가운데로 나가 일몰을 즐기는 낭만적인 방법 또한 고려해 볼 수 있다. 보통 5시 30분부터 약 2시간가량 크루즈를 탑승하며, BBQ 뷔페와 무제한 맥주 및 음료가 제공된다. 해가 지기 전, (현지 날씨와 상황에 따라) 돌고래나 상어 등을 관찰할 수 있으며, 일몰 이후에는 육지에서보다 훨씬 많은 별을 감상할 수 있다. 육지로 돌아오는 중에는 선상 댄스파티가 열리기도 한다.

위치 아가트 마리나Agat Marina에서 보트가 출발하며(변동 가능), 투몬 시내에서 마리나까지 유료 픽/드롭을 신청할 수 있다.
운영 팬데믹 기간 단축 운영, 토요일 17:30~19:30
요금 일반(하부 데크) $125, VIP(상부 데크) $180
전화 671-646-8000   **홈피** bestguamtours.com
GPS 13.369042, 144.650283

> **Tip | 저렴하게 즐기는 선셋 크루즈**
>
> '선상 디너'에 초점을 두기보다 좀 더 저렴한 선셋 크루즈를 원한다면 늦은 오후에 출발하는 선셋 돌핀 크루즈를 이용하면 된다. BBQ 뷔페 대신 회와 스낵이 제공되며, 스노클링이나 낚시 시간이 주어지는 대신 육지로 일찍 돌아와 별을 볼 수 없다.

샌드 캐슬 괌 Sand Castle Guam

라스베이거스 스타일을 표방한 온 가족 엔터테인먼트 쇼로 관광객들의 각광을 받고 있다. 수많은 수상 경력으로 미국에서도 손꼽히는 마술사 앤서니 리드가 화려한 댄서들과 아크로바틱 팀을 모아, 눈앞에서 사람이 사라지고 호랑이가 등장하는 등 손에 땀을 쥐게 하는 신기한 마술의 세계를 펼쳐 보인다. '꿈'을 주제로 한 무대는 몽환적인 배경을 연출하는 환상적인 조명 연출로 예술 감각까지 더해 엔터테인먼트의 종합 선물 세트라 할 수 있다. 샌드 캐슬 공연장의 그랜드 홀 로비는 이태리 대리석 바닥에 천장은 크리스털 샹들리에로 장식되어 있어 또 다른 볼거리를 제공한다.

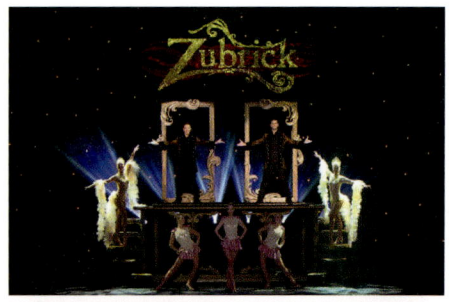

주소 1199 Pale San Vitores Road, Tumon, Guam
위치 T 갤러리아 맞은편. 하얏트 리젠시와 더 플라자 사이
운영 1회 19:30~20:30, 2회 21:30~22:30 **휴무** 수·일요일
요금 디너 포함 성인(만 12세 이상) $145~, 아동(만 2~11세) $50~ **디너 불포함** 성인 $79~, 아동 $30
전화 671-649-7263
홈피 bestguamtours.kr/shows/sandcastle-guam
GPS 13.512630, 144.805826

Tip | 알아두면 쓸모있는 팁!
1 가장 저렴한 캐주얼 티켓에서 디럭스, VIP까지 선택이 가능하다. 단, 캐주얼 티켓은 픽업 서비스를 제공하지 않는다.
2 디너 불포함 공연에서 캐주얼쇼 티켓은 음료수가 제공되지 않는다.
3 공연은 넌버벌 쇼로 영어를 몰라도 누구나 즐길 수 있다.
4 공연이 끝난 후 출연자들과 함께 무료 포토 타임을 가질 수 있다.

슈퍼 아메리칸 서커스 Super American Circus

35년간 전 세계 5천 개 이상의 다양한 무대를 감독 제작한 터피 니콜라스의 연출작으로, 오토바이 곡예, 공중그네 타기, 저글링 등의 스릴 만점 묘기를 즐길 수 있다. 공연 시간은 90분 정도로, 중간 휴식 시간에는 페이스 페인팅과 사진 촬영 같은 즐길 거리도 준비돼 있다. PIC 골드카드 투숙객은 프리퍼드 좌석이 무료이며, 추가 요금을 내면 링사이드 좌석으로 업그레이드된다. 그 외 PIC 투숙객은 현장 예약 시 요금 할인을 받을 수 있다.

위치 PIC 워터파크 내 퍼시픽 파빌리온
운영 목~화 19시 30분(90분간) **휴무** 수요일
요금 성인 $56~, 아동 $28~   **전화** 671-864-9425
홈피 www.superamericancircus.com/guam-kor
GPS 13.50385, 144.79235

Tip | 좌석 고르는 법
서커스 좌석은 3등급으로 나뉜다. 원형 무대를 가운데 두고 바로 앞에서 무대를 둘러싼 좌석이 링사이드 Ringside 좌석이며 가장 비싸다. 무대 정면의 계단식 좌석이 두 번째로 비싼 VIP석이고, 무대 양쪽 계단식 좌석이 프리퍼드 Preferred 좌석이다. 각 등급 내에서 원하는 자리에 자유롭게 앉는 방식으로, 미리 가서 좋은 자리를 선점하는 것이 중요하다. 공연장이 크지 않고 좌석과 무대 간 시야 장애물이 없어 어느 등급에서든 잘 보인다.

호텔 매직쇼 Hotel Magic Show

호텔 니코(니코 매직 & 일루션 쇼 Nikko Magic & Illusion Show)와 웨스틴 리조트(비바 매직 Biba Magic)에서 선보이는 매직쇼는 어린아이들을 동반한 가족 여행객들이 특히 주목하는 쇼다. 둘 다 50여 명 전후로 들어갈 수 있는 작은 소극장에 무대와 딱 붙은 객석, 관객이 직접 참여할 수 있는 쇼까지 마련해 인기 만점. 니코쇼는 저녁 식사 메뉴에 따라 요금이 달라지지만 저녁 포함을 감안하면 여느 공연들에 비해 가격이 저렴하다. 웨스틴은 디너 뷔페로 유명한 테이스트 레스토랑에서 저녁 식사를 곁들인 입장권과 쇼만 관람할 수 있는 입장권 2종류 중 선택할 수 있다.

니코 매직 & 일루션 쇼
- **위치** 호텔 니코 3층 전용 극장
- **운영** 쇼 목~월 18:30~20:30
  휴무 화·수요일(공연장 사정에 따라 변동)
- **요금** 칵테일 플랜 성인 $28, 아동 $14
  마젤란 뷔페 플랜 성인 $48, 아동 $35
- **전화** 671-647-2804 **홈피** www.nikkoguam.co.kr
- **GPS** 13.522381, 144.804768

웨스틴 비바 매직
- **위치** 웨스틴 리조트 4층 전용 극장
- **운영** 쇼 20:00~ 휴무 시즌에 따라 변동
- **요금** 쇼 성인 $52, 아동(만 6~11세) $24
  테이스트 뷔페 성인 $99, 아동 $49
- **전화** 671-647-1020
- **홈피** www.bibamagic.com
- **GPS** 13.517921, 144.806669

타오타오 타씨 비치 디너쇼 Taotao Tasi Beach Dinner Show

건 비치에 위치한 야외무대에서 웅장한 스케일의 화려한 원주민 쇼를 즐겨 보자. '바다의 사람들'이라는 주제로 태평양 섬으로 떠나는 차모로족의 여정을 그린 쇼에는 폴리네시안 댄스, 사모아 댄스 등 남태평양 섬 원주민들의 전통댄스는 물론 불쇼와 같은 화려한 볼거리가 이어진다. 공연 전, 디너 뷔페에서는 통돼지 구이를 비롯한 다양한 바비큐와 해산물 요리, 차모로 전통요리를 마음껏 즐길 수 있다. 식사 포함 여부는 선택 가능하며, 건 비치에 있어 접근성도 좋은 편이다.

- **위치** 건 비치의 더 비치 바 옆
- **운영** 쇼 19:00~20:00
  (입장 시간은 시즌 및 디너 포함 여부에 따라 다름)
  휴무 수·일(공연장 사정에 따라 변동)
- **요금** 성인(만 12세 이상) $80, 아동 $25(만 6~11세),
  1시간 무제한 맥주 및 음료 추가 성인 $17(SC 15%),
  디너 포함 성인 $120, 아동 $45
- **전화** 671-646-8000
- **홈피** bestguamtours.kr/shows/taotao-tasi
- **GPS** 13.523898, 144.803994

Night Life

 ## 피시 아이 디너쇼 Fish Eye Island Cultural Dinner Show

열대 분위기가 물씬 풍기는 야외 극장식 레스토랑에서 괌, 하와이, 타히티, 사모아 등 동태평양 일대의 폴리네시안 섬들의 전통댄스를 감상하고 풍성한 시푸드 뷔페(혹은 차모로 그릴 플레이트 코스)를 즐긴다. 화려한 전통 복장과 신나는 음악, 훌라댄스와 전사춤 등 열정적인 댄스가 이어지면서 경쾌한 분위기는 최고조에 달한다. 쇼나 디너 모두 이용자들의 만족도가 높다.

주소 Fish Eye Marine Park 818 North, Marine Corps Drive Piti, Guam
위치 ❶ 1번 도로를 타고 아산 비치를 지나 남쪽으로 500m 내려가 왼쪽, 피시 아이 마린 파크 건너편
❷ 픽업 서비스 이용(유료)
운영 18:50~(호텔 픽업은 18:00부터. 시즌에 따라 변동)
요금 성인(12세 이상) $86, 아동(6~11세) $43
전화 671-475-7777
홈피 ko.fisheyeguamtours.com
GPS 13.469405, 144.705048

Night Life

 ## 더 비치 바 The Beach Bar & Grill

드라마 〈남자가 사랑할 때〉에서 야자수 아래 오렌지빛 석양을 등지고 여주인공이 맥주를 마시던 그 바가 바로 이곳이다. 낮에는 아름다운 비치를 바라보며 버거나 샌드위치를 먹고 바 앞에 마련된 소파에서 여유를 즐기는 것도 좋지만, 이곳의 하이라이트는 역시 해 가 지면서부터다. 아름다운 석양을 보며 칵테일 한잔 기울이는 낭만이란! 해피아워(오후 4~7시까지 50% 할인), 여성들을 위한 무제한 음료 제공(목요일 레이디스데이, 밤 9시부터), 각종 라이브 공연 등 매달 각각의 요일마다 다양한 이벤트로 저렴하게 맥주와 칵테일을 즐길 수 있다. 자세한 이벤트 내용은 홈페이지에서 확인할 수 있다.

주소 Gun Beach, Tumon Bay, Guam
위치 ❶ 웨스틴 리조트와 호텔 니코를 지나 건 비치 도로로 직진
❷ 레드 셔틀버스 이용
운영 11:00~24:00(목 ~02:00까지)
요금 맥주 $6~, 칵테일 $10~, 버거 $16, 립 $16
전화 671-649-7275
홈피 www.guambeachbar.com
GPS 13.524303, 144.804095

©The Beach Bar

클럽 글로브 Club Globe

몇 년 사이 새로운 클럽들이 경쟁적으로 등장하면서 예전만 못하다는 평이 있지만, 오랫동안 괌의 나이트 라이프를 대표하던 클럽이다. 총 4층 구조로 서로 다른 테마의 3가지 바가 있다. 1층은 DJ 부스와 홀이 있어 댄스를 즐기는 젊은 층이 주를 이루고 2층은 1층을 내려다보며 분위기를 즐기거나 포켓볼을 칠 수 있게 되어 있다. 음료가 포함된 일반 입장권을 구입한 경우, 무료 호텔 드롭 서비스가 제공되며, 복장은 자유롭지만 비치웨어는 입장 불가이다.

Tip | 클럽 입장 전 필수 확인!

1 대체로 본격적인 클럽 분위기는 12시 전후로 달아오른다. 샌드 캐슬 쇼 관람자의 경우 쇼가 끝나고 바로 입장하면 휑한 분위기만 접할 가능성이 크기 때문에 취향에 따라 입장 시간을 조정하는 것이 좋다.
2 입장 시 신분증을 요구하므로 여권을 반드시 지참해야 한다. 18세 미만은 입장 불가이다.

주소 1199 Pale San Vitores Road, Tumon, Guam
위치 샌드 캐슬 괌 옆　　　**운영** 22:00~02:00
요금 1일 입장만 $15, 1일 일반 입장(음료 포함) $30, 연속 3일 입장 $30
전화 671-649-7263
홈피 bestguamtours.com/bars-clubs/globe-nightclub
GPS 13.512911, 144.805806

라 칸티나 La Cantina

로맨틱한 석양과 야경을 동시에 즐길 수 있는 장소로 츠바키 타워 27층에 위치해 아름다운 투몬의 전경과 석양이 잊을 수 없는 괌의 추억을 만들어 준다. 괌 원주민들의 전설에서 영감을 받은 특제 칵테일을 비롯해 다양한 알코올 음료가 준비돼 있으며, 미국, 프랑스, 포르투갈, 호주, 아르헨티나 등 전 세계 와인도 폭넓게 구비하고 있다. 재즈나 어쿠스틱 공연도 즐길 수 있어 일석삼조다.

주소 241 Gun Beach Rd 27 th floor, Tamon, Guam
위치 츠바키 타워 27층
운영 화~일 17:00~23:00 **휴무** 월요일
요금 와인(잔) $12~, 타파스 $15
전화 671-969-5200　　**홈피** thetsubakitower.co.kr
GPS 13.521489, 144.805641

가다오 바 Gadao Bar

츠바키 타워에 위치한 로비 바로, 차모로인의 진취적 기상을 상징하는 괌의 전설적인 인물, 가다오 추장의 이름을 차용했다. 낮에는 생맥주를 비롯한 다양한 음료들이 제공되지만, 밤이 되면 위스키 전문 바로 탈바꿈한다. 발렌타인 30, 조니워커 블루 등의 VIP 위스키 4종과 대중적으로 사랑받는 30여 종의 위스키가 준비돼 있다.

주소 241 Gun Beach Rd, Tamon, Guam
위치 츠바키 타워 로비　　**운영** 10:00~24:00
요금 일반 위스키 $10~, 생맥주 $7.50
전화 671-969-5200　　**홈피** thetsubakitower.co.kr
GPS 13.521625, 144.805838

Shopping
쇼핑

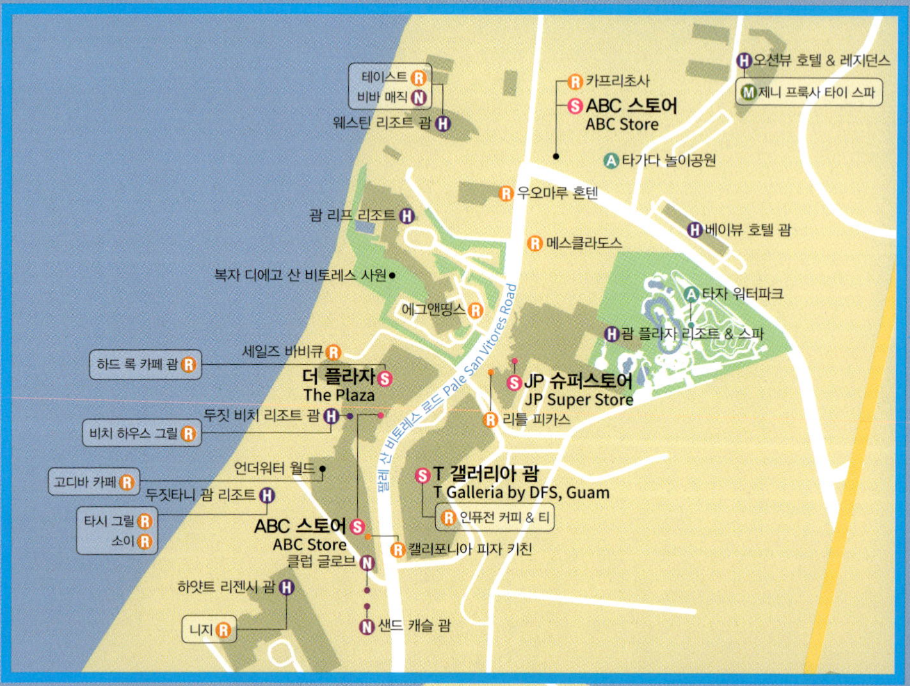

테이스트 R
비바 매직 N
웨스틴 리조트 괌 H
카프리초사 R
S ABC 스토어
ABC Store
H 오션뷰 호텔 & 레지던스
M 제니 프룩사 타이 스파
A 타가다 놀이공원
R 우오마루 혼텐
괌 리프 리조트 H
H 베이뷰 호텔 괌
R 메스클라도스
복자 디에고 산 비토레스 사원
A 타자 워터파크
에그앤띵스 R
H 괌 플라자 리조트 & 스파
세일즈 바비큐 R
하드 록 카페 괌 R
더 플라자 S
The Plaza
S JP 슈퍼스토어
JP Super Store
팔레 산 비토레스 로드 Pale San Vitores Road
두짓 비치 리조트 괌 H
R 리틀 피카스
비치 하우스 그릴 R
언더워터 월드
고디바 카페 R
S T 갤러리아 괌
T Galleria by DFS, Guam
두짓타니 괌 리조트 H
R 인퓨전 커피 & 티
타시 그릴 R
소이 R
ABC 스토어 S
ABC Store
R 캘리포니아 피자 키친
클럽 글로브 N
하얏트 리젠시 괌 H
니지 R
N 샌드 캐슬 괌

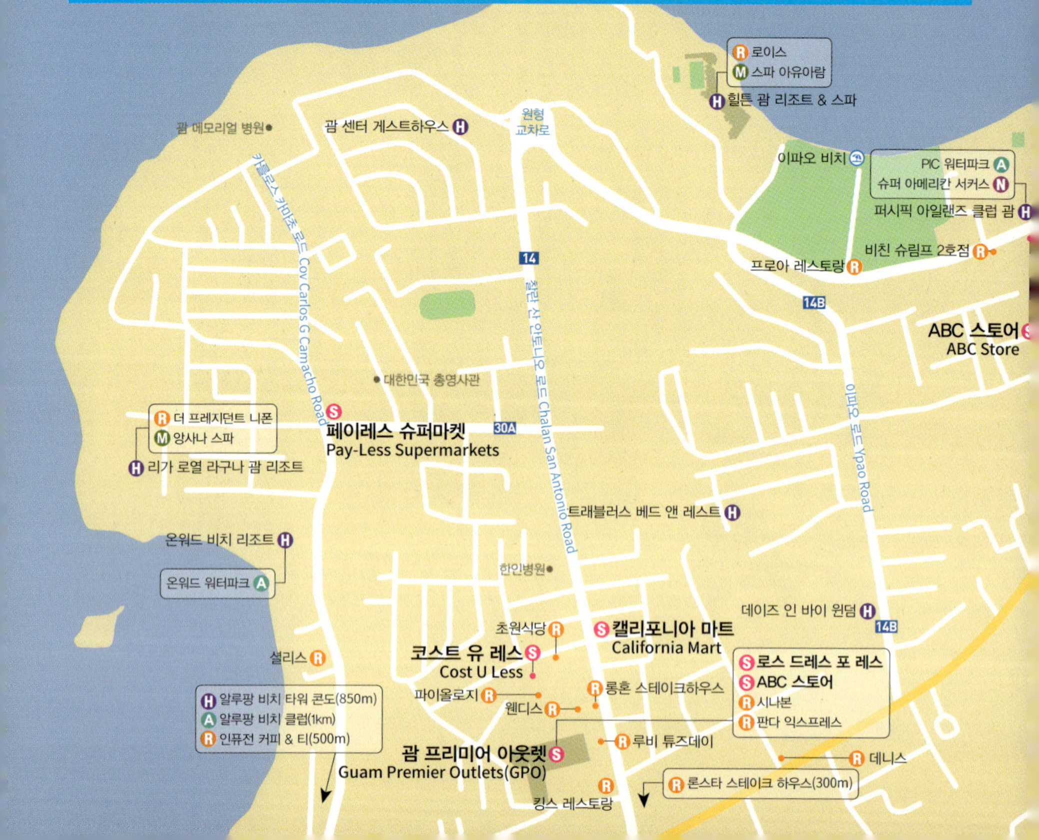

R 로이스
M 스파 아유아람
H 힐튼 괌 리조트 & 스파
괌 메모리얼 병원
괌 센터 게스트하우스 H
원형 교차로
이파오 비치
PIC 워터파크 A
슈퍼 아메리칸 서커스 N
퍼시픽 아일랜즈 클럽 괌 H
카를로스 카마초 로드 Cov Carlos G Camacho Road
14
비친 슈림프 2호점 R
프로아 레스토랑 R
14B
ABC 스토어 S
ABC Store
찰란 산 안토니오 로드 Chalan San Antonio Road
대한민국 총영사관
이파오 로드 Ypao Road
R 더 프레지던트 니폰
M 앙사나 스파
S 페이레스 슈퍼마켓
Pay-Less Supermarkets
30A
H 리가 로열 라구나 괌 리조트
트래블러스 베드 앤 레스트 H
온워드 비치 리조트 H
온워드 워터파크 A
한인병원
데이즈 인 바이 윈덤 H
14B
초원식당 R
S 캘리포니아 마트
California Mart
코스트 유 레스 S
Cost U Less
셜리스 R
S 로스 드레스 포 레스
S ABC 스토어
R 시나본
R 판다 익스프레스
R 롱혼 스테이크하우스
H 알루팡 비치 타워 콘도(850m)
A 알루팡 비치 클럽(1km)
R 인퓨전 커피 & 티(500m)
파이올로지 R
웬디스 R
R 루비 튜즈데이
괌 프리미어 아웃렛 S
Guam Premier Outlets(GPO)
R 데니스
R 론스타 스테이크 하우스(300m)
R
킹스 레스토랑

괌 쇼핑의 완결편!
괌 쇼핑

_____

해외여행의 특권
면세점 Duty Free

진짜 괌 쇼핑을 원한다면
아웃렛 Outlet

실내에서 전부 해결!
멀티 쇼핑몰 Multi Shopping Mall

괌의 식재료는 여기서
슈퍼마켓 Supermarket

먹는 즐거움이 더 큰
새벽 시장 Market

Duty Free

JP 슈퍼스토어 JP Super Store

"패셔너블하고 트렌디한 쇼핑을 즐겨라"라는 슬로건에서도 짐작할 수 있듯 젊은 층을 겨냥한 쇼핑센터이다. 패션 카테고리에서는 아크네 스튜디오, 디젤 등을 비롯해 스타일리시하고 캐주얼한 의류 브랜드들이 입점해 있다. 독특하고 반짝이는 아이디어가 돋보이는 주방용품과 디자인 소품, 기념품, 고디바를 비롯한 수많은 종류의 괌 초콜릿과 쿠키 등 소소하게 볼거리 살거리가 많은 곳이다. 더위도 식힐 겸 오다가다 부담 없이 윈도 쇼핑하기에도 좋다. 같은 콘셉트의 매장이 마이크로네시아 몰에도 위치해 있다.

주소 1328 Pale San Vitores Road, Tumon, Guam
위치 T 갤러리아를 바라보고 길 건너 왼쪽 건물
운영 팬데믹 기간 단축 운영
금~일 12:00~19:00
전화 671-646-7803~8
홈피 www.jpshoppingguam.com
GPS 13.515530, 144.807387

 T 갤러리아 괌 T Galleria by DFS, Guam

공항 면세점과 동일한 면세 혜택을 받으며 쇼핑할 수 있는 곳이다. 1층은 투어라운지(여행사)와 T 갤러리아 셔틀버스(무료), 레드 셔틀버스(유료) 승차장이 있으며(팬데믹 기간 축소 운영), 2층은 중앙 입구와 이어져 모든 브랜드 매장들이 집결해 있다(실제 쇼핑은 2층에서 모두 이루어진다). 3층은 셔틀버스 및 택시 하차장과 이어져, 입구를 통해 건물 안으로 들어오면 왼쪽으로 로비 데스크가 있고 에스컬레이터를 타고 한 층 내려와 쇼핑을 시작하게 된다.

이곳에는 패션 & 액세서리, 시계 & 주얼리, 화장품 & 향수, 푸드 & 기프트 총 4개 카테고리에 100여 개의 브랜드가 입점해 있다. 프라다, 에르메스, 토리버치와 같은 명품뿐 아니라 전 세계에서 저렴하다는 조말론 향수, 에스티로더의 갈색병 에센스와 판도라 반지, 맥 립스틱도 인기 품목이다. 푸드 카테고리에서 인기 넘버원은 명품 초콜릿 브랜드 고디바 매장이지만, 그 외에도 기념품으로 좋은 다양한 먹거리도 판매한다(팬데믹 기간 축소). 이곳엔 한국어가 가능한 직원들이 있어 편안하게 쇼핑할 수 있고, 50% 시즌 세일, 고정 환율 원화 결제 등 단발성 각종 프로모션(홈페이지 WHAT'S HAPPENING 메뉴에서 확인 가능) 혜택도 누릴 수 있다.

주소 1296 Pale San Vitores Road, Tumon Bay, Guam
위치 두짓 비치 리조트 괌 호텔 맞은편
❶ T 갤러리아 괌은 투몬 지역의 주요 호텔로 무료 셔틀버스를 정기적으로 운행(팬데믹 기간 운휴)
❷ 시내 주요 호텔에서 택시를 타고 T 갤러리아 괌을 방문하면 택시비는 T 갤러리아 측에서 지불(팬데믹 기간 운휴)
운영 팬데믹 기간 단축 운영 13:00~19:00
전화 671-646-9640
홈피 www.dfs.com/en/guam
GPS 13.513460, 144.806284

패션 & 액세서리	시계 & 주얼리	화장품 & 향수	기념품
골든구스	IWC 샤프하우젠	SK-II	고디바
꼼데가르송	까르띠에	겔랑	
뉴에라	다니엘 웰링턴	도나카란	
레이벤	디젤	딥티크	
로에베	라도	라네즈	
리모와	론진	라메르	
마이클 코어스	마이클 코어스	랑콤	
마크바이마크제이콥스	몽블랑 뷰티	로레알	
메종 키츠네	미도	록시땅	
몽블랑뷰티	브라이틀링	맥	
몽클레르	세븐프라이데이	메이크업 포에버	
발렌시아가	세이코	모로칸 오일	
발리	스와로브스키	바비브라운	
베디베로	스와치	베네핏 코스메틱스	
보이 런던	스카겐	베르사체	
보테가 베네타 패션	시티즌	비오템	
불가리	앤클라인	설화수	
살바토레 페라가모	에이피엠 모나코	슈에무라	
셀린느	오메가	시세이도	
스텔라 맥카트니	위블로	시슬리	
알렉산더 맥퀸	제니스	아르마니 뷰티	
오클리	카시오	아베다	
입생로랑	클루즈	에스티로더	
지미추	태그호이어	엘리자베스 아덴	
커먼프로젝트	티쏘	오리진스	
케이트 스페이드 뉴욕	티토니	입생로랑	
토리버치	파슬	조말론 런던	
투미	판도라	존 마스터스 오가닉스	
펜디	프랭크뮬러	크리니크	
폴로랄프로렌	프레드릭 콘스탄트	클라란스	
프라다 리네아로사	해밀턴	키엘	
훌라		타미힐피거	

Duty Free

 # 롯데 면세점 괌 Lotte Duty Free Guam

괌 출국 시 마지막으로 쇼핑을 즐길 수 있는 곳이다. 괌 공항의 유일한 면세점이라고 할 수 있지만, 규모는 작은 편. 하지만 한국인들이 괌에서 많이 사는 명품 브랜드 구찌, 코치, 토리버치를 비롯해 판도라, 고디바, 맥, 에스티로더, 조말론, 센트룸 등을 구입할 수 있다(팬데믹 기간 일부 매장 휴점). 그 외 각종 초콜릿과 양주, 담배류도 있다. 대체로 가격은 시내보다 비싼 편이지만, 홈페이지에서 할인 쿠폰을 받아 가면 좀 더 저렴한 쇼핑이 가능하다.

위치 괌 공항 출국 심사 보안 검색대 다음 위치
운영 24시간
홈피 www.lottedutyfreeguam.com
GPS 13.492482, 144.805010

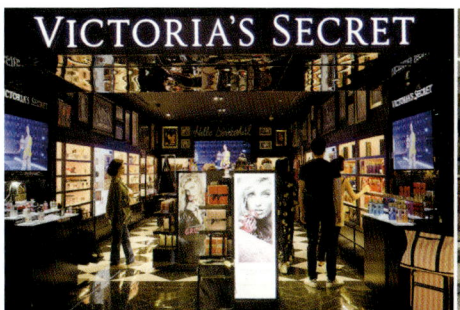

Outlet

괌 프리미어 아웃렛 Guam Premier Outlets(GPO)

GPO로 통칭되는 대형 아웃렛 매장으로, 현지인은 물론 한국 관광객들에게 절대적인 사랑을 받고 있는 쇼핑센터이다. 의류, 패션잡화, 화장품, 스포츠 웨어는 물론 장난감, 비타민, 서적 등 각종 쇼핑 아이템을 저렴한 가격에 구입할 수 있어 그야말로 문전성시를 이룬다. 한국인들에게 인기 있는 매장으로는 타미힐피거와 캘빈 클라인이 압도적. 특히 타미힐피거(성인 및 키즈)는 쿠폰 소지 시 추가 할인을 받을 수 있어 더 저렴한 쇼핑이 가능하다(쿠폰 정보는 p.75 참조. GPO의 세일 정보는 홈페이지의 이벤트 Events 메뉴에서 확인할 수 있다). 그 외 게스와 리바이스, 나이키, 스케쳐스 등도 주목할 만하다. 호불호는 갈리지만 GPO를 더욱 유명하게 만들었던 것은 '로스'로 통하는 '로스 드레스 포 레스'다. 미국 중저가 브랜드들을 60~70% 가까이 할인된 가격에 구입할 수 있는 창고형 매장으로, 마이크로네시아 몰에 2호점, 아가냐 쇼핑센터에 3호점이 있다.

주소 199 Chalan San Antonio, Suite 200 Tamuning, Guam
위치 ❶ 투몬에서 마린 드라이브를 따라 아가냐 방향으로 가다가 찰란 산 안토니오 로드로 우회전 ❷ 주요 호텔을 경유하는 레드 셔틀버스 이용 ❸ 투몬 샌즈 플라자와 GPO를 잇는 무료 셔틀버스 이용 (팬데믹 기간 운휴)
운영 10:00~19:00 **휴무** 12월 25일
전화 671-647-4032
홈피 www.gpoguam.com
GPS 13.489734, 144.781919

괌 프리미어 아웃렛 지도

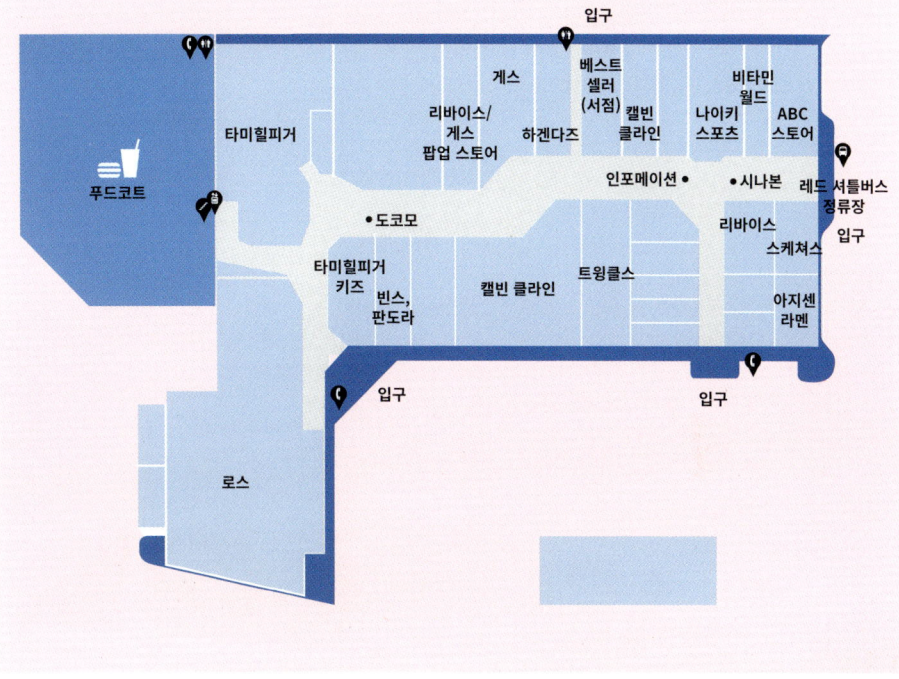

more & more 알고 가면 돈이 되는 GPO 깨알 정보

알뜰 쇼핑 마니아들이 절대 놓칠 수 없는 곳이 바로 아웃렛이다. 괌 프리미어 아웃렛(GPO)은 브랜드의 다양성보다 세일과 쿠폰으로 놀랄 만큼 저렴해지는 경제성이 가장 큰 특징이다.

❶ 타미힐피거
남성복, 여성복은 물론 아동복 섹션도 있다. 쿠폰을 발행(p.75 참조)하고 세일도 자주 한다. 세일 정보는 GPO 홈페이지 참조. 캘빈 클라인 구매 영수증에 같은 날 사용할 수 있는 타미힐피거 쿠폰이 딸려 나오기도 한다.

❷ 캘빈 클라인
속옷을 비롯한 의류 매장과 가방류를 비롯한 패션 굿즈를 판매하는 액세서리 매장 2곳이 분리돼 있다. '재고 정리 세일Clearance Sale' 중에는 80%까지 할인되므로 절대 놓치지 말자. 구매 영수증에는 두 번째 캘빈 클라인 구매 시 이용할 수 있는 다양한 쿠폰이 붙어 있다. 타미힐피거 구매 시에도 같은 날 사용할 수 있는 캘빈 클라인 쿠폰을 받을 수 있다.

❸ 비타민 월드
K마트 의약품 코너와 겹치는 아이템들도 있지만, 레티놀 크림은 이곳에서만 구입할 수 있는 그야말로 베스트셀러. 회원가입(p.146 참조) 시 할인 폭이 크기 때문에 건강 보조식품은 K마트보다 비타민 월드가 답이다.

Multi Shopping Mall

 마이크로네시아 몰 Micronesia Mall

GPO와 함께 괌 2대 쇼핑 스폿 중 하나다. 미국 유명 백화점 메이시스Masy's 와 펀타스틱 파크Funtastic Park, 20여 종의 음식점이 모여 있는 피에스타 푸드코트Fiesta Food Court, 영화관, 슈퍼마켓 등 한곳에서 보고 먹고 즐기고 쇼핑할 수 있는 괌 최대 복합생활 문화공간이다. 메이시스는 미국 본토에 서도 인기 있는 백화점으로 품질이나 디자인 면에서 만족도가 높고, 한국 내 가격과 비교하면 확실히 저렴해 쇼핑족들 사이에서 "옷은 무조건 메이시스"라는 말이 돌 정도다. 남성복, 유아 & 아동복 섹션은 여성복, 잡화 섹션과 출입구가 전혀 다르기 때문에 주의해야 한다. 좀 더 저렴한 가격에 브랜드 이월상품을 득템하고 싶다면 로스 2호점으로 가자. 매장 구성은 GPO와 비슷하지만 규모는 좀 더 작은 편. 비타민 월드Vitamin World 또한 이곳과 GPO에 있는데, 이곳이 훨씬 크고 제품도 다양하다. 비타민 월드는 미국 본토 내 400여 개의 매장을 갖춘 천연 비타민 전문 업체로 괌 쇼핑리스트에서 절대 빠지지 않는 제품 다수를 보유하고 있다(p.78 참조). 전 연령을 타깃으로 한 펀타스틱 파크에는 회전목마와 범퍼카, 바이킹, 미니열차 등이 설치돼 있으며, 입장료는 따로 없이 기구당 $4~8 정도에 이용할 수 있어, 쇼핑에 지친 아이들에게 특히 좋은 놀이거리가 된다.

주소 1088 W. Marine Corps Drive, Dededo, Guam
위치 ❶ 투몬에서 마린 드라이브를 따라 북쪽으로 올라가다 16번 도로와 만나는 곳 오른쪽 대각선 상에 위치 ❷ 주요 호텔을 경유하는 레드 셔틀버스 이용 ❸ 마이크로네시아 몰에서 운행하는 무료 셔틀버스 이용 (팬데믹 기간 운휴)
운영 11:00~20:00
전화 671-632-8882~4
홈피 www.micronesiamall.com
GPS 13.520065, 144.817702

마이크로네시아 몰 지도

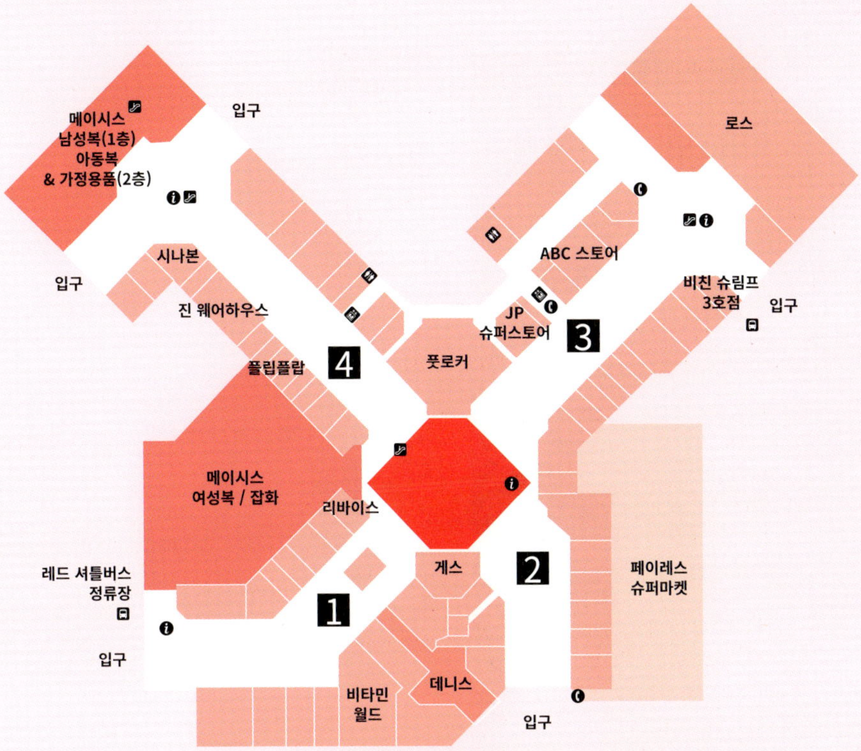

- 메이시스 남성복(1층) 아동복 & 가정용품(2층)
- 입구
- 로스
- 입구
- 시나본
- ABC 스토어
- 비치 슈림프 3호점
- 입구
- 진 웨어하우스
- JP 슈퍼스토어
- 입구
- 플립플랍
- 풋로커
- **4**
- **3**
- 메이시스 여성복 / 잡화
- 리바이스
- 레드 셔틀버스 정류장
- 게스
- 페이레스 슈퍼마켓
- **1**
- **2**
- 입구
- 비타민 월드
- 데니스
- 입구

---

more & more 메이시스 똑똑하게 이용하는 법

저렴한 가격에 백화점에서 제대로 된 쇼핑을 즐기고 싶다면 메이시스로 가자. 여성복 매장과 남성복/아동복 매장이 분리돼 있으므로 주의할 것.

홈피 www.macys.com

❶ 주목, 이 아이템!
성인과 아동은 타미힐피거와 폴로랄프로렌, 영유아는 카터스가 진리다. 괌의 인기 쇼핑 리스트 중 하나인 고디바 프레즐과 맥 립스틱도 이곳에서 구입할 수 있다. 잡화 코너에서는 코치, 키플링, 레스포삭, 나인웨스트 같은 인기 브랜드도 입점해 있다.

❷ 10% 할인은 기본
마이크로네시아 몰 인포메이션 센터에 메이시스 10% 할인 쿠폰이 상시 비치돼 있다. 쿠폰 웹사이트 리테일미낫(www.retailmenot.com)에서는 일반 매장에서 사용 가능한 20% 이상의 할인 쿠폰을 다운 받을 수 있다. 단, 유효기간이 있으므로 주의할 것.

❸ 타미힐피거, GPO vs. 메이시스
GPO는 아웃렛이고 메이시스는 백화점이다. 제품의 디자인과 질은 백화점이, 가격은 아웃렛이 낫다.

> Special Shopping

1. 로스 드레스 포 레스 Ross Dress for Less 파헤치기

운영 GPO점 06:00~24:00
마이크로네시아 몰점 07:00~24:00
아가냐 쇼핑센터점 10:00~20:00

○ **일단 잡고 보자!** 창고형 매장은 전시된 물건이 빠지고 나면 같은 제품으로 다시 채워진다는 보장이 없다. 마음에 드는 것은 선점해 두었다가 나중에 빼는 방식으로 쇼핑하자.

○ **타이밍을 잡아라** 어느 요일에 새 물건이 들어온다는 소문은 그야말로 뜬소문이다. 단, 영업 종료 후 비워진 선반을 채워 넣는 것은 당연한 이치. 따라서 경쟁이 치열한 인기 품목(특히 쌤소나이트 캐리어)을 꼭 구입할 작정(?)이라면 오픈 시간 전에 가 줄을 서는 것이 좋다.

○ **이거 이거 사야 해!** 로스에서 가장 인기 있는 제품은 쌤소나이트 캐리어이다. 하드케이스는 아침 일찍 가야만 겨우 득템할 수 있지만, 소프트케이스와 여타 브랜드의 캐리어도 나쁘지 않다. 가방과 신발, 선글라스 등은 각종 브랜드가 뒤섞여 있고, 의류는 비메이커가 대부분이기 때문에 고르는 안목이 무엇보다 중요하다. 영유아복은 카터스 Carters 제품이 많이 들어와 있다.

○ **주말보다 평일** 주말엔 사람 반 물건 반이라고 할 만큼 북적이므로 주중을 공략하는 것이 좋다.

○ **후회된다면** 사이즈가 맞지 않거나 마음이 변한 경우, 영수증과 여권 복사본만 있으면 교환 및 환불이 가능하다.

2. 비타민 월드 Vitamin World 이해하기

홈피 www.vitaminworld.com

○ **비타민 월드란?** 미국 내 400여 개의 매장을 갖춘 천연 비타민 전문업체다. 이곳의 제품은 효과가 좋아 국내에도 수입되거나 해외 구매 대행을 통해 복용하는 사람들이 많다.

○ **회원가입하고 할인받자** 홈페이지에서도 가입할 수 있지만, 매장에서도 바로 가입 가능하다. 기가입자의 경우, 등록 시 사용했던 이메일주소와 이름만 알려주면 OK.

○ **한국인 베스트셀러 3**(기타 제품은 p.78 참고) ❶ 레티놀 크림 Rentinol Cream(노화 방지) ❷ 멜라토닌 Melatonin(천연 수면 유도제) ❸ 프로바이오틱 10 Probiotic10(장건강, 변비 탈출 효과)

Multi Shopping Mall

투몬 샌즈 플라자 Tumon Sands Plaza

구찌, 보테가베네타, 지방시, 발렌시아가 등 엄격하게 선별된 고급 브랜드 10여 개가 입점해 있는 명품 쇼핑몰이다. 면세 혜택을 받으며 명품을 구입할 수 있다는 점에서 T 갤러리아와 비슷하지만 한결 여유로운 매장 분위기가 이곳만의 큰 장점이다. T 갤러리아에 있는 브랜드라 하더라도 서로 보유하고 있는 제품이 다를 수 있기 때문에 명품에 관심이 많은 쇼핑족들은 두 곳을 다 방문해 보는 것이 좋다. 이곳에는 데판야키와 불쇼로 유명한 일식 맛집 조이너스 케야키와 하와이 코나 커피를 맛보고 원두도 구입할 수 있는 호노룰루 커피, 베이비 백립과 멕시칸 음식으로 현지인들이 많이 찾는 칠리스 등 식음료도 매장도 알차게 입점해 있다.

주소 1082 Pale San Vitores Road, Tumon, Guam
위치 ❶ 하얏트 리젠시에서 PIC 방향으로 호텔 로드를 따라가다 왼쪽
❷ PIC, GPO 간 노란색 무료 셔틀버스 이용(팬데믹 기간 운휴)
운영 11:00~19:00
전화 671-646-6802
홈피 www.tumonsandsplaza.com
GPS 13.509670, 144.805614

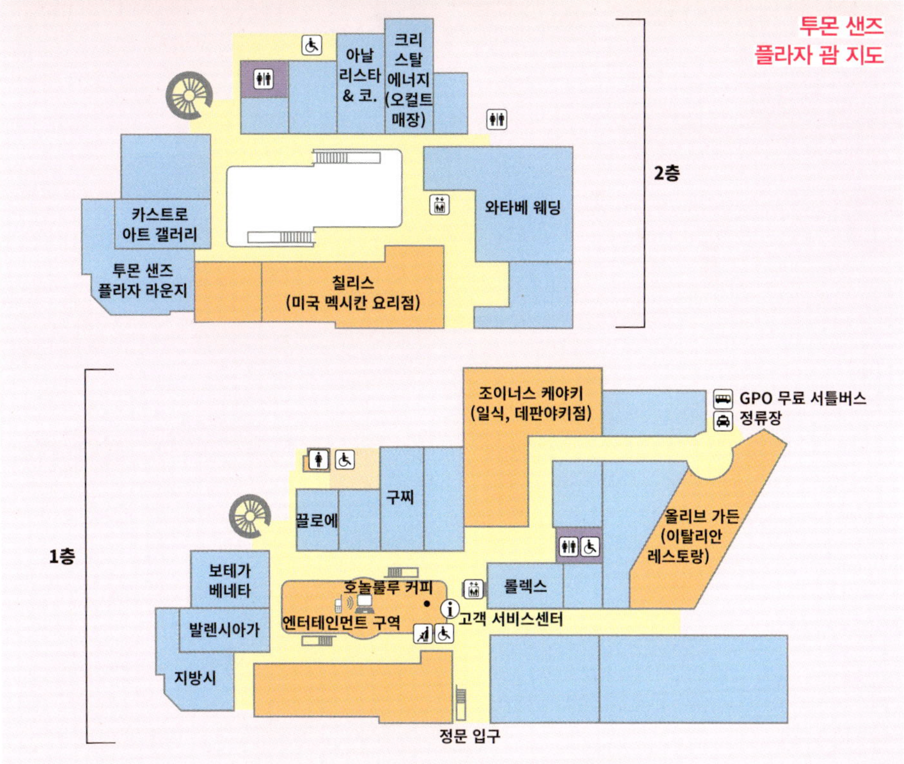

투몬 샌즈 플라자 괌 지도

2층

1층

Multi Shopping Mall

더 플라자 The Plaza

구찌, 코치, 마이클코어스, 롱샴, 비비안 웨스트우드, 레스포삭 등 고가 유명 브랜드에서부터 중가 브랜드에 이르기까지 패션 잡화 쇼핑을 즐길 수 있는 곳이다. 복합 쇼핑몰이라는 이름에 걸맞게 캘리포니아 피자 키친, 고디바 카페, 호노룰루 커피(팬데믹 기간 휴업) 같은 괌의 유명 맛집들도 즐비하고 기념품 및 간단한 식료품을 구입할 수 있는 ABC 마트, 언더워터월드 수족관, 레아레아 라운지(레아레아 셔틀트롤리 및 각종 투어 예약), 하드 록 카페(팬데믹 기간 휴업)와 같은 펍, 라이브 음악을 들을 수 있는 뱀부 바(두짓 비치 리조트 내) 등과도 연결돼 있다.

주소 1225-1275 Pale San Vitores Road, Tumon Bay, Guam
위치 T 갤러리아 맞은편
운영 팬데믹 기간 단축 운영 11:00~19:00
전화 671-649-1275
GPS 13.515167, 144.806003

Multi Shopping Mall

아가냐 쇼핑센터 Agana Shopping Center

아가냐에 위치한 쇼핑센터로, 관광객들이 머무는 쇼핑 중심지에서 벗어나 있어 상대적으로 현지인들의 이용이 많은 곳이다. 각종 의류, 잡화, 건강식품, 게임, 슈퍼마켓 등 생활 밀착형 매장들이 주를 이룬다. 특히 현지인과 관광객들 모두에게 인기 있는 창고형 매장 로스 3호점이 2022년 3월 문을 열어 주목을 끈다. 카프리초사, 웬디스, 타코벨, 판다 익스프레스 같은 알짜 레스토랑들도 입점해 있어 스페인 광장이나 차모로 빌리지 등을 관광할 때 방문하면 좋다.

주소 302 South Route 4 O'brien Drive, Hagatna, Guam
위치 ❶ 투몬에서 1번 도로를 타고 아가냐로 진입한 뒤 원형 교차로를 이용해 왼쪽 4번 도로로 진입
❷ 레드 셔틀버스 이용
운영 10:00~20:00 **전화** 671-472-5027
홈피 www.aganacenter.com
GPS 13.470943, 144.755968

Supermarket

페이레스 슈퍼마켓 Pay-Less Supermarkets

현지인들이 많이 찾는 대형 슈퍼마켓이다. K마트에 없는 신선한 야채와 과일, 육류 등 신선식품, 생필품, 의약품들이 충실하게 갖춰져 있고, 대체로 K마트보다 저렴하다는 점, 24시간 영업(매장에 따라 다름)한다는 점이 장점이다. 단, 현지인들 중심이다 보니 한국인들이 주로 찾는 제품은 없거나 제품의 다양성은 떨어지는 편이다.

위치 마이크로네시아 몰 내, 리가 로열 라구나 괌 리조트 근처 등
운영 24시간(매장마다 다름)
GPS 13.498180, 144.776322

Supermarket

코스트 유 레스 Cost U Less

물류 창고형 대형 마트로 코스트코 같은 곳이지만 멤버십이 필요 없어 누구나 이용할 수 있다. 냉동식품이나 육류, 과일 같은 신선식품을 비롯한 먹거리부터 생활용품, 전자제품에 이르기까지 생활에 필요한 건 다 있다. 괌 그 어느 곳보다 싸다는 장점이 있지만 거의 대량 포장으로 판매하여 초콜릿같이 무난하게 누구에게나 줄 수 있는 선물 구입이나 콘도형 숙소에 대가족이 머물 경우 장보기(특히 스테이크용 고기)에 적합하다.

주소 265 Chalan San Antonio Road, Guam
위치 GPO를 바라보고 오른쪽
운영 07:00~22:00　　**전화** 671-649-4744
홈피 www.costuless.com
GPS 13.491777, 144.781236

Supermarket

 ABC 스토어 ABC Store

우리나라 편의점 같은 개념의 소형 마트이다. 하지만 컵라면, 초밥, 샌드위치, 음료수 등 간단한 먹거리뿐 아니라 화장품, 의약품, 기념품, 비치웨어 등도 알차게 구비하고 있다. K마트에서 구입하는 인기 먹거리와 의약품 대부분이 이곳에서 판매되지만 살짝 비싸다. 다른 어느 곳보다 기념품의 품질, 다양성이 좋아 기념품 구입은 역시 ABC 스토어다.

위치 더 플라자를 비롯해서 투몬 지역 호텔 로드 곳곳에 위치
운영 08:00~23:00(매장에 따라 다름)
홈피 www.abcstores.com
GPS 13.513524, 144.805783

more & more ABC 스토어엔 뭐가 있지?

여러 지점으로 운영되는 ABC 스토어에서는 다양한 제품들을 한곳에서 만날 수 있다. 꼭 필요한 것이 없어도 예쁘고, 실용성 있는 아이템에 시간 가는 줄 모르고 구경하게 되는데, 그중 눈에 띄는 아이템 몇 가지를 소개한다.

❶ **마카다미아 너트**
미니 사이즈 마카다미아 너트. 여행하는 동안 가방에 넣고, 입이 심심할 때 하나씩!

❷ **에어본**
초기 감기 및 피로회복에 좋은 발포비타민. K마트에는 없다!

❸ **바나나 보트 선크림**
자외선차단지수(SPF)100이라는 놀라운 수치를 자랑한다. 꼭 사자.

❹ **괌 맥주**
오직 괌에서만 만날 수 있는 한정 맥주! 망고, 사과, 바나나 등 다양한 맛을 즐겨 보자.

❺ **스노클링 마스크**
괌 물놀이의 필수 장비. 비싸지 않아요. 한국에서 굳이 안 챙겨 와도 돼요~

Supermarket

K마트 Kmart

미국 미시간주에서 시작하여 괌은 물론 미 전역에 천여 개 이상의 매장을 갖고 있는 대형 마트로 24시간 운영된다. 우리나라의 이마트와 같은 개념으로, 미국에서 볼 수 있는 각종 군것질거리와 생활용품, 주방용품, 가정상비약, 장난감 등 각종 살거리들로 가득하다. 저렴한 가격에 미국 유아용품을 구입할 수 있어 예비 엄마들의 쇼핑 필수 코스 중 하나이기도 했지만, 팬데믹을 겪으며 해당 제품은 더 이상 판매하지 않는다.

주소 404 N Marine Corps Drive Upper, Tumon, Guam
위치 퍼시픽 스타 리조트 맞은편에 있는 투몬 베이 로드를 따라 직진
운영 24시간 **전화** 671-649-9878
홈피 www.kmart.com
GPS 13.500184, 144.800090

more & more K마트엔 뭐가 있지?

미국에서 월마트와 어깨를 나란히 하는 K마트. 24시간 연중무휴로 운영되는 데다 제품의 종류도 다양해 지나치기 쉽지 않다. K마트에서 사 두면 좋을 아이템을 지금 만나 보자!

❶ 컵라면
웬만한 한국 라면은 다 있다.
하물며 끓여 먹는 짜파게티, 너구리도 있다.

❷ 가향 원두커피
원두 자체의 향보다 달콤하고 부드러운 가향을 즐긴다면 강력 추천.

❸ 스팸
데리야키, 초리조, 할라피뇨, 블랙페퍼, 갈릭, 핫 & 스파이시 등등 한국에는 없는 다양한 맛을 즐기자.

❹ 센트룸
전세계 판매율 1위를 자랑하는 미국의 대표 종합 비타민. 국내에서 판매되는 것보다 가격이 좋다.

❺ 지퀼
한국에서 판매하지도, 직구로 구매하지도 못하는 멜라토닌 성분의 수면유도제 중 하나이다.

❻ 팬케이크 가루
조식으로 먹은 미국식 팬케이크 맛에 반했다면 한두 개 챙겨 보자.

Supermarket

 캘리포니아 마트 California Mart

한국인이 운영하는 대형 마트로 한국 라면과 과자, 주류 등은 기본이고 김치를 비롯해서 나물, 밑반찬, 젓갈류까지 한국의 어느 마트를 그대로 옮겨 놓은 듯하다. 한국 요리에 필요한 거의 모든 식재료를 구비하고 있고 고기나 야채 등도 저렴해, 해변에서 바비큐를 즐기거나 콘도형 호텔에서 지내며 한국 스타일을 고수하고자 할 때 이곳에서 장을 보면 된다.

주소	Chalan San Antonio Road, Tamuning, Guam
위치	GPO에서 약 400m
운영	06:00~24:00
전화	671-649-0521

GPS 13.492773, 144.783145

Market

 데데도 새벽시장 Morning Market at Dededo

실제 현지인들이 애용하던 주말 새벽시장이 관광객들에게까지 널리 알려지기 시작하면서 현지인들의 실생활을 경험해 보고 싶어 하는 여행자들의 발길이 이어지고 있다. 망고, 코코넛 같은 열대 과일이며 야채, 생선, 꽃이나 나무, 수공예품, 옷, 액세서리 등 일반 재래시장에서 볼 수 있는 모든 것이 판매된다. 하지만 여기서 거래되는 대부분의 제품이 디자인이나 품질 면에서 우리 눈에 차지 않고 가격마저 그리 싸지 않아 윈도 쇼핑으로 만족하는 경우가 많다. 그래도 이곳이 매력적인 것은 꼬치구이 같은 차모로 음식은 물론 필리핀 간식과 일본 관광객들을 대상으로 한 일본식 요깃거리까지 저렴한 가격에 마음껏 즐길 수 있다는 것. 어찌 보면 호텔식 뷔페보다 소박한 시장 음식으로 더 큰 추억을 남길 수도 있을 것이다.

위치
❶ 1번 도로를 타고 마이크로네시아 몰 앞을 지나 약 5분쯤 더 직진하면 교차로 너머 오른쪽으로 장 선 것이 보인다.
❷ 주요 호텔 정거장을 거쳐 새벽시장까지 셔틀버스가 운행된다(팬데믹 기간 운휴).

운영 토·일 06:00~10:00

GPS 13.521579, 144.829025

Tip | 벼룩시장, 마트 쇼핑까지 한번에!

데데도 새벽시장 Dededo Flea Market에서 동쪽으로 1km 떨어진 곳에 같은 시간 벼룩시장이 열린다. 24시간 영업하는 페이레스 슈퍼마켓 앞에 위치해 마트 쇼핑까지 한 번에 즐길 수 있다.

Special Food
새벽시장의 잇 푸드!

새벽시장은 자고로 뭔가를 '사러 가는 것'이 아니라 '먹으러 가는 것'이라는 사람들을 위한 팁.
1. 가기 전에 공복을 유지하자.
2. 맛있다고 한꺼번에 배 채우지 말 것. 여기저기 맛있는 게 많다.
3. 포장해 가면 그 맛이 떨어진다.

타호
따뜻한 연두부 위에 타피오카를 얹어 준다. 담백하고 부드러운 두부에 달콤한 타피오카가 아주 잘 어울린다.

꼬치구이 바비큐
괌의 대표적인 전통 음식이면서 우리 입맛에도 딱 맞는 꼬치구이. 돼지고기와 닭고기 중 선택할 수 있다.

부코 판단
코코넛 밀크에 젤리 알갱이가 씹히는 냉음료. $1에 타피오카를 추가할 수 있다.

와사비 코코넛
코코넛 음료를 다 마시고 나면 간장과 와사비에 과육을 찍어 먹는다. 신기하게 회 맛이 난다.

찹쌀 & 코코넛 밀크
코코넛 밀크에 찹쌀과 팥 찐 것을 섞어 따뜻하게 먹는다. 죽이라고 하기엔 찹쌀 알갱이가 살아 있어 쫀득하게 씹히는 맛이 있다.

비빙카
코코넛 즙을 발효시킨 막걸리로 반죽해 찐 일종의 술빵.

쿠친타
우리의 찹쌀떡과 비슷한 맛으로, 위에 코코넛 가루를 뿌려 먹는다.

바나나 룸피아
바나나에 춘권을 말아 기름에 튀겨 낸 것으로 겉은 바삭하면서 속은 일반 바나나보다 훨씬 달콤해 중독된다.

Restaurant

레스토랑

괌 먹을거리
괌 레스토랑

중심지에서 맛보는 뜨는 먹거리
투몬 & 타무닝 Tumon & Tamuning

투몬과 타무닝을 벗어나도 넘치는 먹거리
그 외 지역 Other Places

추천
프로아 레스토랑 Proa Restaurant

오래도록 괌을 대표하는 로컬 맛집으로 명성이 자자해. 피크 시간대에는 예약이나 웨이팅이 필수인 곳이다. 프로아 최고의 메뉴는 감칠맛 나는 소스의 소갈비, 돼지갈비, 닭고기를 한꺼번에 맛볼 수 있는 트리오 바비큐Big Feller Trio이다. 여기에 간장과 참기름으로 잘 양념 된 두툼하고 찰진 참치를 크레이프에 싸서 와사비 버터 소스에 찍어 먹는 베가스 퍼스Beggar's Purse는 프로아만의 창의적 작품(?)으로 꼭 한번 맛볼 것을 추천한다. 아가냐 차모로 빌리지 앞에 있던 2호점은 팬데믹 기간 폐점했다.

위치 이파오 비치 입구
운영 11:00~14:00, 17:00~21:00
요금 트리오 바비큐 $24.95, 베가스 퍼스 $15.95
전화 671-646-7762
GPS 13.501441, 144.789398

추천
피카스 카페 & 리틀 피카스 Pika's Cafe & Little Pika's

세계적인 여행정보 사이트 트립어드바이저에서 300여 개의 괌 레스토랑 중 1위에 랭크된 바 있는 맛집 중의 맛집이다. 손님 중 90% 이상이 현지인일 만큼 현지인의 눈높이에 맞춰 합리적인 가격대를 유지하고 있고 스태프도 친절하다. 샌드위치, 파니니, 햄버거 등 미국식 메뉴들은 물론, 아침이나 브런치로 인기 많은 에그베네딕트나 한국인 입맛에도 잘 맞는 각종 라이스 요리도 준비돼 있다. 피카스 카페는 관광객들에게도 인기를 얻자 시내 한가운데 2호점 리틀 피카스를 냈다. 접근성이 좋은 만큼 늘 관광객들로 북적인다.

주소 피카스 카페 888 North Marine Corps Drive, Star Building, Tumon, Guam
리틀 피카스 130 Pale San Vitores Road, Tumon, Guam
위치 피카스 카페 북부 마린 코프 드라이브 세인트 존스 스쿨 맞은편
리틀 피카스 T 갤러리아와 JP 슈퍼스토어 사이
운영 피카스 카페 07:30~15:00   리틀 피카스 07:30~15:00
요금 베네딕트 $15~, 라이스류 $13~
전화 피카스 카페 671-647-7452   리틀 피카스 671-647-7522
GPS 피카스 카페 13.507693, 144.810320   리틀 피카스 13.515305, 144.807145

추천
타시 그릴 Tasi Grill

Tumon & Tamuning

두짓타니 괌 리조트에 위치한 레스토랑으로, 수영장 옆 해변가에 자리해 있어 아름다운 투몬만과 새하얀 비치가 한눈에 들어온다. 낮에는 해수욕을 즐기는 여행객들의 쉼터나 브런치, 점심 식사 장소로, 늦은 오후에는 일몰 감상 포인트로, 저녁에는 라이브 음악을 들으며 제대로 된 정찬을 즐기는 곳으로 하루 종일 인산인해를 이루는 곳. 특히 바닷가 좌석은 경쟁이 치열한 만큼 예약이 필수이다. 간단한 식사로는 피시 & 칩스나 버거류, 피시타코 등이 있으며, 각종 해산물과 스테이트 등도 준비돼 있다.

주소 1227 Pale San Vitores Rd, Tamuning, Guam
위치 두짓타니 괌 리조트 수영장 옆
운영 11:00~23:00
요금 코코넛 슈림프 $18, 피시 & 칩스 $20(SC 10%)
전화 671-648-8525
홈피 www.dusit.com/dusitthani-guamresort
GPS 13.514450, 144.804489

추천
해비 히터스 Heavy Hitters

Tumon & Tamuning

팻보이 슬림Fatboy Slim이라는 이름으로 더 잘 알려진 엄지척 맛집 중 하나. 괌에서 찾기 힘든 저렴한 가격(?)에 풍성한 양. 재방문을 부르는 맛까지 삼박자를 고루 갖췄다. 유명 헬스 트레이너 출신의 오너가 푸드 트럭으로 시작했으며, 2018년에는 현지인들이 뽑은 괌 베스트 맛집으로 선정된 바 있다. 지금은 후지타 해변 근처 투몬 트레이드 센터 내 터를 잡고 영업 중이며, 핑크색 건물의 이국적 분위기로 포토 스폿으로도 유명하다. 이곳의 메뉴는 닭고기, 소고기, 소시지, 각종 해산물 중 선택할 수 있는 바비큐류와 두툼한 패티에 육즙이 가득한 버거로 크게 나눌 수 있다. 매장 내 식사는 물론 테이크아웃도 가능하다.

주소 144 Fujita Rd STE 101, Tamuning, Guam
위치 그랜드 플라자 호텔 건너편의 골목길 후지타 로드Fujita Road로 200m 들어가 오른쪽의 분홍색 건물(투몬 트레이드 센터)
운영 월~토 09:00~20:00
　　 휴무 일요일
요금 바비큐 콤보 $17
전화 671-686-4389(왓츠앱)
GPS 13.509798, 144.803694

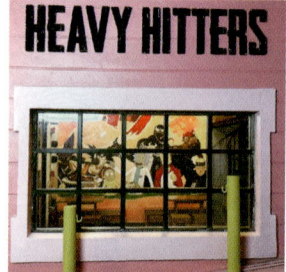

Tumon & Tamuning

선셋 바비큐 Sunset BBQ

해넘이가 아름다운 투몬만의 비치에서 석양을 바라보며 바비큐(소고기, 해산물, 야채를 비롯해 디저트 제공)를 맛보는 특별한 디너를 즐길 수 있다. 비치를 끼고 있는 대부분의 리조트에서는 전통쇼까지 준비된 선셋 바비큐를 선보이는데, 가족 여행객들에게 특히 인기가 많다. 음식 구성이나 분위기, 가격 등은 대동소이하나, 쇼 공연은 팬데믹 기간 진행되지 않고 있다.

비치 하우스 그릴 Beach House Grill
- **위치** 두짓 비치 리조트 내 **운영** 1회차 17:30, 2회차 19:30
- **요금** 믹스 바비큐(밥, 국, 면류, 디저트 포함) $60~
- **전화** 671-649-9000
- **GPS** 13.515550, 144.805218

세일즈 바비큐 Sails BBQ
- **위치** 더 플라자와 괌 리프 리조트 사잇길을 따라 비치 쪽으로 내려가면 정면에 위치
- **운영** 18:00~22:00
- **요금** 바비큐(샐러드바 및 음료 포함) $49~
- **전화** 671-649-6262
- **GPS** 13.51586, 144.80550

> **Tip | 전통쇼**
> 팬데믹 전에는 바비큐보다 전통쇼가 하이라이트였다. 화려한 전통 복장의 댄서들이 무대에 올라 흥겹게 폴리네시안 전통춤을 추며 좌중의 분위기를 끌어올리고, 열광적인 박수와 함께 불쇼로 대미를 장식했다. 전통쇼를 선보이는 리조트는 PIC, 니코, 하얏트, 힐튼 등이었다.

추천   Tumon & Tamuning

반 타이 Ban Thai

태국 음식을 좋아하는 사람들의 절대적인 지지를 받는 곳. 요리사가 태국 북부 출신으로 쏨땀이나 팟타이, 커리 등 한국인들에게 익숙한 음식들을 다루며 맛도 좋고, 양도 많으며 가격도 합리적이다. 특별 메뉴로 목·토요일에는 타이 전통 국수, 수·일요일에는 카오소이(북부 코코넛 커리 국수)가 준비돼 있다. 인기 맛집답게 오픈 시간부터 사람들로 북적인다.

- **주소** Pale San Vitores Road, Tumon, Guam
- **위치** 투몬 샌즈 플라자를 바라보고 오른쪽으로 300m, 아칸타 몰 맞은편
- **운영** 11:00~14:00, 16:30~21:00 **휴무** 화요일
- **요금** 쏨땀 $9.75, 팟타이 $12(SC 10%)
- **전화** 671-649-2437
- **홈피** www.banthaiguam.com
- **GPS** 13.508158, 144.802932

Tumon & Tamuning

니지 Niji

초밥과 생선회를 사랑하는 사람들을 위한 베스트 초이스라 할 수 있다. 현지인들은 물론 한국인 관광객들에게까지 소문이 자자한 니지의 일식 뷔페는 각종 회와 데판야키, 샤브샤브, 소바, 튀김, 디저트까지 마음껏 즐길 수 있다. 가성비 좋은 뷔페인 만큼 좌석 예약은 필수. 홈페이지나 구글 맵에서 예약 가능하다.

주소 1155 Pale San Vitores Road, Tumon, Guam
위치 하얏트 리젠시 호텔 로비 층
운영 런치 11:30~14:00
 디너 18:00~21:00
요금 런치 뷔페 $35
 디너 뷔페 $48(SC 10%)
전화 671-647-1234
GPS 13.513260, 144.804781

Tumon & Tamuning

추천

조이너스 케야키 Joinus Keyaki

괌에서 맛있다고 손꼽히는 일본식 철판볶음(데판야키) 전문점. 요리사들이 직접 손님 앞에서 요리를 하며 불쇼와 같은 화려한 퍼포먼스를 선보여 보는 재미도 있다. 런치와 디너의 가격 차이가 크기 때문에 점심때는 특히 인기. 등심, 닭고기, 베이컨, 새우, 연어, 가리비 등의 구성에 따라 메뉴를 선택할 수 있으며, 마지막에는 한국식으로 밥도 볶아준다. 고등어구이, 대구조림과 같은 단품 세트 메뉴도 있다.

주소 1082 Pale San Vitores Road, Tumon Sands Plaza Barrigada, Guam
위치 투몬 샌즈 플라자 1층
운영 런치 11:00~14:00
 디너 17:30~21:00
요금 런치 데판야키 $29.50,
 런치 세트 메뉴 $20~(SC 10%)
전화 671-646-4033
GPS 13.509177, 144.805554

Tumon & Tamuning | Other Places

추천
비친 슈림프 Beachin Shrimp

새우요리 전문점으로 한국인 관광객들 사이에서 절대적인 사랑을 받으며 3호점까지 문을 열었다. 다양한 새우 메뉴 중 넘버원 베스트셀러는 코코넛 슈림프 Coconut Shrimp with Sweet Potato Fries. 코코넛 가루를 입힌 통통한 새우튀김과 감자튀김은 맥주를 절로 부른다. 본격적인 식사 시간에는 대기 줄이 상당히 길기 때문에, 테이크아웃을 해 가는 사람들이 많다. 더 플라자 1층에 있던 1호점은 팬데믹 기간 문을 닫았다.

주소 **2호점** 210 Pale San Vitores Road Tamuning, Guam
3호점 1088 W Marine Corps Dr. Suite C132, Micronesia Mall Dededo, Guam
위치 **2호점** PIC 건너편
3호점 마이크로네시아 몰 내(로스 근처)
운영 11:00~21:00(매장마다 다름)
요금 코코넛 슈림프 $18.99, 감바스 $17.99(SC 10%)
전화 **2호점** 671-989-3224 **3호점** 671-989-3226

GPS **2호점** 13.501814, 144.792838
3호점 13.519541, 144.818461

Tumon & Tamuning

소이 SOI

반타이와 함께 괌을 대표하는 타이 음식 전문점이다. 두짓타니 괌 리조트에 위치한 만큼 고급스러운 분위기와 투몬만이 한눈에 내려다보이는 멋진 전망이 큰 차별점이다. 창가 자리는 예약 필수이며, 특히 아름다운 일몰을 보려는 사람들로 해 질 무렵 경쟁이 치열하다. 두짓타니 투숙객들은 골드멤버십 가입이 가능하며, 회원에 한해 다이닝 20% 할인(소이 포함) 혜택이 주어진다.

주소 1227 Pale San Vitores Rd, Tamuning, Guam
위치 두짓타니 괌 리조트 3층
운영 디너 17:00~21:00
요금 커리 $24~, 팟타이 $20~ (SC 10%)
전화 671-648-8525
홈피 www.dusit.com/dusitthani-guamresort

GPS 13.514130, 144.804932

Tumon & Tamuning

캘리포니아 피자 키친 California Pizza Kitchen

한번 먹어 보면 다시 생각날 만큼 맛있는 피자와 파스타 전문점이다. 대부분은 바비큐를 토핑한 피자류를 선호하지만 야채를 좋아하는 여성들이나 신선하고 깔끔한 맛을 좋아하는 이에게는 토마토, 양상추, 아보카도를 올린 캘리포니아 클럽 피자도 좋은 선택이 될 수 있다. 스파게티 중에서는 매콤한 쿵 파오 소스에 마늘, 양파, 땅콩, 레드 칠리와 새우를 넉넉히 넣은 쿵 파오 스파게티Kung Pao Spaghetti를 추천한다. 무난한 치킨 샐러드 대신 땅콩과 튀긴 국수, 나초, 닭 가슴살이 매콤달콤한 소스와 조화를 이루는 타이 크런치 샐러드Thai Crunch Salad로 변화를 주는 것도 좋다.

- 주소 **투몬점** 1225 Pale San Vitores Rd, Tamuning, Guam
  아가냐점 178 W Soledad Ave, Hagatna, Guam
- 위치 **투몬점** 더 플라자 2층
  아가냐점 괌 박물관에서 도보 3분
- 운영 **투몬점** 11:00~21:00, 금 · 토 11:00~22:00
  아가냐점 07:00~21:00
- 요금 샐러드 $12.50~, 피자 $13.50~, 파스타 $13.50~
- 전화 **투몬점** 671-647-4777 **아가냐점** 671-472-4777
- 홈피 www.cpkguam.com

> GPS **투몬점** 13.51364, 144.80568
> **아가냐점** 13.47642, 144.75319

추천

Tumon & Tamuning

에그앤띵스 Egg's n Things

하와이의 유명 맛집이 괌에도 상륙했다! 엄청난 입소문으로 도쿄, 후쿠오카 등 일본 전역을 강타하며 해외 체인을 늘려 가는 중. 이곳의 인기 메뉴는 오믈렛과 팬케이크, 크레페, 와플 등으로 푸짐한 양을 자랑한다. 비싼 호텔 조식 대신 찾는 사람들도 많은데, 쌀밥을 선호하는 사람들에겐 흰밥에 함박스테이크, 계란프라이가 올라가 있는 하와이안 로코 모코Hawaiian Loco Moco가 딱이다.

- 주소 1317 Pale San Vitores Road, Tumon, Guam
- 위치 괌 리프 리조트 옆(맥도날드 앞)
- 운영 07:00~14:00, 16:00~23:00
- 요금 로코 모코 $12, 오믈렛 $11~,
  팬케이크 $10(SC 10%)
- 전화 671-648-3447
- 홈피 www.eggsnthingsguam.com

> GPS 13.516009, 144.807002

Tumon & Tamuning

토니 로마스 Tony Roma's

한때 한국에서도 인기를 누렸던 프랜차이즈 패밀리 레스토랑인 만큼 우리 입맛에도 잘 맞는 곳이다. 토니 로마스의 최고 베스트셀러는 베이비 백립. 입에 착착 감기는 달콤한 소스와 부드럽게 씹히는 고기로, 특히 어린아이를 동반한 가족 여행객들에게 큰 인기를 얻고 있다. 돼지고기보다 소고기를 선호하는 사람들은 밥과 함께 나오는 비프 쇼트립도 좋은 선택이 될 수 있다. 대중적인 패밀리 레스토랑답게 샐러드, 파스타, 햄버거, 샌드위치, 각종 그릴 등 메뉴 선택의 폭이 넓다.

위치 로열 오키드 호텔 1층
운영 11:00~22:00
요금 립 $19~, 파스타 $21~, 샐러드 $15~
전화 671-646-0017
GPS 13.502606, 144.794954

Tumon & Tamuning | Other Places

자메이칸 그릴 Jamaican Grill

경쾌하게 흘러나오는 레게 음악과 알록달록한 실내 인테리어로 남아메리카의 분위기를 물씬 풍기는 자메이카식 바비큐 전문점이다. 괌 어디에도 없는 독특한 바비큐 맛의 비법은 바로 자메이카에서 직접 공수한 향신료로 만든 전통 저크 소스Jerk Sauce. 가장 인기 있는 메뉴는 저크 치킨 & 립 콤보Jerk Chicken & Ribs Combo로, 포장해 가는 손님도 많다.

주소 투몬점 588 Pale San Vitores Road, Tumon, Guam
　　　아가냐점 Bldg. 12 Chamorro Village, Hagatna, Guam
위치 투몬점 PIC 맞은편 상가 2층
　　　아가냐점 차모로 빌리지 내 전통 댄스 공연장 앞
운영 10:00~21:00 휴무 12월 25일, 1월 17일
요금 저크 치킨 & 립 콤보 $14.95~
전화 투몬점 671-647-4000 아가냐점 671-472-2000
홈피 www.jamaicangrill.com
GPS 투몬점 13.502466, 144.794330
　　　아가냐점 13.478081, 144.751723

Tumon & Tamuning

테이스트 Taste

웨스틴 리조트 괌 내에 위치한 메인 레스토랑이다. 투숙객들이 이용하는 조식 외 런치, 디너는 현지인들 사이에서도 유명해, 5년 연속 현지인들이 뽑은 괌 최고의 음식점이라는 타이틀을 유지하고 있다. 특히 놓치지 말아야 할 것은 합리적인 가격의 평일 런치 뷔페. 오픈 키친 콘셉트로 셰프가 직접 왕새우와 게, 홍합 등 해산물을 눈앞에서 요리해 준다. 이 외에도 바비큐를 비롯한 각종 육류 요리, 볶음밥과 다양한 샐러드, 디저트 등 먹거리가 풍성하다. 런치보다 더 많은 메뉴를 자랑하는 디너 뷔페는 주류가 포함돼 있어 주목할 만하다.

주소 105 Gun Beach Road, Tamuning, Guam
위치 T 갤러리아에서 JP 슈퍼스토어 방향으로 5분 정도 걸어가 왼쪽, 웨스틴 리조트 1층
운영 조식 06:30~10:00 런치 11:30~14:30
디너 18:00~21:00(팬데믹 기간 운영 요일 및 시간 변동)
요금 평일 런치 뷔페 $43 디너 $54~(SC 10%)
전화 671-647-0991   홈피 westin.marriott.com
GPS 13.517926, 144.806670

추천   Tumon & Tamuning
메스클라도스 Meskla DOS

일명 '도스 버거'라는 애칭으로 더 많이 알려져 있으며, 괌의 수제 버거 맛집 넘버원 자리를 오래도록 지켜온 터줏대감 같은 곳이다. 본점은 K마트 건너편에 있는데, 워낙 큰 인기를 얻어 시내 한가운데 2호점을 냈다. 베스트 메뉴는 육즙이 살아 있는 두툼한 패티에 치즈를 얹은 그릴 치즈 버거, 베이컨과 계란프라이가 추가되고 매콤한 란체루 소스로 맛을 돋운 란체루 버거, 통새우가 들어 있는 새우 버거이다.

주소 1호점 413 A&B N. Marine Corps Drive, 14A, Tamuning, Guam
2호점 1317 Pale San Vitores Road, Tamuning, Guam
위치 1호점 K마트 앞
2호점 JP 슈퍼스토어 근처
운영 11:00~21:00
(2호점은 팬데믹 기간 휴업)
요금 햄버거 $11~
전화 1호점 671-646-6295
2호점 671-647-6296
GPS 1호점 13.501870, 144.799153
2호점 13.516717, 144.807610

Tumon & Tamuning

로이스 Roy's

힐튼 괌 리조트 내 위치한 퓨전 레스토랑. 미국 요리사 베스트 10에도 선정된 바 있는 로이 야마구치 씨가 운영하는 레스토랑 체인이다. 맛과 양을 동시 만족시키는 스테이크는 한국인이 많이 찾는 메뉴. 2021년 괌 최고의 로맨틱 레스토랑으로 선정된 만큼, 투몬만이 한눈에 보이는 창가 자리 경쟁이 치열하다.

주소 202 Hilton Road, Tumon, Guam
위치 힐튼 괌 리조트 1층
운영 **런치** 화~금 11:30~14:00
　　　디너 목~일 17:30~21:00, 금·토 17:30~22:00
요금 런치 3코스 $36(SC 10%)　**전화** 671-646-1835
홈피 www.hiltonguamresort.com
GPS 13.505117, 144.786575

Tumon & Tamuning

타코스 시날로아 Tacos Sinaloa

한국인들은 잘 모르는 현지인 맛집으로 저녁에는 웨이팅도 있을 정도. 특히 타코나 퀘사디아, 나초 같은 멕시칸 음식을 좋아하는 사람이라면 꼭 한번 가볼 만하다. 타코에는 기본적으로 고수가 얹어져 나오기 때문에, 고수를 싫어한다면 주문 시 빼줄 것을 요청해야 한다.

주소 1010 Pale San Vitores Rd, Suite 102, La Isla Plaza, Tumon, Guam
위치 투몬 샌즈 플라자에서 남쪽으로 300m
운영 화~일 12:00~21:00 **휴무** 월요일
요금 타코 $17.45, 퀘사디아 $13.95(SC 10%)
전화 671-648-8226
GPS 13.508007, 144.804182

Tumon & Tamuning

햄브로스 Hambros

괌의 수많은 수제 버거 맛집 중 절대강자 '도스 버거'에 대적할 만큼 인기를 끌고 있는 곳이다. 이곳의 대표 메뉴는 와사비 마요를 곁들인 아보카도 버거와 통새우 구이 위에 튀긴 양파를 얹은 그릴드 슈림프 버거. 신선한 재료를 아낌없이 얹어 맛과 식감이 남다르다. 버거 단품에 $5만 추가하면 사이드(감자튀김, 고구마튀김, 양파튀김 중 1개)와 탄산음료가 추가되는데, 감자 혹은 고구마튀김 양이 어마어마하다. 2명이 가면 세트 메뉴는 하나로도 충분하다.

주소 1108 Pale San Vitores Rd, Tamuning, Guam
위치 투몬 샌즈 플라자에서 도보 2분
운영 수~월 11:00~22:00 **휴무** 화요일
요금 햄버거 $9~, 사이드메뉴 $5
전화 671-646-2767
GPS 13.510076, 144.806351

Tumon & Tamuning

오니기리 세븐 Onigiri Seven

오니기리, 롤, 포케, 일본식 커리, 야키소바 등을 포장 판매하는 일식 테이크아웃 전문점이다. 헤비한 고기류나 밀가루 음식보다 쌀이 들어간 가벼운 식사를 원하거나 야외 나들이용 도시락이 필요한 사람, 가성비 좋은 식사를 원하는 사람들이 많이 찾는다.

주소 1180 pale sanvitres Rd Tumon Guam
위치 하얏트 호텔 입구 건너편   **운영** 08:00~21:00
요금 오니기리 $1.50~, 참치 포케 $6, 커리 $3.50~
전화 671-649-7775
GPS 13.511770, 144.806224

추천   **Tumon & Tamuning**

고디바 카페 Godiva Cafe

벨기에를 대표하는 고급 초콜릿 브랜드로 유럽과 미국, 아시아 전역에 300여 개의 매장을 갖추고 있다. 우리나라에도 들어와 있지만 가격이 만만치 않아 그 맛을 아는 사람도 선뜻 사 먹기 힘든 게 사실. 하지만 물가 비싼 괌에서 식후 디저트로 이만큼의 만족도를 주는 것도 드물다. 정통 유럽 다크 초콜릿 드링크와 소프트 아이스크림이 가장 인기다. 선물용으로 고디바 프레즐도 많이 구입한다.

주소 Pale San Vitores Road, Barrigada, Guam
위치 언더워터 월드 1층. T 갤러리아의 건너편
운영 팬데믹 기간 10:00~23:00   **전화** 671-647-0069
GPS 13.514294, 144.805605

Tumon & Tamuning

우오마루 혼텐 Uomaru Honten

스시, 롤, 사시미, 돈부리, 소바, 우동, 커리, 뎀뿌라 등 각종 일식이 총망라돼 있어, 일식판 김밥천국이라 할 수 있는 곳이다. 일식은 비싼 음식이라는 고정관념을 깨고 $6부터 시작해 다양한 가격대의 음식들이 준비돼 있어, 주머니가 가벼운 여행자들도 부담 없이 방문할 수 있다. 특히 대중적으로 사랑받는 메뉴를 $15 내외에 런치 세트로 판매해 주목할 만하다. 느끼하고 기름진 음식에서 탈출하고 싶을 때 방문하기 좋다.

주소 1371 Pale San Vitores Rd, Tamuning, Guam
위치 호텔 로드에서 웨스틴 리조트로 들어가기 바로 전 건물
운영 11:00~15:00, 17:00~23:00
요금 런치 세트 $13~(SC 10%)
전화 671-648-0901
GPS 13.517248, 144.807293

토리 Toh-Lee

Tumon & Tamuning

호텔 니코 맨 위층의 광둥요리 전문 레스토랑. 이곳을 유명하게 만든 것은 투몬만의 푸른 바다와 석양의 눈부신 아름다움이다. 전망 좋은 자리를 원한다면 오픈 시간에 맞추거나 예약하는 것이 좋다. 간단한 딤섬과 해산물, 볶음 요리를 즐기는 런치 뷔페는 인기가 좋다.

주소 245 Gun Beach Road, Tumon, Guam
위치 호텔 니코 16층
운영 런치 11:30~14:00 디너 18:00~22:00
요금 평일 런치 뷔페 성인 $38~, 어린이(4~11세) $21(SC 10%)
전화 671-647-2804   홈피 www.nikkoguam.co.kr
GPS 13.521859, 144.804163

인퓨전 커피 & 티 Infusion Coffee & Tea

Tumon & Tamuning

현지인들이 많이 찾는 커피 전문점으로 2014년 괌 베스트 커피로도 선정된 바 있다. 커피와 티, 스무디, 프라페 등 다양한 음료를 선택할 수 있으며, 특히 크레페와 컵케이크가 유명하다. 그 외에 파스타와 샌드위치 같은 식사용 메뉴도 있다. 괌 여러 곳에 매장이 있다.

주소 Marine Corps Drive, Tamuning, Guam
위치 웨스틴 호텔 맞은편 언덕길로 올라가 우회전. 혹은 GPO에서 마린 코프 드라이브로 나와 알루팡 비치 클럽 근처
운영 06:00~18:00(매장에 따라 다름)
요금 커피 $2.25~, 컵케이크 $2.95~
전화 피아 리조트 근처 671-647-0260
알루팡 비치 클럽 근처 671-646-0263
GPS 13.484350, 144.775558

하드 록 카페 괌 Hard Rock Cafe Guam

Tumon & Tamuning

록을 콘셉트로 한 전 세계적인 체인 바 & 레스토랑이다. 강렬한 비트의 음악도 음악이지만 천장 한가운데에 매달려 있는 자동차는 상식을 거부하며 새로움을 시도하는 록 정신의 표상인 듯하다. 내부 곳곳에는 엘비스 프레슬리나 비틀스 같은 유명 뮤지션들의 사진과 악기, 무대 의상 등 갖가지 수집품들이 전시돼 있고 밤에는 밴드 공연도 즐길 수 있어 젊은 관광객들의 발길이 끊이지 않고 있다. 낮에는 록 분위기 속에서 버거나 바비큐, 샌드위치 등을 즐기는 레스토랑으로, 밤에는 맥주 한잔 마시며 본격적으로 바 분위기에 젖어 보기 좋은 곳이다.

주소 1273 Pale San Vitores Road, Tamuning, Guam
위치 T 갤러리아 건너편, 두짓 비치 리조트 옆
운영 팬데믹 기간 임시 휴업
11:00~24:00
요금 음료 $5~, 스낵류 $16(SC 15%)
전화 671-648-7625
홈피 www.hardrock.com/cafes/guam
GPS 13.515018, 144.805790

Tumon & Tamuning | Other Places

카프리초사 Capricciosa

일본에 100여 개의 매장이 있을 만큼 인기 있는 프랜차이즈 정통 이탈리안 레스토랑이다. 엄청나게 큰 그릇에 해산물이 잔뜩 들어간 스파게티는 2~3인이 먹어도 넉넉할 정도로 양이 많다. 양이 적은 사람이라면 하프사이즈로 주문할 수도 있다.

베이컨, 페페로니, 버섯 등 기본적인 토핑에 충실하면서도 만족스러운 맛의 카프리초사 피자와 깊은 치즈 맛의 마르게리타 피자를 곁들이면 훌륭한 한 끼 식사가 완성된다.

위치 퍼시픽 플레이스점 웨스턴 리조트 맞은편, 퍼시픽 플레이스 2층
 아가냐점 아가냐 쇼핑센터 내 **로열 오키드 호텔점** 로열 오키드 호텔 내
운영 11:00~21:00 **요금** 파스타 $19.50~, 피자 $14.99~(SC 10%)
전화 퍼시픽 플레이스점 671-647-3746 **아가냐점** 671-472-1009
 로열 오키드 호텔점 671-646-9653
홈피 www.wdiinternational.com
GPS 타무닝점 13.517534, 144.807957 **아가냐점** 13.471614, 144.755480
 로열 오키드 호텔점 13.50233, 144.79485

Tumon & Tamuning

서울정 Seoul Jung

홀리데이 리조트가 직영하는 곳으로 청결 상태나 서비스, 인테리어 모두 호텔 레스토랑 수준이다. 양념 갈비, 삼겹살, 샤브샤브 등 각종 고기류도 많이들 찾지만 제육볶음 등 단품들도 인기다. 점심에는 불고기 혹은 갈비를 메인으로 찌개, 밥, 반찬이 곁들여지는 런치 스페셜 메뉴도 준비돼 있다.

주소 881 Pale San Vitores Road, Tumon, Guam
위치 홀리데이 리조트 M층
운영 런치 월~토 11:30~14:30 디너 월~일 17:30~22:00
요금 고기류 $20~, 전골류(2인) $40, 런치 스페셜 $24
전화 671-647-7272 **홈피** www.holidayresortguam.com
GPS 13.506913, 144.800712

Tumon & Tamuning

샴록 펍 Shamrock Pub

맥주 마니아라면 주목! 방송 〈원나잇 푸드트립〉에도 등장한 이곳은 40여 종의 다양한 맥주를 맛볼 수 있는 아이리쉬 펍이다. 비어 플라이트 Beer Flight라는 맥주 샘플러를 주문하면 맥주 리스트에서 4개를 선택해 맛볼 수 있다. 일반 맥주 외에도 칵테일, 논알코올 음료들도 다양하게 구비돼 있어 고르는 재미가 있다. 안주, 식사류도 맛있는데, 한국인은 드물다. 주말에는 디제잉과 함께 불타는(?) 밤을 보내려는 현지인들로 인산인해를 이룬다.

주소 1180 Pale San Vitores Road, Tamuning, Guam
위치 하얏트 호텔에서 도보 3분
운영 일~목 17:00~24:00, 금·토 17:00~02:00
요금 맥주 $5~, 안주류 $8~
전화 671-948-7426
GPS 13.511810, 144.806217

Tumon & Tamuning | Other Places

판다 익스프레스 Panda Express

미국에서 유명한 차이니즈 패스트푸드 전문점으로, 2018년 한국에도 입점하기 시작했다. 중국 음식 특성상 우리 입맛에도 잘 맞고 가격도 저렴해 부담 없이 먹기 좋다. 볶음밥류나 갈릭 치킨, 오렌지 치킨 같은 치킨 요리, 허니 월넛 슈림프가 메뉴들 중 특히 인기. 메인요리(앙트레) 2개와 사이드 1개를 선택할 수 있는 플레이트Plate는 2명이서 먹어도 될 만큼 넉넉하다.

위치 마이크로네시아 몰, GPO, 아가냐 쇼핑센터 내 등
운영 쇼핑센터 운영 시간 내 (매장마다 다름)
요금 메인 요리 $5~10, 사이드 요리 $4~5, 세트 메뉴 $8~

GPS 마이크로네시아 몰 13.520483, 144.817784
GPO 13.489820, 144.780872
아가냐 쇼핑센터 13.470159, 144.754763

Tumon & Tamuning | Other Places

시나본 Cinnabon

미국을 비롯해 세계 30개국에 500여 체인을 가지고 있는 시나몬 롤 전문 베이커리. 달고 열량이 높아 처음에는 주저하지만 시나몬의 향긋함과 아메리카노의 씁쌀한 맛이 환상의 궁합을 자랑하며 자꾸만 찾게 만드는 악마의 디저트(?)로 소문나 있다. 마이크로네시아 몰과 GPO 등에 입점해 있어 특히 쇼핑하다 지칠 때 방문하면 좋다.

위치 마이크로네시아 몰과 GPO 내
운영 11:00~20:00(매장마다 다름)
요금 시나본 클래식 $4.60

GPS 마이크로네시아 몰 13.521079, 144.817915
GPO 13.490023, 144.782604

Tumon & Tamuning

추천
론스타 스테이크하우스 Lone Star Steakhouse

맛있다고 소문난 스테이크 전문점 중 하나. 서부영화에 나올 듯한 실내 인테리어로 텍사스의 어느 패밀리 레스토랑을 방문한 듯한 인상을 준다. 풍부한 육즙의 고기 맛은 물론이고 두툼한 크기에 좋은 평가를 받고 있다. 스테이크와 립, 새우, 치킨 혹은 랍스터를 동시에 즐길 수 있는 콤보를 많이 찾는다. GPO 앞에 있는 롱혼LongHorn 스테이크 하우스는 맛과 가격 등 모든 면에서 론스타와 비슷하지만 접근성은 더 낫다.

주소 615 Marine Corps Drive, Tamuning, Guam
위치 GPO에서 1번 도로 쪽으로 한 블록 내려오면 바로 보인다.
운영 11:00~22:00
요금 뉴욕 스트립 $35, 텍사스 립아이 $38(SC 10%)
전화 671-646-6061
GPS 13.487477, 144.782384

Tumon & Tamuning

킹스 레스토랑 King's Restaurant

30여 년간 영업해 오며 다양한 메뉴, 저렴한 가격, 평균 이상의 맛으로 인기를 끌고 있는 패밀리 레스토랑이다. 24시간 문을 여는 만큼 조식 메뉴도 충실해 아침 일찍 찾는 사람들도 많다. 4종류의 육류 중 세 가지를 고를 수 있는 피에스타 플래터Fiesta Platter나 그레이비 소스에 계란프라이를 얹은 차모로식 볶음밥 로코 모코, 우리네 갈비탕과 비슷한 맛이 나는 비프 쉥크Beef Shank는 한국인 입맛에도 딱이다.

주소 Guam Premier Outlets, Tamuning, Guam
위치 GPO 메인 입구에서 나와 오른쪽 30m
운영 24시간
요금 피에스타 플래터 $18.40, 로코 모코 $15.30, 비프 쉥크 $17.85
전화 671-646-5930
GPS 13.488987, 144.783368

Tumon & Tamuning

루비 튜즈데이 Ruby Tuesday

일반적인 패밀리 레스토랑 분위기로 맛, 청결, 서비스 삼박자를 고루 갖췄다. 수제 버거, 스테이크, 시 푸드, 파스타 등의 다양한 메뉴는 물론 야채들로 채워진 샐러드바도 준비돼 있다. 고기나 기름기 많은 음식들이 주를 이루는 괌에서 신선한 야채가 생각나는 사람들에게 특히 만족도가 높은 곳이다.

주소 197 Chalan San Antonio Drive, Tamuning, Guam
위치 GPO 바로 앞
운영 11:00~22:00
요금 버거류 $13.05~, 샐러드바 $6.99, 스테이크 $20.20~, 파스타 $18.65~(SC 10%)
전화 671-647-7829
홈피 www.rubytuesday.com
GPS 13.489893, 144.783230

칠리스 그릴 & 바 Chili's Grill & Bar

괌 프리미어 아웃렛 근처에서 부담 없이 즐길 수 있는 패스트푸드 전문점이다. 퀘사디아, 파히타 같은 멕시칸 음식들을 필두로 각종 스테이크와 치킨, 피자, 파스타 등 일반 페밀리 레스토랑의 메뉴들을 제공한다. 비싸지 않은 가격에 메뉴의 다양성을 즐길 수 있다는 점이 매력적이다.

주소 1082 Pale San Vitores Rd, Tumon, Guam
위치 투몬 샌즈 플라자 내
운영 11:00~21:00
요금 파히타 $14.99~,
      스테이크 $25.99~,
      햄버거 $13.99~,
      파스타 $17.99~(SC 10%)
전화 671-648-7377
GPS 13.491099, 144.782928

더 프레지던트 니폰 The President Nippon

리가 로열 라구나 괌 리조트 내 위치한 일식 레스토랑이다. 전체적으로 좋은 평을 받지만, 특히 많은 사람의 추천을 받고 있는 것은 맛도 좋고 가격도 착한 런치 코스 데판야키다. 샐러드와 수프, 식전빵으로 시작해 관자나 치킨, 연어요리 중 선택 1, 데판야키, 갈릭라이스와 된장국, 마지막으로 디저트가 나온다.

주소 470 Farenholt Avenue, Tamuning, Guam
위치 리가 로열 리조트 로비 층
운영 런치 월~토 11:30~14:00
      디너 금~토 18:00~21:00
요금 런치 데판야키 코스 $28 (SC 10%)
전화 671-646-2222
홈피 www.rihga-guam.com
GPS 13.496548, 144.770992

셜리스 Shirley's

푸드코트 부럽지 않을 만큼 다양한 메뉴와 저렴한 가격에도 맛의 뒤처짐이 없는 패밀리 레스토랑이다. 가벼운 스낵부터 각종 디저트, 조식 메뉴, 10세 이하 어린이를 위한 키즈밀, 커리나 야키소바 같은 아시아 음식, 무게감(?)이 남다른 왕새우와 US 초이스 스테이크까지 없는 게 없다. 2개의 계란과 함께 소시지, 스팸, 토치노 등을 선택할 수 있는 콤보 메뉴는 $10~12 정도의 가성비 좋은 아침식사로 인기가 많다. 각 요리들은 밥과 함께 제공되며 $2의 추가 요금만 지불하면 볶음밥 혹은 마늘 밥으로 바꿔 먹을 수 있다.

- **위치** 타무닝점 온워드 비치 리조트에서 350m
  아가냐점 차모로 빌리지에서 피시아이 마린파크 방향으로 1km
- **운영** 07:30~21:00
- **요금** 브랙퍼스트 $10~, 런치 플래터 $16.50~, 믹스 그릴 $25, 스테이크 $22.55~
- **전화** 타무닝점 671-649-6622 아가냐점 671-472-8383
- **GPS** 타무닝점 13.492183, 144.776086
  아가냐점 13.477073, 144.743816

데니스 Denny's

24시간 영업하는 저렴한 패밀리 레스토랑으로, 이른 새벽 비행기를 타고 출도착하는 사람들의 출출한 배를 채우기에 딱 좋다. 볶음밥이나 오믈렛, 철판요리 등은 한 끼 식사로 그만. 좀 더 가벼운 메뉴를 찾는다면, 팬케이크나 샌드위치, 버거류도 있다. $17~23 정도의 뉴욕 스테이크 디너나 윙, 치킨 디너 등도 가성비로는 훌륭. 튀김류의 애피타이저를 선호한다면 치킨 텐더나 모차렐라 치즈 스틱, 크리스피 어니언 링, 치즈 퀘사디아 등으로 구성된 샘플러도 별미다. 전반적으로 기름지고 양이 상당히 많으므로 주문 시 참고할 것. 음료는 리필된다.

- **위치** 데데도점 마이크로네시아 몰 내
  타무닝점 GPO에서 도보 10분
- **운영** 24시간
- **요금** 철판요리 $12.99~, 샘플러 $10.99, 브렉퍼스트 $12.29
- **전화** 데데도점 671-637-1802
  타무닝점 671-646-1475
- **홈피** dennysofguam.com
- **GPS** 데데도점 13.520046, 144.817058
  타무닝점 13.489911, 144.787622

추천

한식당 세종 Sejong Korean Restaurant

2014년부터 매해 현지인들이 뽑은 괌 최고의 음식점으로 유명세를 탄 한식당. 한국 유명인사들의 친필 사인이 벽면 가득할 만큼 한국인 입맛에도 합격점을 받았다. 일반 한식당들처럼 각종 찌개, 탕, 생선구이, 전골, 면류, 밥류 등이 모두 준비돼 있는데, 그중에서도 세종을 대표하는 간판 메뉴는 바로 갈비. 질 좋은 고기만을 엄선해 현지 유명 스테이크집 못지않다. 식당 한켠에 "세종에서 갈비를 맛보지 못했다면 다시 비행기를 돌려야 합니다"라는 문구를 써놓을 만큼 맛에 자부심을 갖고 있다. K마트 근처에 있어 쇼핑 후 방문하기 좋다.

주소 Marine Corps Drive Lot 5163-3 Tamuning, Guam
위치 마린 드라이브에서 아가냐 방향으로 K마트를 지나면 왼쪽으로 세종 간판이 보인다.
운영 월~금 11:00~15:00・17:00~22:00, 토・일 17:00~22:00
요금 찌개류 $15~, 갈비 $32, 소주 $15
전화 671-649-5556 **홈피** www.guamsejong.com
GPS 13.497869, 144.797869

Tip | 한식이 필요할 땐 여기로!

괌에는 한국인 여행객뿐 아니라 약 5천여 명의 교민이 사는 만큼 수많은 한국 식당이 영업을 하고 있다. 그중 좋은 평가를 받고 있는 식당과 특히 맛있는 메뉴를 소개하면 다음과 같다.

❶ **산정식당** _찌개류, 제육볶음

위치 하몬지역의 인더스트리얼 파크 로드 한인타운 내 (T 갤러리아에서 2.2km)
전화 671-647-1515
GPS 13.503375, 144.811878

❷ **초원식당** _생갈비, 곱창전골

위치 GPO 바라보고 오른쪽에 위치한 코스트 유 레스 근처
전화 671-646-3269
GPS 13.492115, 144.782131

❸ **교동짬뽕** _짬뽕, 짜장, 탕수육
위치 하몬지역의 인더스트리얼 파크 로드 한인타운 내 (T 갤러리아에서 2.1km)
전화 671-969-1112
GPS 13.502952, 144.810488

썬더 치킨 Thunder Chicken

괌에서도 한국 맛 그대로의 치킨을 배달시켜 먹을 수 있다! PIC 건너편에 위치한 썬더 치킨은 프라이드, 양념, 간장, 파닭, 왕갈비 치킨 등의 메뉴는 물론 닭발, 골뱅이소면, 떡볶이, 계란말이, 콘치즈 등 인기 안주와 아사히, 버드와이저 생맥주도 판매한다(배달은 $30 이상 시 가능). 식사로는 2~3조각의 치킨에 밥, 샐러드, 계란프라이, 무피클이 더해진 치킨 밀 세트와 오징어볶음, 제육볶음, 돈까스 등도 준비돼 있다.

주소 210 Pale San Vitores Road, Tamuning, Guam
위치 PIC 길 건너 상가 1층
운영 11:30~22:00(팬데믹 기간 단축 운영)
요금 치킨 한 마리 $21~, 떡볶이 $19, 치킨 밀 세트 $9.95~
전화 671-469-8088
GPS 13.502353, 144.794264

추천　　　　　　　　　　　　　　　　　　　　　Tumon & Tamuning

파이올로지 Pieology

저렴한 가격에 맛있기로 유명한 화덕피자 전문점이다. 이곳이 특히 주목을 받는 것은 '내 입맛대로 나만의 피자'를 주문할 수 있다는 것. 먼저 도우Crust(얇은 도우House Made Original, 통밀 도우Whole Wheat, 두꺼운 도우Thick Crust, 글루텐 없는 도우Gluten Free 중 하나)를 선택하고, 소스와 치즈, 고기, 야채 토핑을 종류에 제한 없이 각각 선택해 주문하면 끝. 결제 후 번호판을 받고 기다리면 완성된 피자를 가져다준다. 레귤러 사이즈의 도우가 얇은 피자는 1인용으로 적당하다.

주소 341 Chalan San Antonio, Tamuning, Guam
위치 GPO에서 도보 3분
운영 11:00~21:00
요금 피자 $13.99~
전화 671-969-9224
홈피 www.pieology.com
GPS 13.491352, 144.781665

Tumon & Tamuning | Other Places

웬디스 Wendy's

붉은 갈래머리의 주근깨 소녀 로고가 인상적인 웬디스는 한때 한국에서도 인기를 끌었던 햄버거 패스트푸드점이다. 전 세계적으로 평준화된 맛의 맥도날드, 버거킹을 뒤로하고 한국 여행객들이 굳이 괌의 웬디스를 방문하는 것은 사라진 옛것에 대한 추억(?)과 무시할 수 없는 가성비. 두툼한 패티를 자랑하는 세트 메뉴도 $8 내외에서 즐길 수 있어 물가 비싼 괌에서 더없이 반갑다. 버거류 외에도 샐러드, 스파게티, 밥을 곁들인 브렉퍼스트 메뉴 등도 준비돼 있다.

위치 마이크로네시아 몰, GPO, 아가냐 쇼핑센터 앞 외
운영 06:00~02:00(매장마다 다름)
요금 햄버거 $5.90~, 모닝 세트 $6.45~
GPS 마이크로네시아 몰
13.520384, 144.814586
GPO
13.491109, 144.782403
아가냐 쇼핑센터
13.469955, 144.754746

추천

투레 카페 TuRe Cafe   Other Places

느긋하게 커피 한잔 즐기며 그림 같은 바다 전경을 한눈에 담고 싶은 사람이라면 꼭 한번 가보자. 투레 카페가 위치한 아가냐만은 패러세일링이나 제트스키 등 수상스포츠 장소로도 유명해 투몬만의 해변과는 또 다른 매력을 자아낸다. 투레 카페에서는 커피 외에도 다양한 음료와 각종 디저트를 즐길 수 있다. 또한 오전 7시부터 부리토, 볶음밥, 베이글, 팬케이크, 오믈렛 등의 브렉퍼스트 메뉴를, 오전 10시 30분부터는 로코 모코, 햄버거, 샌드위치, 파스타, 피시 & 칩스 등 런치 메뉴를 맛볼 수 있다.

주소 349 Marine Corps Drive Hagatna, Guam
위치 투몬 지역에서 마린 코프 드라이브를 타고 남부로 내려가다 차모로 빌리지 닿기 600m 전
운영 월~금 07:00~19:00, 토·일 07:00~15:00
요금 커피 $4~, 디저트류 $5~, 브렉퍼스트 메뉴 $10~, 런치 메뉴 $12~(SC 15%)
전화 671-479-8873
홈피 www.turecafe.com
GPS 13.478030, 144.761187

졸리비 Jollibee   Other Places

필리핀에서 맥도날드를 제치고 절대적인 사랑을 받고 있는 넘버원 패스트푸드점으로, 괌에는 딱 하나 있는 해외 지점이다. 졸리비에서 가장 유명한 것은 스파게티. 특별할 게 없어 보이는데 가격도 저렴하고 한입 먹어보면 은근히 중독되는 것이 특징. 그 외 진한 그레이비 소스에 프라이드 치킨과 흰쌀밥을 함께 먹는 치킨 & 라이스도 인기 메뉴다.

주소 1088 W, Marine Corps Dr, Dededo, Guam
위치 마이크로네시아 몰 메이시스 주차장 옆
운영 07:00~21:00
요금 스파게티 $5.90, 치킨 & 라이스 $6.55
전화 671-989-5652
GPS 13.520944, 144.816018

추천

모사스 조인트 Mosa's Joint   Other Places

현지인들에게 유명한 아가냐 맛집이지만, 한국 여행객들에게는 잘 알려져 있지 않은 숨은 보석 같은 곳이다. 괌 버거페스트 대회에서 수상 경력을 갖고 있지만 버거 외에도 퀘사디아, 부리토, 로코모코, 스테이크, 바비큐, 파스타, 채식 요리 등 다양한 메뉴를 아우르고 있다. 한국인들이 많이 찾는 메뉴는 블루치즈 버거와 양고기 버거이며, 저녁 시간대에는 라이브 공연도 펼쳐진다.

주소 324 W Soledad Ave, Hagatna, Guam
위치 아가냐 괌 박물관에서 도보 7분
운영 월~토 11:00~22:00 **휴무** 일요일
요금 블루치즈 버거 $12.95, 타코플래터 $18.95
전화 671-969-2469
홈피 www.mosasjointguam.com
GPS 13.477020, 144.748113

Other Places

칼리엔테 Caliente

아가냐 지역에서 로컬들에게 유명한 멕시칸 요리 전문점으로, 알음알음 한국 여행객들에게도 입소문 나 있는 곳이다. 자리를 잡고 나면 나초 한 바구니를 무료로 가져다 주는데, 입구에 있는 살사바로 가 입맛에 따라 각종 소스를 담아오면 된다. 칼리엔테의 대표 메뉴는 치즈가 잔뜩 들어간 퀘사디아와 카르네 아사다(소고기), 부리토, 통통한 새우가 입 안에서 톡톡 터지는 새우 타코이다.

주소 Archbishop FC Flores St, Hagatna, Guam
위치 아가냐 대성당에서 200m
운영 월~토 11:00~19:00 휴무 일요일
요금 부리토 $12.50, 새우 타코 $6.75, 퀘사디아 $8.75~
전화 671-477-4681
GPS 13.47601, 144.75266

Other Places

수메이 펍 & 그릴 Sumay Pub & Grill

남부 투어 시 먹거리를 책임지던 2대 햄버거 집 중 하나였던 잔 지스가 문을 닫으면서 새롭게 부상한 버거 맛집이다. 해군 부대 근방에 위치해 있으며, 미국적이면서도 괌 특유의 로컬 분위기가 물씬 풍긴다. 특히 주 고객인 미군 입맛에 맞춰 제대로 된 아메리칸 스타일의 버거를 즐길 수 있다. 이곳의 베스트셀러는 매콤한 맛의 피카 치즈 버거. 소고기 버거가 느끼해지기 시작했다면 두툼한 피시 버거를 시도해 보자.

주소 1518 S. Marine Corps Drive Piti, Guam
위치 남부 투어 시 피시 아이 마린 파크 지나 3km 지점(타코벨 옆)
운영 월~금 10:30~14:30 휴무 토·일
요금 버거류 $9~
전화 671-565-2377
GPS 13.423644, 144.677531

Other Places

맥크라우츠 McKraut's Bar & Restaurant

남부 지역에서 제대로 된 식사를 즐기고 싶다면 주목해 보자. 특히 이나라한 천연 수영장에서 물놀이를 할 계획이라면 출출해진 배를 채우기에 이만한 곳도 없다. 상호명에서 알 수 있듯, 독일인 부부가 운영하는 독일 음식 전문점으로, 독일 하면 빠질 수 없는 소시지, 독일식 굴라쉬와 로스트 치킨, 사우어크라우트(독일 양배추절임)를 곁들인 로코모코 등의 특별 메뉴들이 있다. 현지인들이 많이 찾는 맥주 바인 만큼, 각종 수제맥주도 다양하게 구비돼 있다.

주소 115 Corner Kalamasa Circle & Route 4, Inarajan, Guam
위치 괌 남동부 이나라한 천연 수영장에서 북쪽으로 4.5km
운영 월~금 11:00~21:00, 토·일 12:00~20:00
요금 메인요리 $7~, 핫도그 $3.25~ (SC 10%)
전화 671-828-4248
GPS 13.305071, 144.761997

Other Places

괌 피셔맨즈 코업 Guam Fishermen's Co-Op

추천

저렴한 가격에 그날 들어온 싱싱한 참치회, 연어회 등을 구입할 수 있는 곳이다. 창고형 컨테이너 박스 같은 외관에 실망할 수도 있지만, 그만큼 저렴한 가격과 회 자체에만 집중하는 고집을 보여주는 듯하다. 이곳의 소문을 듣고 오는 한국인들은 초고추장이나 소주 등을 미리 챙겨 오는 센스를 보이기도 한다. 간장과 고추냉이는 무료 제공된다. 늦은 오후에는 회가 다 떨어질 수 있으니 서두르자.

- **주소** Agana Marina Hagatna, Guam
- **위치** 차모로 빌리지를 바라보고 왼쪽 끝 맞은편
- **운영** 10:00~19:00
- **요금** 참치회와 연어회 사이즈별 팩당 $5~20, 켈라구엔 $5~
- **전화** 671-472-6323
- **GPS** 13.478013, 144.751026

Other Places

제프스 파이러츠 코브 Jeff's Pirates Cove

남부 드라이브 코스에서 유명한 수제 버거 집이다. 홈메이드 스타일의 하프파운드 치즈 버거와 웨지 감자가 대표 메뉴이다. 레스토랑 이름을 그대로 각인시키듯, 버거 위에 해적 마크가 찍혀져 나온다. 그 외에도 간단한 식사가 가능하다. 바닷가에 위치해 전망이 좋지만, 에어컨이 없는 실외라 더운 것은 감안해야 한다.

- **주소** 111 Route 4, Talofofo, Guam
- **위치** 4번 도로 이판 비치 지나서 오른쪽
- **운영** 월~목 10:00~18:00, 금~일 09:00~19:00
- **요금** 제프스 홈메이드 치즈 버거 $16.50(SC 10%)
- **전화** 671-789-2683
- **홈피** www.jeffspiratescove.com
- **GPS** 13.364193, 144.769780

Hotel&Resort

호텔 & 리조트

타국에서의 특별한 휴식
괌 호텔 & 리조트

유유자적 괌을 만끽하다
호텔 & 리조트 Hotel & Resort

알뜰살뜰족을 위한 소박한 숙소
게스트 하우스 Guest House

Hotel & Resort

5성급
웨스틴 리조트 괌 The Westin Resort Guam

웨스틴은 괌의 최고급 호텔 중 하나이지만, 그것만으로 웨스틴의 진가를 설명하기란 불가능하다. 전 세계적인 호텔 그룹 메리어트의 계열인 만큼 게스트들의 기대치는 높기 마련인데, 이 깐깐한 고객들을 단골로 만드는 힘은 경험해 본 사람만이 알 수 있는 웨스틴만의 세심한 배려와 서비스라 할 수 있다. 일단 웨스틴에 들어서면 상쾌하고 기분 좋은 느낌을 받는데, 맨 꼭대기 층까지 탁 트인 공간 구성이나 세련된 로비 인테리어의 시각적 측면뿐 아니라, 화이트 티 white tea의 은은한 향이 후각까지 편안하게 만들기 때문이다. 이 향은 객실 구석구석까지 스며들고 최고급 욕실용 어메니티에까지 사용되고 있다.

객실은 웨스틴이 제공하는 편안함의 극치를 보여준다. 마치 하늘 위에서 잠이 든 듯 포근하게 감싸 주며 깊은 수면으로 이끌어주는 헤븐리 베드가 5개의 베개와 함께 단정하게 침대 위에 놓여 있는데, 잠자리에 민감한 사람들에게는 이만한 곳도 없다. 웨스틴의 배려 정신은 비치에서도 드러난다. 투몬만의 비치가 모두 아름답긴 하지만 웨스틴은 보다 좋은 상태의 화이트 비치를 제공하기 위해 질 좋은 모래들을 공수해 오고 있다. 그 어느 곳보다 맑은 수질, 뛰어난 풍경, 차분하고 조용한 분위기 속에서 화이트 비치를 즐기고 싶다면, 웨스틴보다 제격인 곳은 없다.

주소	105 Gun Beach Road, Tumon, Guam
위치	T 갤러리아에서 JP 슈퍼스토어 방향으로 5분 정도 걸어가 왼쪽
요금	디럭스 $230~
전화	671-647-1020
홈피	www.westinguam.com
GPS	13.517987, 144.806674

Tip | 웨스틴의 장단점은 뭐?

1 수영장에 슬라이드가 없어, 초·중학생들이 거의 없고 여느 리조트보다 조용하다.
2 메인 레스토랑의 디너 뷔페가 유명하다. 매일 테마가 다른데, 특히 랍스터 & 스테이크 무제한이 인기다.
3 시내 쇼핑몰, 맛집들을 도보로 이용할 수 있다.

Hotel & Resort

5성급

하얏트 리젠시 괌 Hyatt Regency Guam

이름에서도 짐작할 수 있는 것처럼, 괌에서도 최고급 호텔로 손꼽힌다. 도로에서 현관 앞까지 이어지는 길에는 거대한 야자수들이 잘 가꿔져 있어 마치 괌의 어느 정글 속으로 들어가는 듯한 느낌을 준다. 천장 높은 로비 라운지는 고급스러운 분위기를 자아내며, 저녁에는 매력적인 보컬의 라이브 음악도 연주된다. 450여 개의 객실은 전 객실 오션뷰로, 화려함을 지양하고 베이직 톤의 차분함과 깔끔함을 강조하며 편안한 느낌을 준다. 욕실은 슬라이딩 도어를 열면 발코니 너머 바다를 조망할 수 있게 설계되어 있다. 하얏트의 하이라이트는 120여 종의 열대식물이 들어서서 환상적인 이국적 풍경을 제공하는 정원 및 수영장이다. 도심 속에 괌의 원시 자연을 고스란히 가져온 것처럼 한 쪽에는 수풀이 우거지고 물고기가 노니는 연못도 있어 해가 지면 개구리 우는 소리까지 생생하게 들을 수 있다. 어린이용 풀을 포함 3개의 수영장과 2개의 워터슬라이드, 리버 풀이 갖춰져 있어 물놀이에 부족함이 없다. 이것들이 야자수와 어우러진 풍경은 선베드에 누워 오랜만에 즐기는 여유를 더욱 즐겁게 한다.

주소 1155 Pale San Vitores Road, Tamuning, Guam
위치 T 갤러리아에서 남쪽으로 도보 5분
요금 스탠더드 트윈 $250~   **전화** 671-647-1234
GPS 13.512776, 144.804930

4성급

괌 리프 리조트 Guam Reef Resort

Hotel & Resort

한국인들에게 알려지지 않았던 괌 리프는 어느 순간 "괌에서 가장 가성비 좋은 호텔"로 유명세를 타기 시작했다. 코앞에 JP 슈퍼스토어를 두고 더 플라자, T 갤러리아까지 5분 안에 모든 게 해결된다. 그래서인지 패셔너블한 일본의 젊은 층에게 절대적 지지를 받고 있다. 밝고 경쾌한 느낌은 산뜻한 호텔 로비에서부터 감지된다. 파스텔 톤의 패브릭 쿠션이 놓인 고리버들 의자들이 투몬만의 에메랄드빛 바다를 향해 줄지어 놓여 있고, 수영장으로 내려가는 계단 창 너머로 인피니티 풀과 바다, 새파란 하늘이 끝없이 이어진다.

괌 리프는 비치 타워와 인피니티 타워 2개의 동으로 되어 있다. 먼저 지어진 비치 타워는 (괌의 거의 모든 호텔이 그렇듯) 노후화를 피할 수 없지만, 인피니티 타워와 마찬가지로 테라스와 욕조를 갖추고 있고, 냉장고, 정수기, 금고, 슬리퍼, 가운, 넉넉한 어메니티가 구비돼 있다. 괌 리프에서 가장 인기 있는 공간은 인피니티 풀이다. 한낮에도 선베드에 누워 바라보는 전경이 아름답지만, 투몬만을 물들이는 석양은 그야말로 장관이다. 수영장 뒤쪽으로 난 계단을 따라 내려가면 투몬 비치에 다다를 수 있다. 수영장 타월 대여소에서 구명조끼와 튜브, 스노클링 장비도 대여해 주기 때문에 바다 물놀이를 즐기기에도 부족함이 없다. 아름다운 투몬만을 감상하기에는 호텔 내 가장 높은 곳에 위치한 바 & 라운지 탑 오브 더 리프가 제격이다. 이 외에도 2개의 레스토랑과 기념품숍, 카페, 피트니스센터 등 각종 편의시설을 갖추고 있다.

주소 1317 Pale San Vitores Road, Tamuning, Guam
위치 T 갤러리아에서 JP 슈퍼스토어 방향으로 3분쯤 걸어가다 왼쪽(웨스틴 리조트 바로 전)
요금 스탠더드 트윈 $180~
전화 671-646-6881
홈피 www.guamreef.com
GPS 13.516889, 144.806185

3성급

Hotel & Resort

오션뷰 호텔 & 레지던스 괌 Oceanview Hotel & Residences Guam

이름 그대로 전 객실이 오션뷰를 가지고 있다. 호텔 바로 앞에 해변을 끼고 있는 것은 아니지만 언덕 위에 위치해 있어 탁 트인 시야로 바다 전망이 더욱 시원하고 아름답게 느껴진다. 이곳의 가장 큰 특징은 일반 객실뿐 아니라 콘도 형태의 스튜디오도 보유하고 있다는 점이다.

30여 평의 넓은 공간에 더블베드가 2개씩 들어가 있는 침실 2개와 화장실 2개가 각각 분리된 공간을 제공하여, 부모님과 아이까지 동반하는 가족 여행이나 두 가정이 함께하는 친목 여행에 추천할 만하다. 바 형태의 테이블로 다이닝 공간과 구분된 주방에는 대용량 냉장고와 오븐형 가스레인지, 라이스 쿠커, 전자레인지, 커피 메이커까지 웬만한 주방 기구가 빠짐없이 구비되어 있다. 주방 식기류들이 4인용으로 세팅되어 있으나 프런트에 추가 요청할 수 있다. 세제나 수세미 등은 따로 준비해야 한다. 널찍한 거실에는 짙은 월넛색의 소파가, 다이닝 공간에는 커다란 4인용 식탁과 붉은색의 벨벳 의자들이 놓여 있고, 휑하게 느껴지기 쉬운 화이트 톤의 벽을 그림과 흑백 사진들로 장식해, 전반적으로 낡은 시설들을 감각적인 인테리어로 센스 있게 커버하며 좋은 인상을 준다. 팬데믹 기간에는 객실 리노베이션을 거쳤고, 일부는 현재도 진행 중이다.

주소 1433 Pale San Vitores Road, Tamuning, Guam
위치 호텔 로드에서 웨스틴 리조트 건너편으로 난 언덕길을 오르다 바이킹이 보이는 놀이공원 지나 왼쪽으로 100m
요금 스탠더드 $91~, 2베드룸 콘도 $130~
전화 671-646-2400
홈피 www.oceanviewhotelguam.com
GPS 13.518657, 144.809923

Hotel & Resort

4성급

퍼시픽 아일랜즈 클럽 괌 Pacific Islands Club Guam(PIC)

'괌=PIC'라고 생각할 만큼 패키지 여행자들의 80% 이상이 머무는 리조트 호텔이다. PIC의 가장 큰 특징은 4만여 평 규모의 워터파크다. 2천여 마리의 열대어와 산호초 등 바닷속 전경을 그대로 옮겨 놓은 수영장에서 스노클링과 스쿠버다이빙을 즐기거나 인공 늪에서 카약을 타고, 워터 슬라이드, 수중 농구, 수중 징검다리, 워터 폴로 등등 그야말로 물놀이의 모든 것을 즐길 수 있다. 그뿐 아니라 괌 원주민 문화 체험, 무료 요가 클래스, 윈드서핑, 테니스 코트, 비치발리볼, 당구, 탁구, 농구코트, 18홀(72파)의 미니 골프장 등 남녀노소의 각기 다른 취향을 모두 만족시켜 줄 다양한 프로그램이 70여 개나 마련돼 있다. PIC 내에는 총 7개의 레스토랑이 있으며 양식, 일식, 아시아 퓨전, 뷔페 등 다양한 메뉴를 즐길 수 있다. PIC 내에서 좀 더 저렴한 가격으로 세 끼 식사를 해결하기 위해서는 객실 예약 시 멤버십 카드 골드를 선택하면 된다. PIC는 총 3개 동에 777개의 객실을 갖추고 있는데, 부대시설에 비해 객실 상태는 아쉽다고 할 만큼 낡은 느낌이 든다. 룸 내에서 많은 시간을 보내는 것보다 많은 사람과 북적거리며 워터파크 및 다양한 액티비티를 즐기기 원하는 가족 여행객들에게 추천할 만하다.

Tip | PIC의 특별한 혜택!

1 만 4~11세 어린이를 위한 무료(골드카드의 경우, 그 외 점심 식사 비용 발생) 키즈 클럽이 10시부터 21시까지 종일반, 오전반, 오후반으로 나뉘어 운영된다.
2 만 1~3세 대상 영유아 돌보미 서비스를 받을 수 있다. 10시부터 17시까지 운영되며 1일 최대 4시간까지 가능. 하루 전 예약 필수이다.
3 객실과 식사 종류(전 일정 호텔 식사, 호텔 조식 혹은 식사 불포함)에 따라 플래티넘, 골드, 실버, 브론즈 멤버십 카드가 제공된다. 식사 시 음료는 본인 부담이며 워터파크 장비 및 스포츠 강습 무료 혜택이 있다.
4 생일, 결혼기념일을 맞은 게스트는 레스토랑에서 저녁 식사 시 케이크를 무료로 제공받을 수 있다.
5 프런트 데스크에서 베드가드와 유아침대, 유모차 등을 무료 대여할 수 있다.

주소 210 Pale San Vitores Road, Tamuning Bay, Guam
위치 호텔 로드에서 남쪽으로 퍼시픽 스타 리조트 다음
요금 스탠더드 $150~(브론즈 카드), $194~(실버 카드), $302~(골드 카드)
전화 671-646-9171   **홈피** www.pic.co.kr
GPS 13.503274, 144.793706

Hotel & Resort

5성급

롯데 호텔 괌 Lotte Hotel Guam

괌에서 룸 컨디션이 좋은 곳 중 하나로 평가받는 곳이다. 롯데가 구 오로라 리조트를 인수하여 2014년 리노베이션을 마쳤기 때문. 타워 윙과 아일랜드 윙 2개의 건물에 총 222개의 객실이 있으며, 오션뷰와 풀 사이드 뷰 룸, 풀 엑세스 룸, 간이 주방 시설이 있는 프리미엄 룸으로 크게 나눠진다. 클럽 룸의 게스트는 클럽 라운지를 드나들 때 조식 뷔페(07:00~10:00)와 애프터눈 티(14:00~15:00), 칵테일 서비스(17:00~19:00)를 자유롭게 이용할 수 있다. 수영 시설로 메인 풀과 인피니티 풀, 자쿠지가 마련돼 있지만 규모는 크지 않은 편. 슬라이드와 같은 어린이용 시설이 없어, 유아를 동반한 가족이나 젊은 커플들이 많이 찾는다.

주소 185 Gun Beach Road Barrigada, Guam
위치 JP 슈퍼스토어를 바라보고 왼쪽 방향, 괌 리프 리조트와 호텔 니코 괌 사이
요금 디럭스 $230~   **전화** 671-646-6811
홈피 www.lottehotel.com/guam-hotel/ko
GPS 13.520533, 144.807039

4성급

Hotel & Resort

힐튼 괌 리조트 & 스파 Hilton Guam Resort & Spa

투몬만 끝자락에 위치해 쇼핑 로드와 조금 떨어져 있지만, 힐튼이라는 이름에 걸맞게 고급스러운 분위기를 선호하는 사람들이 많이 찾는다. 메인 타워의 일반 객실은 기본에 충실하면서 깔끔하게 관리되고 있으며, 힐튼의 자랑인 타시 클럽 건물은 한층 더 럭셔리하고 프라이빗한 서비스로 연인이나 신혼부부들에게 좋은 반응을 얻고 있다. 다른 리조트들과는 달리 프라이빗 화이트 샌드 비치는 없지만, 바닷가에 선베드 존을 조성해 투몬만의 전경을 감상하는 데 문제가 없다. 수중 환경이 좋아 스노클링을 즐기기에도 좋은 조건이며, 리조트 바로 옆에 현지인들이 즐겨 찾는 이파오 비치가 펼쳐져 있다.

주소 202 Hilton Road, Tamuning, Guam
위치 투몬만을 바라보고 왼쪽 끝 이파오 비치 공원 옆
요금 디럭스 킹 베드 $150~
전화 671-646-1835
홈피 www.hilton-guam.co.kr
GPS 13.505309, 144.786003

5성급   Hotel & Resort

두짓타니 괌 리조트 Dusit Thani Guam Resort

괌의 리조트들 가운데 비교적 신축 건물로 분류되는 곳으로 객실 컨디션이 호텔 선택 조건 1위인 사람이라면 무조건 주목해 보자. 투몬만에 위치해 오션뷰 객실에서는 훌륭한 전망을 즐길 수 있다. 로비에서 더 플라자 몰과 연결돼 맛집이나 쇼핑 즐기기에도 편리하다. 아담한 사이즈의 수영장은 성인들에겐 다소 아쉽지만, 바로 옆에 위치한 두짓 비치 리조트의 수영장도 함께 이용할 수 있으며, 아이들을 위한 슬라이드도 잘 갖춰져 있다.

주소 1227 Pale San Vitores Road, Tamuning, Guam
위치 하얏트 리젠시와 더 플라자 사이
요금 오션 프런트 $280~
전화 671-648-8000
홈피 www.dusit.com/dusitthani-guamresort/ko
GPS 13.514135, 144.804695

4성급   Hotel & Resort

두짓 비치 리조트 괌 Dusit Beach Resort Guam

세계적인 호텔 그룹 두짓 인터내셔널이 구 아웃리거 괌 비치 리조트를 인수해 두짓 비치 리조트를 오픈했다. 투몬만 앞에 나란히 위치한 두짓타니 괌 리조트와 수영장을 공유하기 때문에, 2개의 리조트가 마치 1개의 대형 리조트로 재탄생한 듯하다. 두짓 비치 리조트는 총 600여 개의 룸을 보유하고 있으며 전 객실 오션뷰로 환상적인 투몬만의 전경을 즐길 수 있다. 19~21층은 클럽 플로어로, 이곳 게스트만이 이용할 수 있는 두짓 클럽 라운지는 고급스러운 분위기와 특별 서비스, 아름다운 전망 등 모든 면에서 만족도가 높다. 수영장은 폭포와 열대 조경수가 잘 가꿔져 이국적 분위기를 풍기며, 미니 슬라이드와 키즈 풀, 자쿠지 등도 잘 갖춰져 있다. 두짓 비치 리조트는 더 플라자와 바로 연결되고 JP 슈퍼스토어, T 갤러리아도 100m 거리 안에 있어 쇼핑 마니아들의 절대적인 지지를 받는다.

주소 1255 Pale San Vitores Road, Tamuning, Guam
위치 T 갤러리아 건너편
요금 오션뷰 $200~
전화 671-649-9000
홈피 www.dusit.com/dusitbeach-resortguam/ko
GPS 13.514937, 144.805592

5성급
츠바키 타워 The Tsubaki Tower

Hotel & Resort

2019년 처음 문을 연 츠바키 타워는 괌에서 가장 럭셔리한 원탑 리조트라 할 수 있다. 전 객실 오션뷰에 투몬만의 아름다운 전망을 마음껏 즐길 수 있는 넓은 발코니, 동급 리조트들보다 여유로운 객실 크기에 한 사이즈씩 업그레이드 된 침대까지 꼼꼼하게 신경썼다. 일몰을 즐기기에도 안성맞춤인 420㎡의 인피니티 풀은 밤 11시까지 이용 가능하며, 1일 3회 야간 분수쇼도 진행된다(정확한 시간은 프론트데스크에 문의). 츠바키 타워 투숙객은 호텔 니코의 키즈풀과 워터슬라이드를 무료로 이용할 수 있으며, 두 곳 간에는 15분마다 무료 셔틀이 운행 중이다. 팬데믹 기간에는 중단되었지만, 야간 야외 영화 관람이나 가든 파티 등 다양한 액티비티도 준비돼 있다.

주소 241 Gun Beach Rd, Tamuning, Guam
위치 호텔 로드에서 웨스틴 리조트를 지나 북쪽으로 직진. 롯데 호텔과 호텔 니코 사이
요금 더블룸 $420~
전화 671-969-5200
홈피 thetsubakitower.co.kr
GPS 13.521640, 144.805836

4성급
호텔 니코 괌 Hotel Nikko Guam

Hotel & Resort

괌에서 가장 아름다운 바다와 선셋을 바라볼 수 있는 호텔로 정평이 나 있다. 전 객실 오션뷰로 깔끔하게 관리되고 있으며 일본계 호텔로 투숙객 중 일본인이 많다. 수영장은 패밀리 풀과 2개의 키즈 풀로 구성돼 있고 괌에서 가장 긴 워터 슬라이드를 보유하고 있다. 투몬만의 끝이자 건 비치의 시작점에 위치하고 있어 한가로이 비치를 즐길 수 있다. 훌륭한 조망과 런치 뷔페로 유명한 레스토랑 토리는 물론, 근처에 드라마 촬영장으로 소개된 더 비치 바와 타오타오 타씨 비치 디너쇼 공연장도 있다.

주소 245 Gun Beach Road, Tumon, Tamuning, Guam
위치 호텔 로드에서 북쪽으로 웨스틴 리조트를 지나 직진
요금 슈피리어 오션뷰 $160~
전화 671-649-8815
홈피 www.nikkoguam.co.kr
GPS 13.522315, 144.804387

4성급 Hotel & Resort

퍼시픽 스타 리조트 & 스파 Pacific Star Resort & Spa

괌에서 가장 오래된 호텔로 인식되었던 메리어트 괌 리조트가 이름을 바꿔 운영 중인 곳이다. 리모델링을 마친 상위 카테고리 객실과 로비 등을 제외하고는 여전히 낡고 올드한 것은 마찬가지. 하지만 24시간 운영하는 K마트를 걸어서도 다녀올 수 있으며 투몬만의 아름다운 바다를 코앞에 두고 있다는 사실은 큰 장점이다. 특히 객실 컨디션을 중시하는 한국인 여행객들에게 메리어트 괌 리조트가 좋은 평판을 얻지 못했던 만큼, 퍼시픽 스타 리조트로 이름을 바꾼 후에도 여전히 한국인 여행객은 뜸한 편. 덕분에 상대적으로 저렴한 가격에 덜 북적이는 리조트에서 한가로이 보낼 수 있다는 이점도 있다.

주소 627B Pale San Vitores Road, Tumon, Guam
위치 호텔 로드에서 K마트로 가는 길 맞은편. PIC 가기 전
요금 킹 베드 $135~   **전화** 671-649-7827
홈피 www.pacificstarguam.com
GPS 13.504617, 144.794609

4성급 Hotel & Resort

온워드 비치 리조트 괌 Onward Beach Resort Guam

워터파크를 선호하는 여행자들이 많이 찾는 곳이다. 윙관과 타워관으로 나뉘어 있으며, 타워관 투숙객들은 전 객실 오션 프런트 뷰를 즐기며 전용 타워 라운지를 사용할 수 있어 선호도가 높다. 괌 최대 스릴 만점의 만타 슬라이드를 비롯해 4종류의 워터슬라이드, 360m 길이의 리버 풀과 파도 풀, 자쿠지 등 다양한 물놀이 시설이 준비돼 있다. 또한 호텔 앞 무인도인 알루팟섬을 카누로 다녀오는 액티비티도 좋은 반응을 얻고 있다. 바닷가에 조성된 골프장 망길라오 골프 클럽이나 탈로포포 골프 클럽을 할인된 가격에 이용할 수 있다.

주소 445 Governor Carlos G Camacho Road, Tamuning, Guam
위치 마린 드라이브를 따라 투몬 남쪽으로 향하다 GPO 지나 오른쪽으로 난 카를로스 카마초 로드(Gor Carlos G Camacho Road)에 진입
요금 온워드 윙 트윈 $180~
전화 671-647-7777
홈피 www.onwardresortguam.com
GPS 13.495205, 144.775037

5성급   Hotel & Resort

리가 로열 라구나 괌 리조트 RIHGA Royal Laguna Guam Resort

일본계 리가 로열 호텔 그룹이 구 쉐라톤 라구나 괌 리조트를 인수해 운영하는 5성급 리조트이다. 시내 중심가와 떨어져 있어 외부로 움직일 때에는 렌터카나 각종 셔틀버스를 이용해야 하지만, 그만큼 외부인들의 출입이 적고 조용해 휴식을 목적으로 한 가족들과 연인들의 큰 지지를 얻고 있다. 317개의 전 객실이 오션뷰이지만 그중에서도 오션 프런트 코너 스위트룸은 단연 압권. 신혼부부들이 많이 찾는 이 룸의 발코니에는 전용 자쿠지가 마련돼 있다. 자연 그대로의 느낌을 살린 라군에는 괌에서도 가장 아름답기로 소문난 인피니티 풀과 채플, 산책로 등이 조성돼 있어, 호텔 내에서 괌의 아름다움을 충분히 즐길 수 있다. 바로 앞에 위치한 알루팡섬까지 카누를 타고 가 스노클링을 즐길 수 있다.

주소 470 Farenholt Avenue, Tamuning, Guam
위치 호텔 로드를 타고 힐튼 괌 리조트를 지나 원형 교차로에 들어선다. 마린 드라이브 방향으로 나와 성 안토니오 성당을 오른쪽에 두고 파렌홀트 애비뉴를 따라 직진
요금 오션뷰 $190~, 오션 프런트 코너 스위트 $300~
전화 671-646-2222
홈피 rihga-guam.com
GPS 13.496601, 144.771277

3성급   Hotel & Resort

괌 플라자 리조트 & 스파 Guam Plaza Resort & Spa

젊은 감각의 쇼핑센터 JP 슈퍼스토어와 바로 연결돼 있는 일본계 호텔이다. 팬데믹 기간 대대적인 리노베이션을 거쳐, 산뜻한 휴양지 호텔로 재탄생했다. 괌 플라자 리조트는 투몬 시내 쇼핑몰과 각종 맛집들이 들어서 있는 도심에 위치해 있어 프라이빗 비치가 없고 수영장도 작고 소박하다. 타자 워터 파크 역시 프로모션에 따라 무료 혹은 할인된 가격으로 이용할 수 있다. 따라서 리조트 시설에 초점을 두기 보다 외부 활동이 많은 여행객들에게 가성비 좋은 추천 숙소라 할 수 있다.

주소 1328 San Vitors Road, Tamuning, Guam
위치 JP 슈퍼스토어와 연결. T 갤러리아 왼쪽 골목으로 100m 이내
요금 스탠더드 트윈 $120~
전화 671-646-7803
홈피 www.guamplaza.com/ko
GPS 13.515737, 144.808531

Hotel & Resort

4성급
홀리데이 리조트 & 스파 괌 Holiday Resort & Spa Guam

한국인이 운영하는 리조트인 만큼, 한국인 여행객들이 주로 이용한다. 전반적으로 시설은 낡은 편이지만 252개의 객실은 동급 호텔들에 비해 넓고 깔끔하게 관리되고 있으며, 마운틴 뷰, 오션뷰, 싱글룸에서 패밀리룸까지 선택의 폭이 넓다는 것도 장점 중 하나이다. 리조트 바로 앞에 프라이빗 비치가 있는 것은 아니지만, 지척에 마타팡 해변 공원이 위치해 있어, 저렴한 가격에 해변가 숙소를 찾는 사람들은 주목할 만하다. 24시간 영업하는 K마트가 도보 15분 거리에 있어 편리하다.

주소 881 Pale San Vitores Road, Tumon, Guam
위치 투몬 샌즈 플라자에서 호텔 로드 따라 남서쪽으로 700m
요금 파셜 오션뷰 트윈 $90~
전화 671-647-7272
홈피 www.holidayresortguam.com/ko
GPS 13.506976, 144.800526

Hotel & Resort

3성급
가든 빌라 호텔 Garden Villa Hotel

홀리데이 리조트에서 함께 운영하는 콘도형 호텔로 가족 단위 및 단체 여행객들에게 적합하다. 스튜디오에는 싱글 베드 4개와 거실, 주방 및 취사도구들이 잘 갖춰져 있다(단, 주방 세제나 수세미 등은 따로 준비해야 한다). 정원에는 수영장과 자쿠지가 있으며 정자 아래 테이블이 마련돼 있어 셀프 바비큐도 즐길 수 있다. 호텔 전용 비치는 따로 없지만, 도로 건너편에 있는 홀리데이 리조트 뒤쪽 마타팡 해변을 이용할 수 있다(도보 5분 정도).

주소 800 Pale San Vitores Road, Tamuning, Guam
위치 투몬 샌즈 플라자에서 호텔 로드 따라 남서쪽으로 1km
요금 스튜디오(4인 기준) $110~
전화 671-647-0850
홈피 www.gardenvillahotel.com
GPS 13.504000, 144.798847

Hotel & Resort

4성급
크라운 플라자 리조트 괌 Crowne Plaza Resort Guam

인터컨티넨탈 호텔 그룹이 구 피에스타 리조트를 인수해 리노베이션을 마치고, 2022년 크라운 플라자 리조트를 오픈했다. 총 321개의 객실을 갖추었으며, 모던 인테리어의 밝고 산뜻한 분위기가 휴양지 느낌을 물씬 풍긴다. 풀베드와 비치베드로 한껏 멋을 낸 인피니티 성인풀과, 미니 슬라이드가 설치된 아동풀 사이에 드넓은 잔디밭이 조성돼 있고 야자수까지 심어 이국적인 정취를 제대로 느낄 수 있다. 정원에서 바로 이어지는 해변은 수질이 좋고 물고기도 많아 스노클링에도 제격이다.

주소 801 Pale San Vitores Road, Tamuning, Guam
위치 투몬 샌즈 플라자에서 호텔 로드 따라 남서쪽으로 1km. 홀리데이 리조트와 퍼시픽 스타 리조트 사이에 위치
요금 마운틴 뷰 $215~ **전화** 671-646-5880
홈피 guam.crowneplaza.com
GPS 13.506425, 144.798312

  Hotel & Resort

3성급
알루팡 비치 타워 콘도 Alupang Beach Tower Condo

호텔들이 몰려 있는 투몬 지역에서 뚝 떨어져 있지만, 투몬 비치와 달리 알루팡섬과 리가 로열 라구나 리조트가 보이는 바다 전망이 매우 훌륭한 곳이다. 외진 위치 덕(?)에 비치 앞에 있는 리조트라고 믿기 어려울 만큼 비교적 저렴한 가격도 큰 매력 중 하나. 연식이 오래된 콘도형 호텔로 조리시설, 냉장고, 세탁기, 건조기 등이 잘 갖춰져 편하다. 2~4베드룸에 넓은 객실과 거실은 성인 4인 이상 대가족 및 단체 여행객들에게 그만이다. 각종 수상 액티비티를 즐길 수 있는 알루팡 비치 클럽이 바로 옆에 있어 물놀이 즐기기에도 좋은 조건. 단, 대중교통이 잘 발달돼 있지 않은 괌 특성상 렌터카는 필수다.

주소 999 South Marine Corps Drive, Tamuning, Guam
위치 GPO에서 아가냐 방향으로 1.5km
요금 2베드룸 $180~
(2박 이상 이용 시만 예약 가능)
전화 671-649-9666
홈피 www.abtower.com
GPS 13.483836, 144.771805

3성급
로열 오키드 괌 호텔 Royal Orchid Guam Hotel

한국인이 많이 이용하는 저가 숙소 중 하나로, 부티크 호텔 콘셉트를 갖고 있다. 콘셉트 룸의 경우, 오렌지, 그린 등 하나의 색을 테마로 객실을 꾸며, 젊은층과 여성을 공략했다. 객실 내에서 와이파이를 무료로 사용할 수 있으며 토니 로마스처럼 우리 입맛에도 잘 맞는 레스토랑들이 입점해 있다. K마트나 원조 햄버거 맛집인 메스클라도스도 도보로 접근 가능하다. 루프탑 수영장이 작고 호텔 전용 비치가 없다는 아쉬움이 있지만 도보 10분 거리에 이파오 비치가 위치해 있다.

주소 626 Pale San Vitores Road, Tumon, Guam
위치 호텔 로드에서 남쪽 방향 PIC 건너편
요금 슈피리어 $100~
전화 671-649-2000
홈피 www.royalorchidguam.com
GPS 13.502356, 144.794855

4성급
레오 팔레스 리조트 괌 Leo Palace Resort Guam

괌 내륙 중심부에 위치한 종합 리조트 시설로 여의도 면적의 약 두 배에 달하는 크기를 자랑한다. 잭 니클라우스와 아놀드 파머가 설계한 36홀의 골프장이 있어 라운딩을 즐기는 골프 마니아들에겐 이미 잘 알려져 있지만, 그저 골퍼들의 천국으로만 치부되기엔 아까운 곳이다. 워터 슬라이드를 비롯해 웬만한 물놀이 시설은 다 갖춘 수영장과 낚시까지 즐길 수 있는 드넓은 호수, 테니스 코트, 조깅 코스 등 다양한 레포츠 시설까지. 해변을 제외한 모든 것이 준비돼 있다. 일반 객실부터 모든 취사 시설을 갖춘 콘도미니엄형 스튜디오에 이르기까지 널찍하고 쾌적하다.

주소 221 Lake View Drive, Yona, Guam
위치 마린 드라이브를 따라 투몬 남쪽으로 향하다 차모로 빌리지 가기 전 원형 교차로에서 남쪽 4번 도로로 진입
요금 슈피리어 $140~
전화 671-471-0001
홈피 www.leopalaceresortguam.com/ko
GPS 13.416566, 144.736819

Tip | 투몬으로 이동하려면?
투몬 시내를 오갈 때에는 괌 플라자 리조트행 무료 셔틀버스를 이용할 수 있다(운행 시간 및 탑승장소는 체크인 시 프론트데스크에 문의). 공항에서 리조트까지 유료 픽업서비스를 신청(체크인 일주일 전까지 이메일로 신청)하거나 렌터카, 택시를 이용한다.

3성급　　　　　　　　　　　　　　　　　Hotel & Resort

베이뷰 호텔 괌 Bayview Hotel Guam

투몬만이 내려다보이는 언덕 위에 위치해 비치에 인접한 대형 호텔 못지않은 전경을 제공한다. 리모델링을 거친 객실은 카펫 대신 마루를 깔고 화이트-베이지톤으로 단장해 깔끔하고 쾌적하다. 도보 10분 내에 T 갤러리아, JP 슈퍼스토어, 더 플라자 등 각종 쇼핑몰이 위치해 있어 150m 정도의 경사진 길을 오르는 수고만 감내한다면 위치상으로도 나쁘지 않다. 모 항공사 승무원들이 지정 사용하는 호텔로, 숙박을 목적으로 한 여행객들에게 좋은 선택이 될 수 있다.

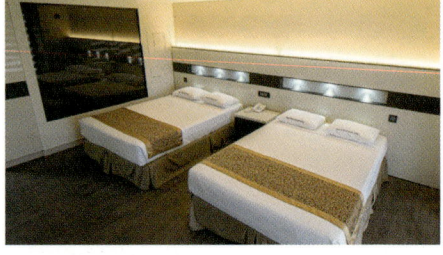

주소　1475 Pale San Vitores Road, Tamuning, Guam
위치　호텔 로드에서 웨스틴 리조트 건너편으로 난 언덕길을 오르다 바이킹이 보이는 놀이공원 지나 바로 보이는 건물
요금　디럭스 $120~
전화　671-646-2300
홈피　www.bayviewhotelguam.com
GPS　13.516844, 144.809447

3성급　　　　　　　　　　　　　　　　Hotel & Resort

데이즈 인 바이 윈덤
Days Inn by Wyndham

공항과 호텔 로드 딱 중간에 위치한 호텔로, 새벽 비행기로 드나드는 사람들이 1박용으로 주로 이용한다. 저렴한 가격, 이파오 비치와 도보 20분, GPO까지 도보 18분, 공항 주차장까지 도보 22분 거리라 주머니가 가벼운 여행객들도 종종 이용한다. 모든 객실에 전자레인지와 커피포트, 냉장고, 다리미판 등도 비치돼 있다.

주소　155 14B, Tamuning, Guam
위치　호텔 로드에서 힐튼 리조트 반대편으로 난 이파오 비치 로드를 따라 600m
요금　트윈룸 $90~　　전화　671-646-3297
GPS　13.492179, 144.789700

2성급　　　　　　　　　　　　　　　　Hotel & Resort

그랜드 플라자 호텔
Grand Plaza Hotel

현지인과 일본 관광객이 많이 이용하는 호텔로, 로비부터 낡았다는 느낌을 주는 올드 스타일의 2성급 호텔이다. T 갤러리아, K마트 중간쯤 되는 위치에 있어 어디로든 접근성이 좋다는 치명적(?) 장점도 있다. 냉장고, 전자레인지, 전기주전자 등이 잘 구비돼 있으며 와이파이가 약한 편이다.

주소　1024 Pale San Vitores Road, Tumon Bay Tamuning, Guam
위치　하얏트 리젠시에서 남쪽으로 700m
요금　스탠더드 더블 $90~　　전화　671-647-0630
홈피　www.grandplaza-guam.com
GPS　13.508250, 144.804515

Residence

 투몬 벨 에어 서비스 레지던스 Tumon Bel-Air Serviced Residence

성인 6인까지 함께 머물 수 있는 3베드룸 레지던스로 대가족 여행객들이 많이 찾는다. 단독 레지던스 단지 내에 있어 보안이 철저하고, 2층짜리 독채 앞에 개별 주차장까지 확보돼 있어 편리하다. 숙소 1층은 부엌과 거실, 2층은 3개의 방과 2개의 욕실로 되어 있다. 세탁기, 건조기, 식기세척기, 오븐, 전자레인지 등 생활에 필요한 가전용품도 잘 갖춰져 있어 장기간 투숙하기에도 좋다. 단기 여행객들은 거의 이용하지 않지만, 작은 야외 수영장과 바비큐장도 있다. 마이크로네시아 몰과 K마트 사이 하몬 지역에 위치해 있어 렌터카는 필수이지만, 한인식당과 한인마트 등이 밀집해 있어 장점도 많다.

주소 233 Tumon Lane, Tamuning, Guam
위치 마이크로네시아 몰에서 남쪽으로 1.5km. 호텔 로드의 JP 슈퍼스토어에서 언덕길을 올라 마린 코프 드라이브를 타고 남쪽으로 내려온다.
요금 3베드룸 레지던스 $350~
전화 671-788-5687
GPS 13.511174, 144.813869

Guest House

 트래블러스 베드 앤 레스트 Travelers Bed and Rest

가족 여행객들이 가장 많이 찾는 숙소 중 하나로, 괌 국제공항에서 차로 5분 거리에 위치해 있다. 아파트형으로 독립된 공간이 완벽하게 보장되며, 주방은 물론 각종 조리 시설이 빠짐없이 구비돼 있어 어떤 요리도 가능하다. 다리미, 헤어드라이어는 물론, 세탁기 건조기까지 있어 편리하다. 타일 바닥이라 먼지 걱정도 없고 관리도 잘돼 있어 청결도 역시 높은 평가를 받는다. GPO 근처이지만, 어디든 도보로는 접근이 어려워 반드시 렌터카가 필요하다.

주소 140 Latisa street Tumon Heights, Tamuning, Guam
위치 이파오 비치와 공항에서 각각 차로 5분
요금 베드룸 아파트 $80~, 2베드룸 아파트 $130~
전화 671-689-0071
GPS 13.495352, 144.786406

Guest House

한인 게스트 하우스

괌에도 한인 게스트 하우스가 있다. 물가도 비싼 데다 숙소 대부분이 고급 리조트인 괌에서, 알뜰 여행객들에게 게스트 하우스는 그야말로 가뭄 속 단비와도 같은 것이다. 괌 여행자가 늘어나면서 게스트 하우스의 수는 더욱 증가하는 추세다. 특히 이른 새벽 출도착 비행편을 이용하는 여행객들에게 하룻밤 잠만 잘 수 있는 숙소로도 인기가 많은 편. 한인 게스트 하우스의 장점은 다음과 같다. ❶ 숙소 중 가장 저렴하다. ❷ 가격 대비 높은 청결도를 자랑한다. ❸ 영어를 쓸 필요가 없다. ❹ 빠른 속도의 무료 와이파이가 제공된다. ❺ 주방에서 간단한 취사가 가능하다. 영어 울렁증만 없다면, 현지인이 운영하는 에어비앤비도 가격 면에서 주목할 만하다.

▶▶ 괌 센터 게스트 하우스 GUAM Center Guest House

타무닝 주택가에 위치해 학교, 병원, 각종 상점과 마트 등 괌 현지인들의 삶을 느껴볼 수 있다. 깔끔한 개인실에 조리 시설이 잘 갖춰진 부엌과 응접실, 넉넉한 수의 화장실과 샤워실이 있으며, 객실에 따라서는 단독 욕실 사용도 가능하다. 규모는 작지만 야외 수영장과 정원, 주차 공간도 마련돼 있다. 1호점이 입소문을 타면서 현재는 3호점까지 운영 중이다. 숙박과 함께 차량 렌트를 함께 신청할 경우, 공항 픽업을 무료로 제공한다.

주소 GPO에서 북쪽으로 차량 3분 거리 일대에 1~3호점이 분산돼 있다.
요금 개인실 1인 기준 $30~ **전화** 070-4148-0936(한국), 671-777-9772(괌)
홈피 cafe.naver.com/sumokwonguesthouse
GPS 13.503243, 144.780674(3호점 기준)

▶▶ JK 게스트 하우스 JK Guest House

괌은 일찍이 AICPA(미국회계사시험) 장소로 유명했는데, 이 수험생들 사이에서 좋은 평을 받아온 게스트 하우스다. 그만큼 조용하고 쾌적한 객실 컨디션이 이곳의 포인트. 2인실부터 3, 4인실까지 모두 개별 욕실에 미니냉장고를 갖추고 있으며, 간단한 아메리칸식 조식을 제공한다. 호텔 로드에서 떨어져 있지만, T 갤러리아나 K마트 모두 도보 15~20분 내 접근 가능하다. 근처에 피카스 카페, 본스치킨(배달 가능), 한식당들도 많다.

위치 K마트에서 북쪽으로 신호등 2개를 지나 다시 400m 지나 오른쪽
요금 더블룸 $60~
전화 671-687-1513, 070-7838-0126
홈피 cafe.naver.com/guamjkgh
GPS 13.506439, 144.810176

Special Tip: 똑똑하게 이용하는 에어비앤비

에어비앤비Airbnb는 전문적인 숙박업소가 아닌 일반 현지인의 집이나 방을 일정 기간 빌릴 수 있는 웹사이트다. 전 세계 정보가 모두 올라와 있어, 괌 역시 다양한 숙소들을 찾아볼 수 있다. 최근 에어비앤비 이용자의 피해 사례가 언론에 소개되면서 부정적 인지도는 높아졌지만, '해외에서 현지인처럼 살아보기'라는 달콤한(?) 유혹은 여전히 많은 사람들로 하여금 에어비앤비를 찾게 만든다.

홈피 www.airbnb.co.kr

에어비앤비의 장점

❶ 내 집처럼 편안하게
숙소 형태는 기본적으로 일반 가정집(아파트)이다. 집 전체를 빌려주기도 하고 방 하나씩 빌려주기도 한다. 주방을 마음껏 사용할 수 있어, 현지 음식이나 한식을 직접 해먹을 수 있고 식비를 줄일 수 있다. 집 전체를 빌릴 경우, 그 누구의 방해도 받지 않으며, 내 집처럼 편하게 이용할 수 있다.

❷ 좋은 조건에 저렴하기까지
노후화로 객실 컨디션이 좋지 않은 괌 호텔들과 달리, 내 집처럼 쾌적하고 깔끔하게 관리되는 곳이 많다. 게다가 요금마저 호텔보다 저렴하다. 투몬 지역 외 숙소를 찾을 때 특히 유용하다.

에어비앤비의 단점

❶ 일방적 예약 취소 및 추가 요금 발생
오버부킹이나 커뮤니케이션 부재로 일방적인 예약 취소 통보를 받거나 시설물 파손 및 분실로 추가 요금이 발생하기도 한다. 공지된 금액 외 청소비가 따로 부과될 수 있으며, 예약 취소 시 환불이 매우 까다롭다.

❷ 문제 해결은 내 손으로
에어비앤비는 숙박 사이트일 뿐이다. 집주인과 문제 발생 시 중재 역할은 하지만 매우 제한적이므로 거의 모든 문제는 직접 해결해야 한다.

❸ 렌터카는 필수
대체로 관광지에서 벗어난 곳에 위치해 각종 셔틀버스 이용도 불가능한 편이다.

이용 시 주의사항

1. 이용자 후기를 꼼꼼하게 읽어본다. 소개된 것과 실제 숙소 상태가 일치하는지, 집주인의 부당한 처사는 없는지 꼭 확인하자.
2. 예약 및 취소, 요금 관련 규정들을 꼭 살피고 신중하게 예약한다.
3. 괌 입국 시 에어비앤비는 일반 호텔들과 달리 심사가 까다롭다. 반드시 예약 확인서를 프린트하고 집주인의 연락처를 메모해 둔다.
4. 주소와 구글 맵스, 혹은 GPS만 믿고 숙소를 찾기 어려울 때가 많다. 집주인을 통해 찾아가는 방법을 자세히 알고 예상 체크인 시간을 알린다.
5. 체크인 후 숙소 상태를 꼼꼼하게 체크한다. 문제가 있는 곳은 증거를 남겨 집주인에게 즉시 알려야 한다. 이는 체크아웃 전에도 마찬가지다.
6. 체류 중 숙소 시설물이 파손된 경우 호스트는 패널티를 요구할 수 있다. 과도한 금액을 요구할 경우, 통상적인 수리 비용을 파악하고 호스트와 요금 협의를 하는 것이 좋다.

03

Step to Guam

쉽고 빠르게 끝내는 여행 준비

Step to Guam 1.

당신이 괌에 대해 알아야 할 것들

미국령인 괌은 남태평양 섬의 지리적 특징과 차모로족의 전통문화, 미국식 생활문화가 뒤섞여 괌만의 독특한 생활양식을 선보이고 있다. 완벽한 여행 준비와 현지 적응을 위해 꼭 알아둬야 할 사항들을 모았다.

정식명칭
미국령 괌 The United States Island Territory of Guam

주도
아가냐 Agatna (혹은 하갓냐 Hagatna 라고도 한다)

인구
총 17만여 명(2021년 통계). 차모로인 37.3%, 필리핀인 26.3%, 백인 7.1%, 한국인 2.2%

지형
총면적 543.52㎢로 우리나라 제주도의 3분의 1 정도 되는 크기이다.

시차
한국보다 1시간 빠르다. 한국이 아침 9시일 때, 괌은 아침 10시.

언어
영어, 차모로어

통화, 환율
미국 달러($)와 센트(¢)를 쓴다.
1$=약 1,300원(2022년 8월 기준)

종교
가톨릭 75%, 개신교 18%

날씨
열대해양성의 고온 다습한 기후이지만, 낮에 32도 이상 올라가거나 밤에 24도 이하로 떨어지는 일이 별로 없다. 우기는 6~11월이며, 7~9월에는 태풍이 자주 발생한다. 강풍과 폭우를 동반하는 태풍이 아니라면, 1~2시간 정도 쏟아지고 그치는 스콜이라 여행에 큰 지장은 없다.

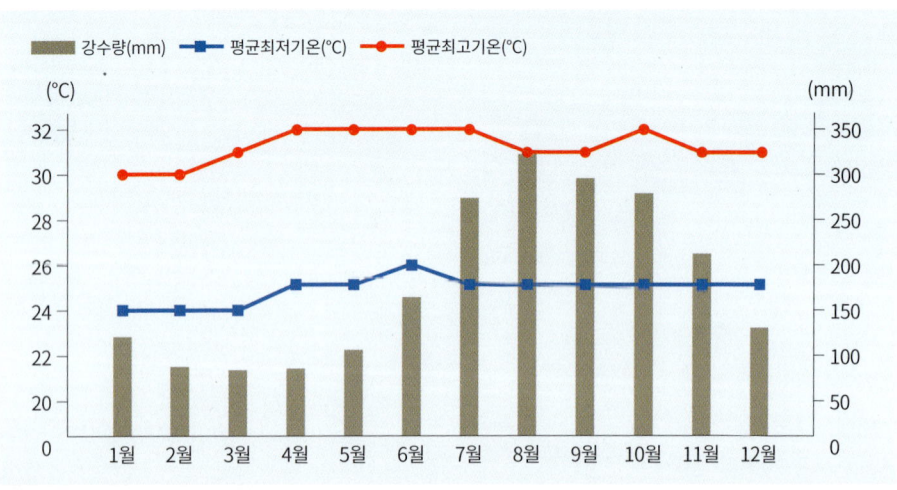

팁 문화

계산서에 봉사료가 포함되어 있을 경우, 따로 지불할 필요가 없다. 그 외의 경우에는 일반적으로 요금의 15%를 지급하며, 호텔 룸 청소에 대해서는 베개나 테이블 위에 $1~2 정도 올려놓는다.

전기, 전압

우리나라와 달리 110V를 사용하고 콘센트 모양도 11자이다. 우리나라 대부분의 전자제품이 110~240V에 적합화되어 있으므로 11자형 어댑터만 있으면 된다. 국내에서 미리 준비해 가거나 현지 마트에서 구입, 혹은 호텔 컨시어지에서 빌리도록 한다.

괌의 공휴일 및 축제

월	공휴일	축제
1월	1일 새해 셋째 주 월요일 마틴 루터 킹 목사의 날	숍 괌 페스티벌 Shop Guam e-Festival
2월	셋째 주 월요일 대통령의 날	숍 괌 페스티벌 Shop Guam e-Festival
3월	첫째 주 월요일 괌 발견의 날	
4월	부활절 전날 성 금요일(매년 변동) 부활절(매년 변동)	유나이티드 괌 마라톤 대회 United Airlines Guam Marathon
5월	마지막 주 월요일 현충일	괌 마이크로네시아 섬 축제 Guam Micronesia Island Fair
6월		일렉트릭(뮤직) 아일랜드 페스티벌 Electric Island Festival
7월	4일 미국 독립기념일 21일 괌 광복절	괌 바비큐 블록 파티 Guam BBQ Block Party
8월		일렉트릭 아일랜드 페스티벌 Electric Island Festival
9월	첫째 주 월요일 노동절	
10월	둘째 주 월요일 콜럼버스 기념일	괌 국제 필름 페스티벌 Guam International Film Festival
11월	11일 재향군인의 날 넷째 주 목요일 추수감사절	숍 괌 페스티벌 Shop Guam e-Festival
12월	8일 카마린 성모 대축일 25일 크리스마스 31일 새해 전날	숍 괌 페스티벌 Shop Guam e-Festival

＊ 공휴일과 축제는 매년 상황에 따라 변동 가능

Step to Guam 1.

일출, 일몰 시간(평균)

월	일출	일몰
1월	06:48	18:11
2월	06:44	18:25
3월	06:29	18:30
4월	06:09	18:32
5월	05:55	18:38
6월	05:54	18:47
7월	06:02	18:51
8월	06:09	18:41
9월	06:10	18:21
10월	06:12	18:00
11월	06:20	17:49
12월	06:36	17:55

* 매달 15일을 기준으로 함.
　정확한 시간은 www.timeanddate.com에서 확인

괌의 역사

괌에는 오래전부터 원주민인 차모로족이 살고 있었다. 차모로족은 언어, 문화의 유사성으로 볼 때 말레이시아, 필리핀, 인도네시아와 관련이 있는 듯 보이나 그 정확한 기원에 대해서는 학자들도 아직까지 밝히지 못하고 있다. 차모로족은 카누를 잘 만드는 능숙한 어부면서 동시에 손재주가 좋은 장인들이 많은 민족으로 유명하다. 1521년, 마젤란이 세계 일주 도중 괌에 불시착하면서 외부 세계와의 첫 만남이 시작되었고 이를 계기로 평화로운 차모로족의 생활에도 큰 변화가 일기 시작한다. 1565년, 스페인 왕 미구엘 로페즈 데 레가스피가 괌을 점령하고 이후 333년에 걸쳐 스페인의 통치를 받게 된다. 하지만 아메리카와 스페인의 전쟁을 거쳐 1898년 미국의 통치령이 되었고, 제2차 세계대전이 시작되는 1941년에는 일본군이 점령하기도 한다. 그리고 다시 1944년 7월에는 미군이 영토 재탈환에 성공한다. 이렇게 스페인-미국-일본-미국의 통치를 거쳐 1950년 미국의 자치령이 되어 현재에 이르고 있다.

전화

한국에서 쓰는 스마트폰을 괌에서도 그대로 사용할 경우 자동 로밍되며,
다음의 요금(K통신사 기준)이 부여된다.

○ 괌에서 전화 받기
한국에서 오는 전화를 받을 때에도 요금이 부과된다. 통신사에 따라 다르지만, 1분당 약 1,119원 정도.

○ 괌에서 전화하기
괌에서 한국으로, 혹은 괌 지역 내로 전화할 경우에도, 1분당 약 119원 정도 한다. 괌에서 한국으로 전화할 경우, +82를 누른 후 0을 제외한 상대방 번호를 입력한다. 괌에서 괌 내로 전화할 경우, +국가번호 없이 상대방 번호만 그대로 입력한다. 참고로, 0을 길게 누르면 +가 입력된다.

○ 괌에서 문자하기
문자 수신은 무료. 단문자 발신은 1건당 22원, MMS는 220원이다.

○ 괌에서 데이터 쓰기
특별히 신청하지 않아도, 데이터로밍 하루 상한선이 적용된다. K사의 경우, 아무리 데이터를 많이 써도 1일 1만 1천원을 넘지 않는다. 단, 20MB 사용 후, 200Kbps 이하로 속도가 저하된다.

○ 데이터로밍 차단하기
한국에서 비행기 이륙 후 바로 데이터를 차단('설정'으로 들어가 '모바일 데이터'를 끈다)해 놓지 않으면 자동으로 로밍이 되기 때문에, 괌 도착해 스마트폰을 켜는 순간부터 데이터 요금이 발생할 수 있다.

○ 공중전화 및 호텔 전화
한번 통화하는 데 25¢이고 섬 내에서는 거리나 통화 시간 등에 제한이 없다. 호텔 객실에 마련된 전화는 호텔 내 이용을 제외하고는 일반 공중전화보다 통화료가 훨씬 비싸다. 따라서 호텔 로비에 마련된 공중전화를 이용하거나(최근에는 거의 찾아보기 힘들다) 컨시어지에 가서 번호를 알려주며 전화를 걸어줄 것을 부탁한다.

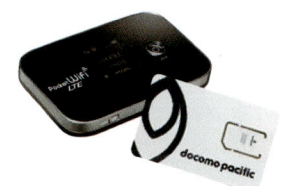

긴급연락처

경찰, 화재, 앰뷸런스 요청 등 통합 긴급연락처 ▶ 911
대한민국 영사관 긴급연락처 ▶ 671-647-6488, 688-5886
대한항공 ▶ 671-642-1124/5
진에어 ▶ 671-642-2800
제주항공 ▶ 671-649-3936
에어부산 ▶ 671-642-7705
티웨이항공 ▶ 671-989-1500
괌 메모리얼 병원 ▶ 671-647-2554/5
괌 SDA 클리닉 ▶ 671-646-8881~4
신용카드 분실신고 ▶ 자주 쓰는 신용카드 해외분실 신고 번호를 반드시 메모해 둔다. 신고는 24시간 언제나 가능하며, 접수 카드사에 이름, 전화번호, 주민등록번호를 제공하면 다른 카드도 동시에 분실신고를 마칠 수 있다.

— Step to Guam 2. —

인천공항에서 괌 호텔까지, 무조건 따라 하기

처음 미국(괌) 여행을 가는 사람도, 영어 한마디 못 하는 사람도 걱정할 것 하나 없다.
이른 새벽 도착해 호텔 찾아가기까지 우왕좌왕할 것도 없다.
무조건 따라하면 인천에서 괌 호텔까지 만사 OK!

1. 한국 출국 및 괌 입국하기

공항 ⇒ 항공사 카운터 확인 ⇒ 한국어 인터뷰(무작위) ⇒ 탑승 수속 ⇒ 보안 검색 ⇒ 탑승 게이트 이동 ⇒ 탑승

한국 공항 출국 절차

출발시간 3시간 전에는 공항에 도착해야 한다. 체크인 전 무작위 선택하여 간단한 한국어 인터뷰를 진행한다(여행 목적, 기간, 숙소 등). 체크인 시 여권과 함께 반드시 이티켓, 코로나19 예방접종증명서(영문)를 제시해야 한다. 체크인을 마친 후, 보안검색대를 통과하여 출국심사를 받고 면세구역으로 들어간다. 탑승권에 있는 보딩타임에 맞춰 탑승 게이트로 가서 탑승을 완료한다.

괌 공항 입국 절차

○ 도착 전 기내에서

입국에 필요한 '비자면제신청서'(미국비자나 전자여행비자ESTA가 없는 경우에만 작성)와 '세관신고서'(가족당 대표 1인만 작성)를 작성한다. 괌 입국 전 72시간 내 온라인으로 전자세관신고서(EDF)를 작성 신고하고 QR 코드를 받아두었다면, 세관신고서는 다시 쓸 필요는 없다.

전자세관신고서 홈피 traveller.guamedf.landing.cards

○ 공항 도착

❶ 비행기에서 내려 수화물 찾는 곳Baggage Claim이나 입국심사대Immigration 표시를 따라간다.

❷ 입국심사대(ESTA 신청자 및 미국 비자 소지자는 ESTA라고 쓰인 줄로 간다. ESTA에 관한 정보는 p.22 참조)에서 줄을 선 후, 안내자가 지정해 주는 심사대로 가 여권과 비자면제신청서를 제시한다. 심사관이 방문 목적과 체류 기간, 숙소 등을 물어본 후, 양손 지문 채취와 얼굴 사진을 촬영한다.

❸ 입국심사가 끝나면 수화물 찾는 곳Baggage Claim에서 짐을 찾는다. 짐이 분실 및 파손된 경우, 인천공항에서 받은 수화물 보관표를 가지고 서비스 센터 Baggage Service Office로 간다.

❹ 짐을 찾아 입국 홀로 나오기 전 세관Custom을 통과하게 된다. 이때 기내에서 작성한 세관신고서를 제출한다. 실제 소지품과 세관신고 내역이 다를 경우, 500달러의 벌금을 물게 된다.

○ 입국 시 주의사항

1 | 면세
합계 100달러 상당의 선물 및 구매품은 면세다. 입국 시 만 18세 이상의 관광객은 200개비의 담배, 만 21세 이상은 주류 1리터(총액 100달러)까지 반입이 가능하다.

2 | 현금과 외국환
1만 달러 이상이면 신고 대상이다.

3 | 습관성 약품
적정하게 약물이 표시되어 있고 여행 중 필요하다는 의사 처방전 등이 있는 경우 일반적으로 요구되는 용량에 한해 반입이 가능하다.

4 | 검역
생과일, 야채를 포함한 식물류 및 그 가공품, 토양, 무기물 혹은 생물의 견본, 동물이나 동물의 일부 혹은 야생동물을 이용해 만든 제품, 육류, 우유, 달걀을 포함한 동물성 식품 등은 반입 불가 품목으로 검역 시 벌금이 부과되는 항목이다.

Tip | 입국심사 영어

Q. What's the purpose of your visit?
 (=What brings you here?)
 왓츠 더 퍼포즈 오브 유어 비짓?
 (=왓 브링즈 유 히어?)
 방문 목적이 무엇입니까?
A. Sightseeing. 싸잇싱. 관광입니다.

Q. How long are you staying?
 하우 롱 아 유 스테잉?
 얼마나 머무실 겁니까?
A. For four days. 포 포 데이즈. 4일 머뭅니다.

Q. Where are you staying?
 웨얼 아 유 스테잉?
 어디 머무실 예정입니까?
A. At the OOO Hotel.
 엣 더 OOO 호텔.
 OOO 호텔에 머뭅니다.

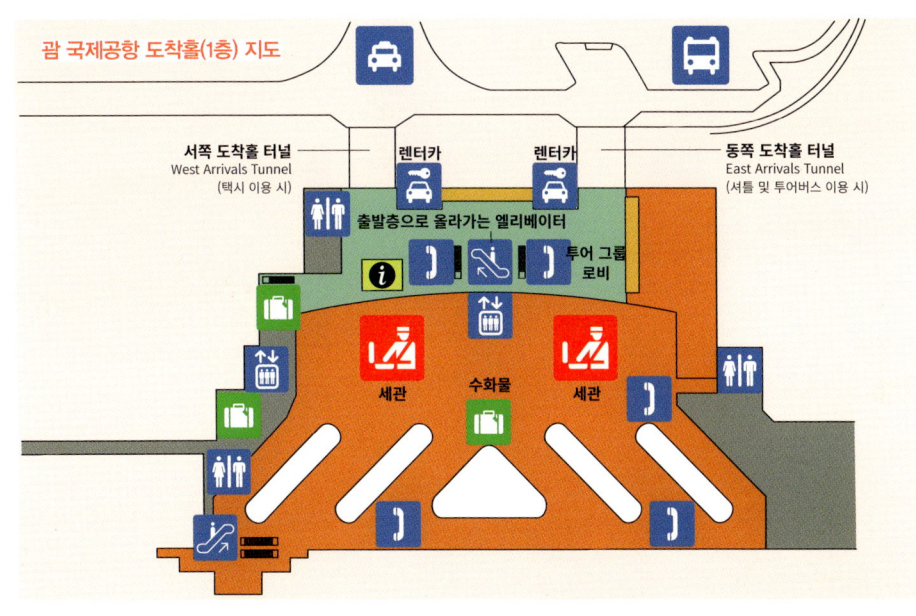

괌 국제공항 도착홀(1층) 지도

서쪽 도착홀 터널 / West Arrivals Tunnel (택시 이용 시)
렌터카
렌터카
동쪽 도착홀 터널 / East Arrivals Tunnel (셔틀 및 투어버스 이용 시)
출발층으로 올라가는 엘리베이터
투어 그룹 로비
세관
수화물
세관

Step to Guam 2.

2. 괌 시내로 이동하기

공항택시
세관을 지나 도착홀로 나온 뒤 왼쪽 출구West Arrival로 나온다. 정면에 보이는 Taxi 안내판 화살표를 따라 왼쪽으로 조금 이동하면 택시 탑승장이 나온다. 대기 중인 택시를 타면 미터기로 요금이 정산된다. 거리에 따라 25~30달러 정도 하며, 캐리어당 1달러씩 부과된다. 캐리어 요금을 제외한 금액에서 10% 정도를 팁으로 지불한다. 참고로 2022년 8월 현재, 한인택시는 공항 영업을 하지 않는다.

렌터카
공항에서 차량을 인수할 수 있는 렌터카 업체는 허츠Hertz, 에이비스AVIS, 내셔널National, 닛산Nissan이다. 도착홀에 해당 부스들이 있으며, 허츠와 닛산은 국내 대행업체들의 사전예약 프로모션을 통해 좀 더 저렴하게 이용할 수 있다.
클릭여행사 닛산 대행업체 www.guam.co.kr
괌자길 허츠 대행업체(네이버카페) cafe.naver.com/guamfree

공항 셔틀버스
비행 스케줄에 맞춰 공항과 호텔을 잇는다. 왕복 2만 원 내외. 국내 소셜커머스 등에서 티켓 구매가 가능하다. 도착홀 오른쪽 출구East Arrival로 나가면 예약시간에 맞춰 버스가 대기하고 있다. 레드 구아한 트롤리버스도 공항 셔틀을 운행한다. 편도 7달러로 저렴하지만, 낮 시간대에 한정돼 있고 T 갤러리아와 호텔 간은 개별 이동해야 한다. 팬데믹 기간 운휴.

각종 픽업 서비스
대부분의 호텔이 공항 픽업 서비스를 제공한다. 호텔 예약 시 신청하며, 호텔에 따라 가격이 다르다.

3. 괌 시내에서 택시 이용하기

괌 리조트들이 모여 있는 투몬 시내도 리조트와 쇼핑몰, 레스토랑까지 거리가 있어, 렌터카(자세한 정보는 40쪽 참고)나 셔틀버스(자세한 정보는 44쪽 참고)만큼 택시 이용도 대중적이다. 괌 시내에서는 공항과 달리, 한인 택시를 주로 이용하는데, 출도착 지점에 따라 요금이 정해져 있고 카톡으로 바로바로 호출도 가능해 편리하다. 요금은 투몬 시내 8~15달러, GPO 12~17달러, 마이크로네시아 몰 12~20달러 정도 한다.
7788 가이드 셔틀 카톡 guam7788 **괌 조아** 카톡 GU3886, GU3332

4. 괌 출국하기

공항 ⇒ 항공사 카운터 확인 ⇒ 탑승 수속 ⇒ 보안 검색 ⇒ 탑승 게이트 이동 ⇒ 탑승

공항 이동
입국 시 호텔 이동과 마찬가지 방법으로 공항까지 이동한다. 단, 공항샌딩은 한인택시 이용도 가능하다. 출국장 체크인 카운터는 청사 2층에 위치한다. 청사 내 모니터로 해당 항공사의 카운터를 확인한다.

택스리펀
괌은 전 지역이 면세 구역이다. 따라서 따로 택스리펀을 받을 필요가 없다.

탑승 수속
해당 항공사 카운터에서 체크인(팬데믹 기간 중 코로나 음성확인서 필수)을 하고 수화물을 부친 후 3층으로 올라간다.

보안 검색
탑승권에 TSA PRE라고 찍혀 있으면 파란색의 TSA 라인으로 가고, 그 외에는 녹색에 입구라고 쓰인 라인에 선다. 보안 검색 시 모든 전자기계와 호주머니 속 동전은 꺼내놓고, 벨트, 머리핀, 외투, 신발을 벗어 플라스틱 바구니에 넣는다.

일반 라인 표시 / TSA 라인 표시

탑승 게이트로 이동
면세점 쇼핑 및 식사 후 탑승권에 적힌 보딩타임에 맞춰 게이트로 찾아간다.

5. 한국 입국하기

입국 전 기내에서 나눠주는 세관신고서(가족당 대표 1인)를 작성한다. 면세한도는 1인당 800달러로 가족 수만큼 합산할 수 있으며(즉, 4인 가족이라면, 총 3,200달러 면세), 초과 금액은 세관에 신고해야 한다. 자진신고 시 납부세액의 30% 감면받으며, 신고 미이행 시 납부세액의 40~60%의 벌금을 내야 한다. 코로나 검역을 위한 준비 사항은 212쪽 참고.

— Step to Guam 3. —

코로나 시대, 유비무환!

각국이 코로나19 관련 제약을 완화하고 있지만, 그만큼 현지에서의 감염 위험은 더 높아졌다. 감염 없는 안전한 여행을 위해 더욱 철저히 준비하자.

출국 전
1. Coov 앱을 설치해 본인의 백신 접종 내역을 등록하고, 정부24 홈페이지에 들어가 영문 코로나19 예방접종증명서를 다운받아 두자. 1장 정도는 프린트해 두는 것이 좋다.
2. 미국(괌 포함)은 2022년 6월 12일부로 코로나19 음성확인서 또는 회복증명서 등을 요구하지 않는다.
3. 미국 질병통제예방센터(CDC) 승객 서약서를 작성해야 한다. 체크인 시 해당 항공사에서 관련 서류를 제시하면, 마지막 서명란에 이름을 적고 사인을 한 뒤 돌려준다.
4. 마스크는 여행 일정의 2배 정도로 넉넉히 준비하고 여러 곳에 분산하자.
5. 소독 용품, 자가 진단 키트는 필요한 만큼 미리 준비하거나 필요시 현지에서 구입한다.

현지 도착 시
1. 출국 전 단계를 문제없이 거쳤다면, 괌에서는 특별 검역 절차나 격리 없이 자유로운 여행이 가능하다.
2. 실내외 모두 마스크 착용 규제가 없다. 리조트 직원이나 식음료 업계 종사자를 제외하면 현지인들은 대부분 마스크를 쓰지 않는다.
3. 마스크 규제 해지 이후 신규 확진자는 다시 증가하는 추세를 보이고 있다. 가능한 한 거리두기에 신경을 쓰고, 외출 후 반드시 손과 얼굴을 깨끗이 씻고, 사용한 물건은 소독 티슈 등으로 닦아 주는 등 개인 방역에 신경 쓰도록 한다.

귀국 전
1. 대한민국 입국 시 PCR이나 전문가용 신속항원검사를 통해 코로나19 음성확인서를 발급받아야 한다.
2. 음성확인서는 PCR의 경우 현지 출발일 0시 기준 48시간 이내, 신속항원(RAT, AG, Antigen)은 출발일 0시 기준 24시간 이내 검사하여 발급받은 것이어야 한다.
   예시 11월 3일 밤 9시 45분 괌 출국 항공편인 경우, 11월 3일 0시를 기준으로 PCR은 48시간 전인 11월 1일 0시부터 아무 때나, 신속항원은 24시간 전인 11월 2일 0시 이후 아무 때나 검사받으면 된다.
3. 검사 결과 양성일 경우 비행기 탑승이 불가능하며, 확진일로부터 10일 경과 40일 이내에는 이미 발급받은 양성확인서만으로도 입국이 가능하다.

예시 11월 1일 양성 확진을 받은 경우, 그 다음날부터 10일째 되는 날인 11월 11일에는 한국행 비행기를 탈 수 있다.

양성 판정 시

① 괌에서는 검체 채취일(신속항원검사일)로부터 5일간 격리 필수이다. 정부 주도에 따른 시설 격리나 제재는 없고, 개인 숙소(호텔 혹은 리조트)에서 자가 격리하면 된다(100% 개인 부담).
② 원칙은 한국에서의 자가격리와 같지만, 슈퍼마켓 같은 생활 필수 시설로의 접근은 가능하다. 이때 반드시 마스크를 쓰고 충분한 거리를 두어야 한다.
③ 진통제를 비롯한 각종 약품은 약국이나 K마트, 페이레스 슈퍼마켓, ABC스토어 등에서 구입할 수 있다.
④ 귀국편 항공권을 취소하고 새 항공권을 구입하거나 일정 변경을 요청한다. 한국 입국 규정에 따라 10일 후 출발하는 비행기를 잡아두거나, 5일 의무 격리 후 신속항원검사를 해 음성이 나온 뒤 항공권을 알아보는 방법도 있다.

> **Tip | 신속항원검사 정보**
>
> 괌정부관광청은 한국인 여행객에게 신속항원검사(RAT)를 무상 지원하고 있다. 검사 센터는 퍼시픽 아일랜드 클럽Pacific Islands Club ▲호텔 니코 괌 Hotel Nikko Guam ▲하얏트 리젠시 괌Hyatt Regency Guam ▲더 플라자 쇼핑 센터The Plaza Shopping Center에 위치해 있으며, 매일 오전 9시부터 오후 12시, 오후 2시부터 오후 4시까지 운영된다. 신속항원검사 무상 지원 서비스는 코로나 상황에 따라 언제든 변경될 수 있기 때문에 여행 전 반드시 재확인해야 한다.

귀국 시

① 한국 입국을 위해 10일 전 40일 이내 확진되었다는 양성확인서나 신속항원검사 음성확인서 둘 중 하나를 준비한다.
② 괌 출발 전 cov19ent.kdca.go.kr로 접속해 신속항원검사 결과지를 등록하고 Q코드(한국 검역정보 사전 입력 시스템)를 발급받는다.
③ 한국 내 공항 도착 후 Q코드를 찍고 검역을 통과한 후 일반 대중교통을 이용해 자택으로 돌아간다.
④ 국내 입국 후 1일 내 보건소를 방문해 PCR 검사를 받는다. 이때 출입국을 증명할 수 있는 서류(예: 항공권이나 보딩패스 등)가 꼭 필요하다.
⑤ PCR 결과 양성인 경우, 자택에서 7일간 자가격리한다.
⑥ PCR 결과 음성인 경우에도 6~7일 후 자가진단키트로 코로나 검사를 해보는 것이 좋다.

* 귀국 전 입국 규정 및 귀국 후 자가 격리 여부는 코로나 상황에 따라 언제든 달라질 수 있으므로, 질병관리청, 한국 대사관 홈페이지를 수시로 확인해야 한다.
질병관리청 www.kdca.go.kr

> **Tip | 코로나 여행자보험**
>
> 팬데믹 시대에 여행자보험은 선택 아닌 필수처럼 여겨진다. 국내 여행자보험은 해외 질병 치료비를 보상해 주는데, 업체에 따라 코로나 치료는 보상 대상에서 제외하기도 한다. 따라서 보장 범위를 꼼꼼하게 체크하는 것이 중요하다.

— Step to Guam 4. —

괌 여행 초짜들을 위한 여행준비 ABC

괌 여행을 계획 중이지만 어떻게 여행을 준비해야 할지 막막한 생초보 여행자들을 위해 여행 준비 과정을 하나하나 정리해 보았다. 항공권은 언제 구입해야 하는지, 호텔은 어떻게 예약해야 하는지, 천천히 준비 과정에 들어가 보자.

D-60 여행 그리기

괌으로 목적지를 정했다면, 가장 먼저 괌에서 무엇을 하고 싶은지 생각해 봐야 한다. 미국 제품들을 값싸게 구입할 수 있다는 점에서 쇼핑에 초점을 둘 것인지, 개인 비치는 물론 워터파크까지 즐길거리가 풍부한 리조트 생활을 마음껏 누릴 것인지, 아니면 괌 이곳저곳을 돌아다니며 자연 속에 푹 빠져들 것인지 결정해 보도록 한다. 또한 누구와 함께 갈 것인지도 중요하다. 아이들을 포함한 가족인지, 부모님을 모시고 가는지, 혹은 배 속의 아이가 함께하는 태교 여행인지에 따라 숙소, 일정, 먹거리 등은 달라질 수 있다. 이 두 가지가 명확해졌다면, 이 책을 참고하여, 보고 싶은 것, 하고 싶은 것, 먹고 싶은 것을 구체적으로 적어나간다.

D-50 여권 만들기

○ **여권**

괌의 경우 여권은 한국으로 돌아오는 날까지 유효기간이 남아 있어야 하며 여권 발급은 서울은 각 구청에서, 지방은 시청, 도청에서 발급받을 수 있다. 여권 발급에 소요되는 기간은 5일 정도다. 한 번이라도 여권을 발급받은 기록이 있다면, 온라인으로 여권 재발급을 신청할 수 있다. 정부24(www.gov.kr) 검색 창에 '여권 재발급' 입력. 기타 여권에 관한 구체적인 정보는 외교부 홈페이지를 참고한다.

외교부 여권 안내 www.passport.go.kr

○ **비자**

괌은 무비자로 45일간 머물 수 있다. 비자 소유자들은 대체로 입국심사가 빠르다. 어린아이를 동반하거나 오랫동안 줄 서 있기 힘든 경우, 괌 도착 72시간 전까지는 ESTA(미국비자면제프로그램)를 신청해 놓는다(esta.cbp.dhs.gov 한글 지원, 21달러, 2년간 유효).

Tip | 여행정보 온라인 카페

괌에 대한 정보는 무궁무진하다. 그중 회원들의 활발한 활동으로 실시간 질문과 답글이 올라오는 네이버 카페, '괌 자유여행 길잡이'(일명 '괌자길'로 통한다)는 여행 전부터 끝날 때까지 가장 유용한 정보창고다. 이곳에서는 괌에서 즐길 수 있는 모든 옵션 투어 신청은 물론 렌터카 예약, 각종 할인 쿠폰도 받을 수 있다.

괌자길
cafe.naver.com/guamfree

D-45 항공권 예약하기

입출국 날짜가 확실하다면 항공권 예약을 서두르자. 스케줄과 가격이 좋은 항공권은 빨리 동이 난다. 현재 괌 취항 항공기로는 대한항공, 제주항공, 진에어, 티웨이항공, 에어서울이 있으며, 항공권 가격 비교 사이트를 이용하면 좀 더 저렴한 티켓을 구할 수 있다. 또한 저비용 항공사들은 비수기 중심으로 다양한 프로모션 티켓을 판매하기 때문에 공식홈페이지를 방문해 보는 것도 좋다.

호텔스컴바인

스카이스캐너 www.skyscanner.co.kr
G마켓 항공권 gtour.gmarket.co.kr

D-40 숙소 예약하기

숙소는 어떤 여행을 원하는지, 여행 목적이 무엇이며 누구와 함께 가는지, 개인의 성향 등 많은 것이 복합적으로 작용한다. 괌에는 대단위 워터파크 시설을 갖추고 모든 식사를 내부에서 해결할 수 있도록 한 리조트부터 한인 게스트 하우스에 이르기까지 다양한 가격대와 시설 조건을 갖춘 숙소들이 존재한다. 좀 더 구체적인 숙소 선택법은 이 책의 미션 부분(p.84)을 참조한다. 숙소 예약은 호텔 홈페이지나 숙소 예약 전문 사이트, 괌 전문 여행사 홈페이지를 활용할 수 있다. 가장 대중적인 방법은 호텔 예약 사이트를 이용하는 것이다. 같은 호텔이라도 예약 사이트마다 가격이 다 다르기 때문에, 호텔 트리바고나 호텔스컴바인 같은 가격비교 사이트를 적극 활용하는 것이 좋다.

부킹닷컴

호텔 트리바고 www.trivago.co.kr
호텔스 컴바인 www.hotelscombined.co.kr

D-7 면세점 쇼핑하기

여행을 앞두고 또 하나의 즐거움이 될 수 있는 것이 바로 시내 & 온라인 면세점 쇼핑이다. 할인 혜택과 가격 비교를 통해 알뜰하고 똑똑하게 면세 쇼핑에 도전해 보자. 물품은 출국 날 공항 인도장에서 받을 수 있다.

Step to Guam 4.

D-5 환전하기

한국에서 달러로 환전하면 된다. 하지만 현지에서 드는 모든 비용을 달러로 환전할 필요는 없다. 현지에서도 금액이 큰 경우에는 해외이용 수수료가 적은 글로벌 체크카드나 신용카드를 이용하는 게 여러모로 편하기 때문이다. 최근에는 환율이 저렴할 때 미리 환전해 카드에 충전시켜 놓고 현지에서 체크카드 사용하듯 이용하는 트래블월렛이 주목을 받고 있다. 환전 시 100% 환율 우대를 받을 수 있다는 점에서도 매력적이다. 그럼에도 소액 결제나 팁 등 현금이 꼭 필요한 경우도 있기 때문에, 환전은 선택이 아니라 필수다. 다음의 방법을 이용하면 좀 더 알뜰하게 환전을 할 수 있다.

❶ 자신이 거래하는 인터넷뱅킹을 통해 환전을 하면 최대 90%까지 수수료 할인을 받을 수 있다. 외화는 환전을 신청한 다음날부터 집 근처 지정 은행이나 공항에서 수령할 수 있다.
❷ 토스 첫 거래의 경우 100% 환율 우대 서비스를 받을 수 있다.
❸ 가장 추천하지 않는 방법이 공항에서 환전하는 것이다. 제일 편하지만 수수료는 가장 비싸 손에 들어오는 게 적다.

> **Tip | 현지 ATM기 사용법**
> 1. 언어를 선택한다. 기기에 따라서는 한글도 있으니 잘 살펴본다.
> 2. PIN(비밀번호)을 입력한다.
> 3. Withdraw Cash(현금인출)를 선택한다.
> 4. 인출 계좌 선택. 체크카드면 Savings를, 신용카드면 Credit을 선택한다.
> 5. 인출 금액을 입력 후 Yes 선택. 혹시 있을지 모를 인출 사고를 대비해 영수증은 반드시 보관하도록 한다.

D-2 짐 꾸리기

우선 여행에 필요한 리스트를 작성한다. 리스트가 완성되면 물건들을 하나씩 체크해가며 짐을 꾸린다. 액체류와 350ml가 넘는 분말 물품(예: 밀가루, 설탕, 커피가루 등)은 기내 반입이 불가하므로 수화물 캐리어에 넣고, 보조배터리는 기내 반입용 가방에 넣는다. 화장품 같은 100ml 미만의 액체는 지퍼락(세로 20cm 이하×가로 20cm)에 넣어 기내 반입할 수 있다.

D-1 인터넷 여행자보험

현지에서 사용한 의료비 및 물품 도난에 대해 보상을 받을 수 있는 보험이다. 최근에는 의료실비보험 가입자가 늘어나면서, 2중 보상 불가 항목을 빼고 좀 더 저렴하게 보험료가 책정되기도 한다. 귀국 후 보험 청구를 하려면, 현지 증빙 서류들이 필요하므로, 보험 증권을 꼼꼼하게 읽어둔다. 출국 후 가입은 불가하니 인터넷으로 미리 가입해 두자. 피치 못할 상황으로 여행이 취소되었다면, 여행자보험 해지도 가능하며 100% 환불받을 수 있다.

D-Day 출발

드디어 출발이다. 마지막으로 빼놓은 것은 없는지 확인하자(특히 여권). 비행시간 3시간 전에는 반드시 공항에 도착해야 하며, 해당 항공사의 체크인 카운터로 가 보딩패스를 받는다. 이후 출국장 입구로 가 검색대를 통과한 후 출국심사를 받고 면세구역으로 들어간다. 이때 시간이 많이 걸리므로(오후보다는 오전에 사람들이 많고, 성수기 및 연휴 기간은 특히 심하다) 시간을 넉넉히 갖자. 인천공항의 경우, 대한항공은 제2터미널에서 출발하고 그 외 모든 항공사들은 제1터미널에서 출발한다.

○ 준비물 체크리스트

종류	세부항목	확인	비고
여권 & 여행 경비	여권		
	여권 복사본 & 여권 사진		여권 분실 시 현지 재발행에 필요하다.
	항공권(E-Ticket)		체크인 전 출국심사 시 반드시 확인한다.
	여행 경비(미국 달러)		
	코로나19 예방접종증명서(영문)		미국(괌) 입국 규정에 따라 변동될 수 있다.
	신용카드나 국제체크카드		
	운전면허증		렌트 계획이 있다면 필수
	호텔 및 각종 바우처		
	여행자보험		선택 사항이지만 추천
의류	여름옷		
	얇은 카디건		에어컨 바람이 강하므로 준비
	취침 시 입을 옷		
	속옷		
	수영복 및 비치웨어		
세면도구 및 화장품	치약, 칫솔		
	비누와 샤워젤		현지 구입 가능
	샴푸와 린스		현지 구입 가능
	면도기		
	기초화장품		
	자외선 차단제		바나나보트 SPF100 현지 구입 추천
의약품	소화제		
	진통해열제		코로나 감염 시 대비
	감기약		아이 동반 시 어린이용 구비
	반창고		
	상처 연고		
	생리용품		
기타	스마트폰		구글 및 각종 앱 이용 시 필수
	카메라		스마트폰으로 대체 가능
	충전기 및 보조배터리		
	가이드북		
	아쿠아슈즈		바다에서 스노클링을 할 계획이라면
	스노클링 마스크		
	보조가방		
	비닐백, 지퍼팩		
	선글라스		
	슬리퍼		

Step to Guam 5.

영.알.못도 괜찮아, 서바이벌 영어 회화

공항 & 기내

창가 쪽/통로 쪽으로 주세요.	Window/Aisle seat, please.
저는 앞쪽 좌석에 앉기를 원합니다.	I would like to be seated in the front.
탑승 수속은 몇 시에 합니까?	What is the check-in time for my flight?
비행기가 지연된 이유는 무엇입니까?	What is the reason for the delay?
담요 한 장 주시겠어요?	May I have a blanket?

호텔

체크인을 하고 싶습니다.	I'd like to check in, please.
몰리로 3일 예약했어요.	I made a reservation for three nights under the name of Molly.
전망 좋은 방으로 주세요.	I'd like a room with a nice view.
체크아웃은 몇 시죠?	When is check out time?
짐 좀 맡아주시겠어요?	Could you keep my baggage?
맡긴 짐을 찾고 싶어요.	May I have my baggage?
택시를 불러주시겠어요?	Would you get me a taxi?
다른 방으로 바꿔주세요.	Could you give me a different room?
에어컨이 작동하지 않아요.	This air conditioner doesn't work.
이틀 더 머물겠습니다.	I'd like to stay two days longer.
하루 일찍 떠나겠습니다.	I'd like to leave a day earlier.
체크아웃 좀 부탁합니다.	Check out, please.

택시

공항으로 가주세요.	Take me to the airport, please.
공항까지 얼마나 걸리죠?	How long does it take to get to the airport?
호텔 입구에서 세워주세요.	Stop at the entrance to the hotel.

레스토랑

6시에 3명 예약하고 싶어요.	Can I make a reservation for three at six?
창가 쪽 테이블로 주세요.	We'd like a table by the window, please.
추천 좀 해주시겠어요?	What do you recommend?
이걸로 할게요.	This one, please.
내가 주문한 게 아직 안 나왔어요.	My order hasn't come yet.
요리가 덜 된 것 같아요.	This is not cooked enough.
저는 완전히 익힌 스테이크를 원해요.	I want my steak well-done.
계산서 주세요.	Just the bill, please.
남은 것 좀 싸주시겠어요?	Can I have a doggy bag?

쇼핑

그냥 구경하고 있어요.	I'm just looking.
저것 좀 보여주세요.	Would you show me that one?
더 작은/큰 것 없나요?	Do you have a smaller/bigger one?
입어 봐도 돼요?	May I try this on?
얼마예요?	How much is this?
너무 비싸요.	It's too expensive.
깎아주세요.	Can you give me a discount?
이걸로 주세요.	I think I'll take this one.
좀 더 싼 게 있나요?	Have you anything cheaper?
다른 것으로 바꿔주세요.	Can I exchange it for another one?
죄송한데 환불해주세요.	Can I have a refund?
따로따로 포장해주세요.	Please wrap them separately.

위급 상황

저는 영어를 못합니다.	I can't speak English.
한국어 하는 사람 있나요?	Is there anyone who can speak Korean?
교통사고를 당했습니다.	I was in a car accident.

Index. -가나다순-

영어

ABC 스토어 ABC Store	150
JK 게스트 하우스 JK Guest House	200
JP 슈퍼스토어 JP Super Store	139
K마트 Kmart	151
PIC 워터파크 PIC Waterpark	121
T 갤러리아 괌 T Galleria by DFS, Guam	140

ㄱ

가다오 동굴 Gadao's Cave	114
가다오 바 Gadao Bar	133
가든 빌라 호텔 Garden Villa Hotel	195
게프 파고 빌리지 Gef Pa'go Village	114
고디바 카페 Godiva Cafe	168
곰 바위 Bear Rock	114
괌 리프 리조트 Guam Reef Resort	187
괌 센터 게스트 하우스 GUAM Center Guest House	200
괌 인터내셔널 컨트리클럽 Guam International Country Club	122
괌 프리미어 아웃렛 Guam Premier Outlets(GPO)	142
괌 플라자 리조트 & 스파 Guam Plaza Resort & Spa	194
괌 피셔맨즈 코업 Guam Fishermen's Co-Op	179
그랜드 플라자 호텔 Grand Plaza Hotel	198

ㄴ

니지 Niji	162

ㄷ

더 비치 바 The Beach Bar & Grill	132
더 프레지던트 니폰 The President Nippon	173
더 플라자 The Plaza	148
데니스 Denny's	174
데데도 새벽시장 Morning Market at Dededo	152
데이즈 인 바이 윈덤 Days Inn by Wyndham	198

두짓 비치 리조트 괌 Dusit Beach Resort Guam	191
두짓타니 괌 리조트 Dusit Thani Guam Resort	191

ㄹ

라 칸티나 La Cantina	133
라이드덕 Ride Duck	124
라테 스톤 공원 Latte Stone Park	106
람람산 Mount Lamlam	110
레오 팔레스 리조트 괌 Leo Palace Resort Guam	197
레오 팔레스 리조트 컨트리클럽 Leo Palace Resort Country Club	123
로열 오키드 괌 호텔 Royal Orchid Guam Hotel	197
로이스 Roy's	167
론스타 스테이크하우스 Lone Star Steakhouse	172
롯데 면세점 괌 Lotte Duty Free Guam	141
롯데 호텔 괌 Lotte Hotel Guam	190
루비 튜즈데이 Ruby Tuesday	172
리가 로열 라구나 괌 리조트 RIHGA Royal Laguna Guam Resort	194
리카르도 J. 보르달로 주정부 종합 청사 Ricardo J. Bordallo Governor's Complex	108

ㅁ

마이크로네시아 몰 Micronesia Mall	144
맥크라우츠 McKraut's Bar & Restaurant	178
메리조 마을 Merizo Village	112
메스클라도스 Meskla DOS	166
모사스 조인트 Mosa's Joint	177

ㅂ

반 타이 Ban Thai	161
베이뷰 호텔 괌 Bayview Hotel Guam	198
별빛 투어 Guam Star Tour	126
복자福者 디에고 산 비토레스 사원 Blessed Diego San Vitores Shrine	100

비친 슈림프 Beachin Shrimp	163
비키니 아일랜드 클럽 Bikini Island Club	125
빅 선셋 디너 크루즈 BIG Sunset Dinner Cruise	129

ㅅ

사랑의 절벽 Two Lovers Point	99
산타 아규에다 요새 Fort Santa Agueda	107
샌드 캐슬 괌 Sand Castle Guam	130
샴록 펍 Shamrock Pub	170
서울정 Seoul Jung	170
선셋 바비큐 Sunset BBQ	161
세티만 전망대 Cetti Bay Overlook	110
셜리스 Shirley's	174
소이 SOI	163
솔레다드 요새 Fort Nuestra Senora de la Soledad	111
수메이 펍 & 그릴 Sumay Pub & Grill	178
슈퍼 아메리칸 서커스 Super American Circus	130
스키너 광장과 괌 박물관 Skinner Plaza & Guam Museum	104
스타츠 괌 골프 리조트 Starts Guam Golf Resort	122
스파 아유아람 SPA ayualam	127
스페인 광장 Plaza de Espana	101
시나본 Cinnabon	171
시레나 공원 Sirena Park	105
썬더 치킨 Thunder Chicken	175

ㅇ

아가냐 대성당 Dulce Nombre de Maria Cathedral Basilica	102
아가냐 쇼핑센터 Agana Shopping Center	148
아산만 전망대 Asan Bay Overlook	109
알루팡 비치 클럽 Alupang Beach Club	125
알루팡 비치 타워 콘도 Alupang Beach Tower Condo	196
앙사나 스파 Angsana Spa	127

언더워터 월드 Underwater World	100
에그앤띵즈 Egg's n Things	164
에메랄드 밸리 Emerald Valley	109
오니기리 세븐 Onigiri Seven	168
오션뷰 라운지 Ocean View Lounge	129
오션뷰 호텔 & 레지던스 괌 Oceanview Hotel & Residences Guam	188
온워드 망길라오 골프 클럽 Onward Mangilao Golf Club	123
온워드 비치 리조트 괌 Onward Beach Resort Guam	193
온워드 워터파크 Onward Waterpark	121
온워드 탈로포포 골프 리조트 괌 Onward Talofofo Golf Resort Guam	123
우마탁 마을 Umatac Village	111
우오마루 혼텐 Uomaru Honten	168
웨스틴 리조트 괌 The Westin Resort Guam	185
웬디스 Wendy's	176
이나라한 마을 Inarajan Village	113
인퓨전 커피 & 티 Infusion Coffee & Tea	169

ㅈ

자메이칸 그릴 Jamaican Grill	165
제니 프룩사 타이 스파 Jenny's Phruksa Thai Spa	128
제프스 파이러츠 코브 Jeff's Pirates Cove	179
조이너스 케야키 Joinus Keyaki	162
졸리비 Jollibee	177

ㅊ

차모로 빌리지 Chamorro Village	103
총독 관저 Government House	105
추장 가다오 동상 Chief Gadao Statue	114
추장 퀴푸하 공원 Chief Quipuha Park	107
츠바키 타워 The Tsubaki Tower	192
칠리스 그릴 & 바 Chili's Grill & Bar	173

Index.

ㅋ

카프리초사 Capricciosa	170
칼리엔테 Caliente	178
캘리포니아 마트 California Mart	152
캘리포니아 피자 키친 California Pizza Kitchen	164
코스트 유 레스 Cost U Less	149
크라운 플라자 리조트 괌 Crowne Plaza Resort Guam	196
클럽 글로브 Club Globe	133
킹스 레스토랑 King's Restaurant	172

ㅌ

타가다 놀이공원 Tagada Amusement Park	124
타시 그릴 Tasi Grill	160
타오타오 타씨 비치 디너쇼 Taotao Tasi Beach Dinner Show	131
타자 워터파크 Tarza Waterpark	122
타코스 시날로아 Tacos Sinaloa	167
탈로포포 폭포 리조트 파크 Talofofo Falls Resort Park	115
탈리팍 다리 Talaiyfak Bridge	109
태평양전쟁 역사 공원 War in the Pacific National Historic Park	109
테이스트 Taste	166
텐주도 스파 Tenjudo Spa	128
토니 로마스 Tony Roma's	165
토리 Toh-Lee	169
투레 카페 TuRe Cafe	177
투몬 벨 에어 서비스 레지던스 Tumon Bel-Air Serviced Residence	199
투몬 샌즈 플라자 Tumon Sands Plaza	147
트래블러스 베드 앤 레스트 Travelers Bed and Rest	199

ㅍ

파고만 전망대 Pago Bay Overlook	115
파드레 팔로모 공원 Padre Palomo Park	105
파라 이 라라히타 기념공원 Para I Lalahi Ta Park	110
파세오 공원 Paseo De Susana Park	106
파이올로지 Pieology	176
판다 익스프레스 Panda Express	171
퍼시픽 스타 리조트 & 스파 Pacific Star Resort & Spa	193
퍼시픽 아일랜즈 클럽 괌 Pacific Islands Club Guam(PIC)	189
퍼시픽 컨트리클럽 Country Club of the Pacific	123
펀타스틱 파크 Funtastic Park	124
페이레스 슈퍼마켓 Pay-Less Supermarkets	149
프로아 레스토랑 Proa Restaurant	159
피고 가톨릭 묘지 Pigo Catholic Cemetery	107
피시 아이 디너쇼 Fish Eye Island Cultural Dinner Show	132
피시 아이 마린 파크 Fish Eye Marine Park	108
피카스 카페 & 리틀 피카스 Pika's Cafe & Little Pika's	159

ㅎ

하드 록 카페 괌 Hard Rock Cafe Guam	169
하얏트 리젠시 괌 Hyatt Regency Guam	186
한식당 세종 Sejong Korean Restaurant	175
해비 히터스 Heavy Hitters	160
햄브로스 Hambros	167
호텔 니코 괌 Hotel Nikko Guam	192
호텔 매직쇼 Hotel Magic Show	131
홀리데이 리조트 & 스파 괌 Holiday Resort & Spa Guam	195
힐튼 괌 리조트 & 스파 Hilton Guam Resort & Spa	190

SELF TRAVEL

믿고 보는 해외여행 가이드북
셀프트래블

셀프트래블은 테마별 일정을 포함한 현지의 최신 여행정보를
감각적이고, 실속 있게 담아낸 프리미엄 가이드북입니다.

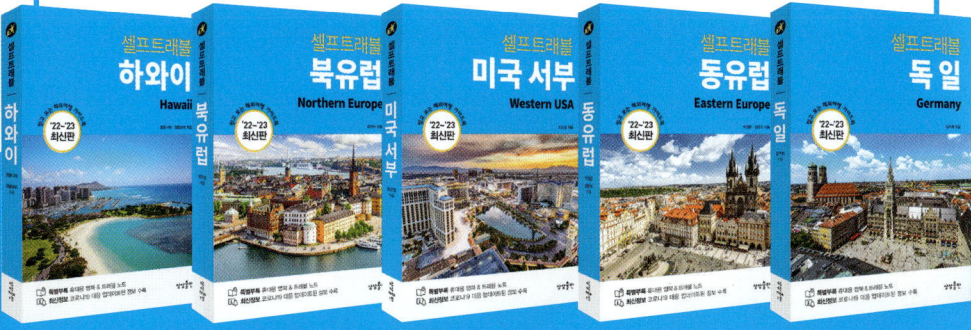

- 01 크로아티아
- 02 이스탄불
- 03 싱가포르
- 04 규슈
- 05 교토
- 06 홍콩·마카오
- 07 라오스
- 08 필리핀
- 09 미얀마
- 10 타이베이
- 11 파리
- 12 남미
- 13 방콕
- 14 말레이시아
- 15 대마도
- 16 홋카이도
- 17 후쿠오카
- 18 오사카
- 19 오키나와
- 20 그리스
- 21 나고야
- 22 도쿄
- 23 나트랑·푸꾸옥
- 24 베이징
- 25 프라하
- 26 베트남
- 27 스위스
- 28 런던
- 29 뉴욕
- 30 스페인
- 31 이탈리아
- 32 블라디보스토크
- 33 포르투갈
- 34 호주
- 35 타이완
- 36 다낭
- 37 발리
- 38 하와이
- 39 북유럽
- 40 미국 서부
- 41 동유럽
- 42 독일
- 43 괌

www.esangsang.co.kr 상상출판

전문가와 함께하는

프리미엄 여행

나만의 특별한 여행을 만들고
여행을 즐기는 가장 완벽한 방법, 상상투어!

📷 알차요　🔍 친절해요　🍽 맛있어요

상상투어　예약문의 070-7727-6853 | www.sangsangtour.net
서울특별시 동대문구 정릉천동로 58, 롯데캐슬 상가 110호

셀프트래블

괌

맵북 & 트래블 노트

Mapbook & Travel Note

믿고 보는 해외여행 가이드북

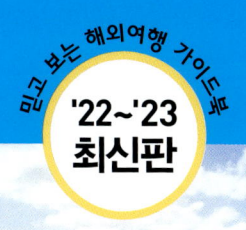

'22~'23 최신판

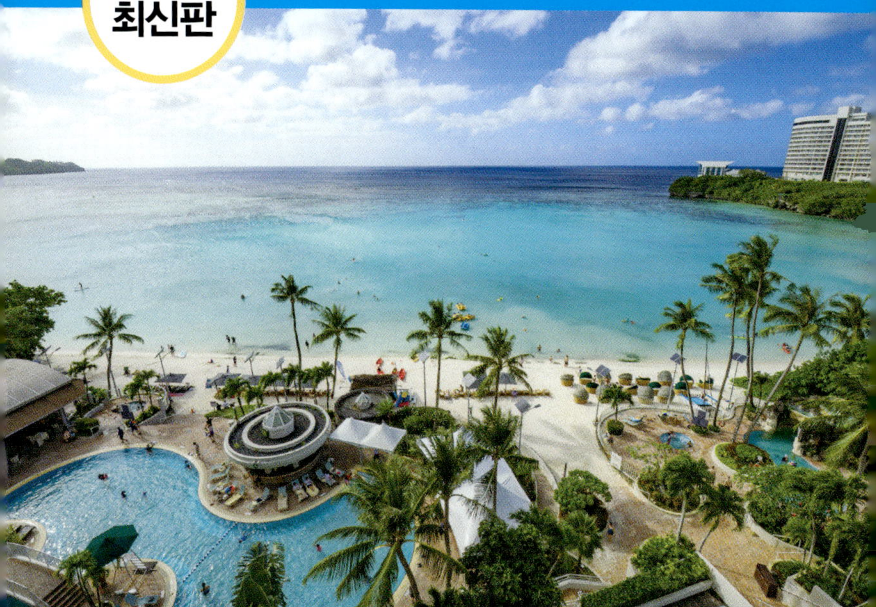

상상출판

Guam Q&A

괌 여행 전 가장 많이 묻는 질문 8가지

'괌 여행 한번 가볼까?' 하고 생각하는 사람들이 가장 궁금해하는 질문들은 하루에도 수십 건씩 인터넷에 올라온다. 네이버와 괌 여행 카페의 질문들을 종합해 처음 괌 여행을 계획하는 사람들에게 도움이 될 만한 사항 8가지를 뽑았다.

Q1. 괌 여행비용은 얼마나 들까요?

A1. 가장 큰 비중을 차지하는 것은 항공료와 호텔 요금이다. 항공료는 최저 25만 원에서 60만 원까지. 호텔은 1박에 15만 원에서 30만 원 사이다. 식사는 1회당 평균 2만 원, 렌터카는 1일 5만 원에서 10만 원 선(여기에 완전자차보험과 주유를 포함하면 1일당 2~4만 원 추가). 기타 간식, 입장료, 잡비 등을 1일 5만 원 정도 잡는다면, 2인 성인 여행 기준, 1인당 3박 4일에 약 100~150만 원 정도 예상된다. 이 외 옵션 투어, 쇼핑 비용을 추가한다.

Q2. 비자나 ESTA를 꼭 받아야 하나요?

A2. 괌은 45일 이내 무비자 체류가 가능하며, 입국 전 비행기에서 나눠주는 비자면제신청서를 작성해 입국심사를 받으면 된다. 그럼에도 불구하고 괌 여행 시 ESTA(미국 전자여행 허가제 Electronic System for Travel Authorization의 준말로, 미국비자면제 프로그램의 일환)를 받는 이유는 ESTA로 입국심사를 받는 것이 대체로(물론 아닐 때도 있다) 대기 시간이 짧기 때문이다. 주로 어린아이, 임산부, 노약자가 있는 경우 ESTA를 신청한다. ESTA는 괌 도착 최소 72시간 전에 공식 사이트(esta.cbp.dhs.gov)에 접속해 직접 신청한다(한글 지원, 21달러, 2년간 유효).

Q3. 꼭 렌터카가 필요한가요?

A3. 결론부터 말하면, 꼭 그렇지는 않다. 괌의 셔틀버스(트롤리버스)는 주요 호텔들과 쇼핑몰을 잇는다. 사랑의 절벽이나 아가냐, 차모로 빌리지 야시장, 데데도 새벽시장, 남부 투어 등의 유명한 관광지를 다녀올 수 있는 버스도 있고, T 갤러리아, 투몬 샌즈 플라자 같은 쇼핑몰이 직접 운영하는 무료 셔틀버스도 있다. 언제 어느 때나 편한 이동을 원한다면 렌터카를, 리조트나 투몬 비치에서 휴식을 주로 취하면서 잠깐씩 외부 출입만 하면 되는 경우 셔틀버스나 쇼핑몰 무료 셔틀버스(팬데믹 기간 운행 중단), 택시 등을 이용하면 된다.

Q4. 라면, 김치 들고 가도 되나요?

A4. 미국령의 입국금지 품목 중 하나가 육류다. 여기에는 육류 가공품도 포함되는데, 모든 라면(하물며 해물라면, 짜장라면 등도 포함) 스프에는 육류가 들어가 있다. 인터넷상에 보면 "안 걸렸다"든가, "검사를 안 한다" 등의 말이 많지만, 원칙으로 따지면 반입 불가다. 깐깐한 세관원에게 적발될 경우, 물건도 뺏기고 벌금(1만 달러)도 물게 된다. 김치, 된장, 고추장, 건어물, 햇반 등은 반입 가능하지만, 세관신고서에는 기입하는 것이 원칙이다. 괌 어느 슈퍼마켓을 가도 한국 라면 및 햇반, 김치, 고추장, 된장, 각종 반찬류는 다 있다.

Q5.
호텔(리조트) 어디가 좋아요?

A5. 호텔(리조트)은 예산과 여행 스타일에 따라 달라진다. 어느 곳이나 장단점이 존재하기 때문에 무조건 어디가 좋고 나쁘다고 말할 수 없다. 시내 중심 투몬 비치 바로 앞에 있는 호텔들은 비싸고 그 양옆으로 위치한 호텔들은 상대적으로 저렴하다. 옵션 투어나 쇼핑 위주로 여행을 계획한 경우, 굳이 비치 근처, 수영장 있는 호텔을 고집하지 않아도 된다(참고로 투몬 비치는 호텔 개인 소유가 아니기 때문에, 누구나 자유롭게 접근할 수 있다). 대가족 여행이라면 콘도형 호텔을, 경비 절감을 원한다면 게스트 하우스 혹은 에어비앤비(이때에는 대부분 렌터카가 필요)를 이용하는 것도 좋다.

Q6.
새벽 도착 시 호텔을 몇 박으로 하나요?

A6. 대부분의 호텔은 낮 12시 이전 체크아웃, 오후 2~3시 이후 체크인이 규정이다. 하지만 룸 사정에 따라 규정보다 1~2시간 전에는 체크인을 해주는 곳도 많다. 늦은 체크아웃은 이용 시간에 따라 추가 요금을 지불해야 한다. 오전 2~3시경 괌에 도착할 경우, 호텔 체크인 날짜는 그 전날로 예약해야 한다. 이른 새벽에 괌에서 출발하는 귀국편의 경우, 자정 전 공항으로 이동하게 되더라도 체크아웃 날짜를 그다음 날로 예약해 호텔에서 쉬었다 가는 경우가 많다. 예산을 절약하기 위해, 괌 출·도착 날에는 저가 호텔/게스트 하우스를 예약해 잠만 자고 이동하는 것도 한 방법이다.

Q7.
○○호텔에서 ○○까지 걸어갈 수 있나요?

A7. 투몬 시내 메인 도로 양쪽으로는 호텔들이 몰려 있어 흔히 '호텔 로드'라고 부른다. 이 중에서도 JP 슈퍼스토어부터 더 플라자까지의 '쇼핑 스트리트'에는 맛집들도 모여 있어, 그야말로 중심지라 할 수 있다. 웨스틴부터 하얏트까지는 쇼핑 스트리트로의 도보 접근이 수월하지만, 그 외 지역에서는 쉽지 않다. 어느 호텔에서든 GPO, 마이크로네시아 몰은 차량을 꼭 이용해야 한다.

Q8.
팁을 줘야 하나요?

A8. 미국에서 팁은 선택이 아닌 필수다. 레스토랑의 경우, 보통 총액의 10~15%를 팁으로 지불하면 되는데, 영수증에 SVC 10%라고 쓰여 있으면 따로 팁을 챙길 필요가 없다. 택시를 탔을 때도 요금의 10%를 팁으로 지불하거나, 잔돈을 받지 않는 방법이 있다. 호텔 룸 청소 시 테이블에 1달러를 올려놓으면 되고, 짐 운반이나 룸서비스 이용 시에도 1달러 정도 팁으로 지불한다.

All About Guam

1. 투몬 & 타무닝

괌 국제공항과 리조트, 유명 쇼핑몰과 맛집이 집중돼 있다. 괌을 대표하는 투몬만의 에메랄드빛 바다는 시내 어디서든 도보로 접근 가능하며 누구나 자유롭게 이용할 수 있다. 투몬 비치와 리조트에서 휴식을 취하고 맛집과 쇼핑을 즐기는 게 목적이라면 이곳에서 벗어날 일이 없다.

대표 관광지 투몬 비치
이것만은 꼭! 한국보다 저렴하게 쇼핑, 쇼핑!

2. 아가냐

괌의 행정 중심지로, 정부종합청사와 연방법원, 의회 등 주요 기관들이 모두 자리해 있다. 하지만 괌의 3천 년 역사를 돌아볼 수 있는 문화유산들이 모두 몰려 있는 아가냐는 그야말로 괌 최고(?)의 관광지. 볼거리를 찾는 사람이라면 '아가냐 문화유산 워킹 트레일'에 주목!

대표 관광지 스페인 광장, 대성당 등
이것만은 꼭! 주요 관광지에서 인생 사진 남기기

3. 남부

큰 볼거리보다 괌의 자연 풍경들을 즐길 수 있는 드라이브 코스라 할 수 있다. 바닷가를 끼고 도로가 잘 정비돼 있으며, 내륙의 람람산을 끼고 고지대까지 오르내리기 때문에 전망이 좋다. 렌터카가 없다면, 매일 오전 출발하는 레드 구아한의 남부 관광버스를 이용하면 된다.

대표 관광지 이나라한 천연 수영장, 우마탁 마을 등
이것만은 꼭! 신나는 드라이빙. 단 과속은 금물!

4. 북부

상대적으로 개발이 덜 돼 있고 관광지도 드문 지역이다. 따라서 투몬만의 전망이 한눈에 들어오는 사랑의 절벽이나 데데도 새벽시장 정도로 방문지는 압축된다. 하지만 사람이 잘 찾지 않아 신비로움마저 자아내는 천혜의 아름다운 비치들이 북서부에 집중돼 있다.

대표 관광지 사랑의 절벽, 리티디안 비치
이것만은 꼭! 숨은 진주 같은 비치 찾아 가기

괌 전도

Plan

최고의 드라이브 코스 완전 정복!

괌에서 빼놓을 수 없는 것 중 하나가 드라이브다.
대체로 하루 정도 렌털을 하면 괌 곳곳의 주요 관광지를 돌아볼 수 있다.
하지만 숨겨진 비경을 둘러보며 여유를 즐기려면 2일 코스를 추천한다.

1일 코스

Day 1

- **09:30** 사랑의 절벽(p.99)
- **10:30** 산타 아규에다 요새 (p.107)
- **12:00** 아가냐 대성당과 스페인 광장 일대 (p.102, 101)
- 점심 식사
- **13:30** 리카르도 J. 보르달로 주정부 종합 청사 (p.108)
- **14:00** 에메랄드 밸리 (p.57)
- **14:40** 세티만 전망대와 파라 이 라라히타 기념공원 (p.110)
- **15:00** 우마탁 마을과 솔레다드 요새 (p.111)
- **16:00** 메리조 마을 (p.112)
- **16:40** 곰 바위 (p.114)
- **17:00** 이나라한 천연 수영장과 이나라한 마을 (p.113)
- **18:00** 파고만 전망대 (p.115)

코스 정리 — 1일 코스 핵심 정리

1일 코스는 사랑의 절벽과 남부 투어의 주요 명소를 돌아보는 것이다(이 코스들은 렌터카 없이 레드 구아한 셔틀버스와 남부 택시 투어를 이용해 돌아볼 수도 있다). 점심 식사는 아가냐의 맛집들 중 한 곳에서 즐긴다. 소개된 남부 관광지는 굉장한 볼거리를 기대했다면 실망할 수도 있다. 하지만 아름다운 자연경치와 기분전환 드라이브에 초점을 둔다면 충분히 좋은 시간이 될 것이다.

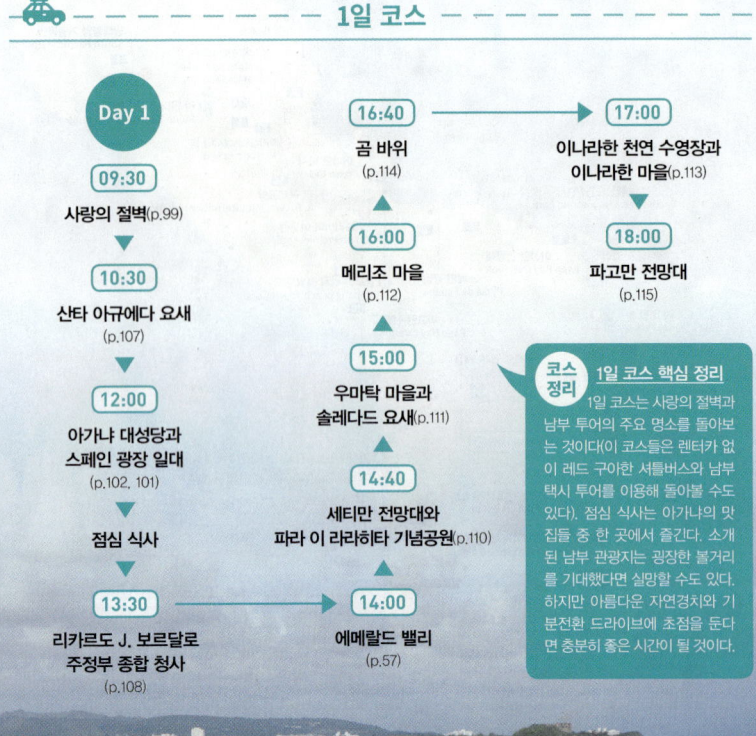

드라이브 1일 코스

2일 코스

Day 1

- **10:00** 사랑의 절벽(p.99)
- **11:00** NCS 비치(p.56)
- 점심 식사
- **13:00** 리티디안 비치(p.56)
- **15:00** 투레 카페(앞 비치) (p.177)
- **16:00** 차모로 빌리지(p.103)
- **17:00** 아가냐 대성당과 스페인 광장 일대 (p.102, 101)
- **18:00** 산타 아구에다(아푸간) 요새 일몰 (p.107, 일몰은 p.206 참고)

Day 2

- **10:00** 리카르도 J. 보르달로 주정부 종합 청사 (p.108)
- **10:40** 피시 아이 마린 파크(p.108)
- **11:40** 에메랄드 밸리(p.57)
- **12:30** 아산만 전망대(p.109)
- 점심 식사
- **14:00** 세티만 전망대와 파라 이 라라히타 기념공원 (p.110)
- **14:30** 우마탁 마을과 솔레다드 요새(p.111)
- **15:30** 메리조 마을(p.112)
- **16:20** 곰 바위(p.114)
- **16:30** 이나라한 천연 수영장과 이나라한 마을(p.113)
- **17:30** 검은 모래 해변과 제프스 파이러츠 코브(p.59, 179)
- **18:30** 파고만 전망대(p.115)

코스 정리

1일차

이날은 숨은 비경들을 만나볼 수 있기 때문에 괌의 진가를 제대로 느낄 수 있다. 버섯 바위가 에메랄드빛 바다 위에 둥둥 떠 있는 환상적인 풍경의 NCS 비치와 사람의 손길이 닿지 않은 리티디안 비치, 투몬 비치와는 또 다른 물빛을 보여주는 투레 카페 앞 아가냐만의 비치는 탄성이 절로 나온다.

2일차

둘째 날은 주정부 종합 청사를 거쳐 피시 아이 마린 파크로 간다. 이곳은 수중 환경이 매우 좋은 피티 밤 홀에 위치해 있어 수중 전망대에서 바닷속을 들여다보거나 나무 다리를 건너며 탁 트인 바다 전망을 즐길 수 있다. 점심은 아가트만 가기 전에 위치한 수메이팝에서 해결할 수 있다. 이후 남부 지역의 코스는 드라이브 1일 코스와 대동소이하다. 물놀이를 좋아한다면, 이나라한 마을의 천연 수영장에서 느긋하게 시간을 보낼 수도 있다. 북쪽으로 돌아오는 길, 출출하면 남부투어 맛집인 제프스 파이러츠 코브에 들러 제프스 버거를 맛보자.

드라이브 2일 코스

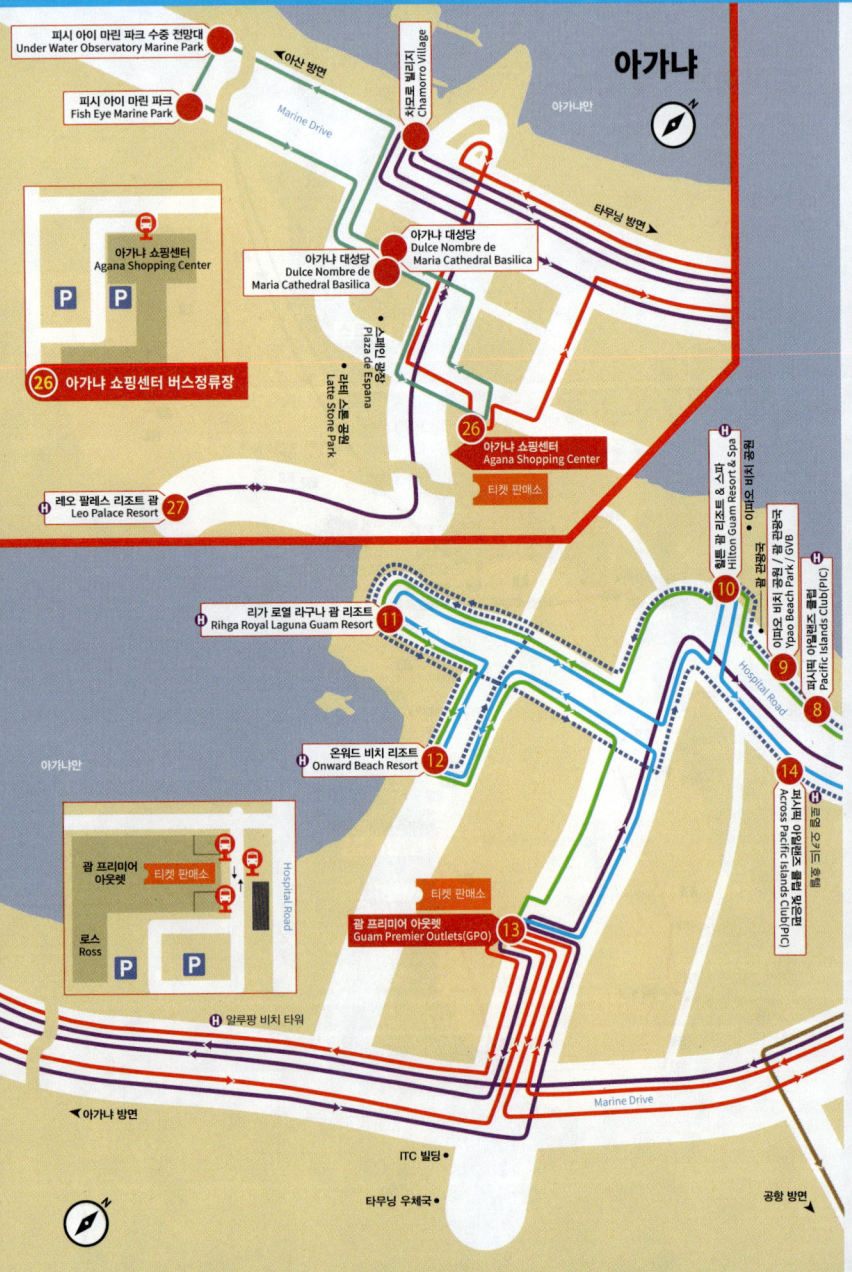

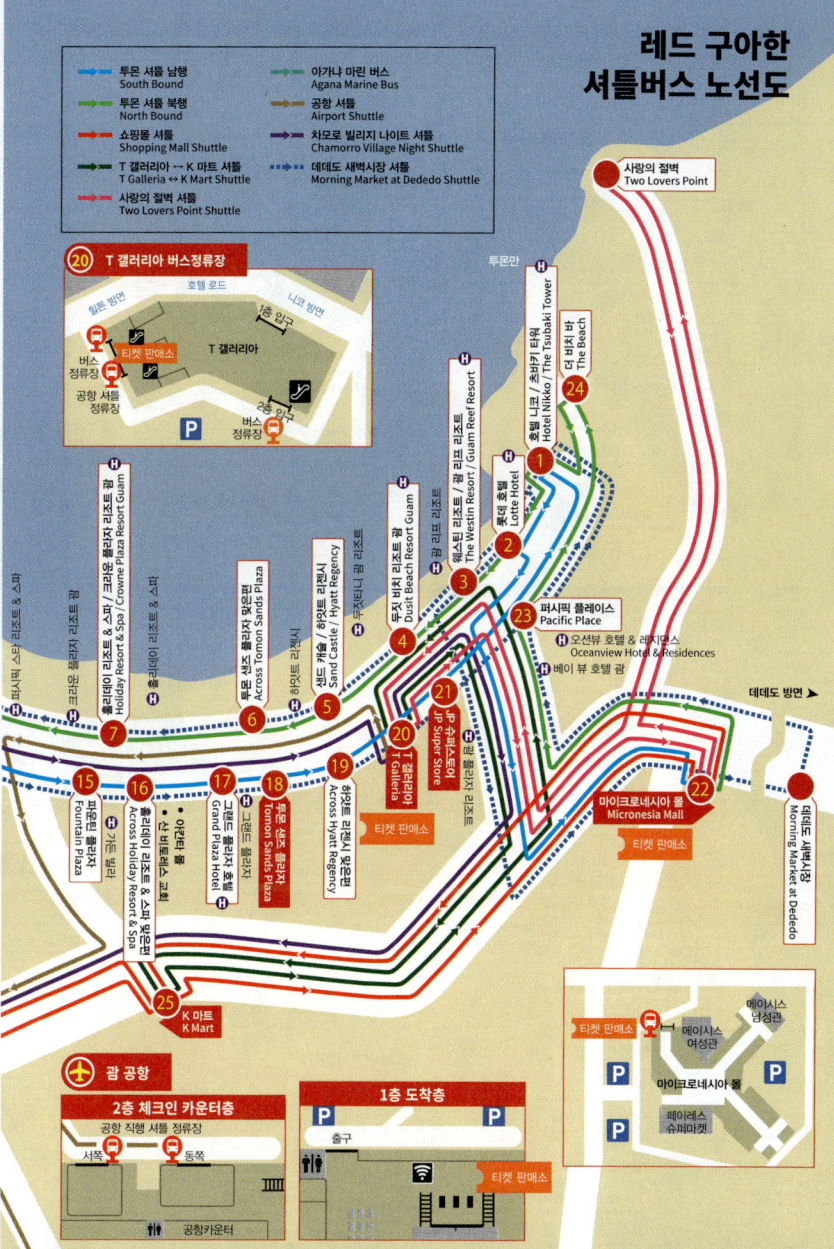

괌 북부
N
리티디안 비치
리티디안 에코 비치 리조트
코코팜 가든 비치
스타 샌드 비치
3A
파티곶
9
스타츠 괌 골프 리조트
사랑의 절벽
NCS 비치
남태평양 기념공원
데데도 새벽시장
건 비치
1
투몬 비치
29
투몬만
Tumon Bay
34
27A
알루팡 비치 타워 콘도
괌 인터내셔널 컨트리클럽
27
1
T 갤러리아
T Galleria
이파오 비치
마이크로네시아 몰
Micronesia Mall
아산 비치
아가냐만
Agana Bay
30
16
태평양전쟁 역사 공원
괌 국제공항
A. B. Won Pat International Airport
피시 아이 마린 파크
6
4
에메랄드 밸리
1
괌 프리미어 아웃렛
Guam Premier Outlets
온워드 망길라오 골프 클럽
아산만 전망대
15
스페인 광장

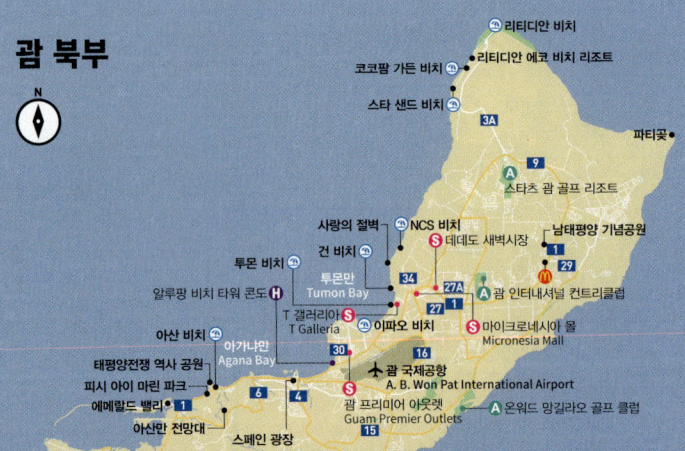

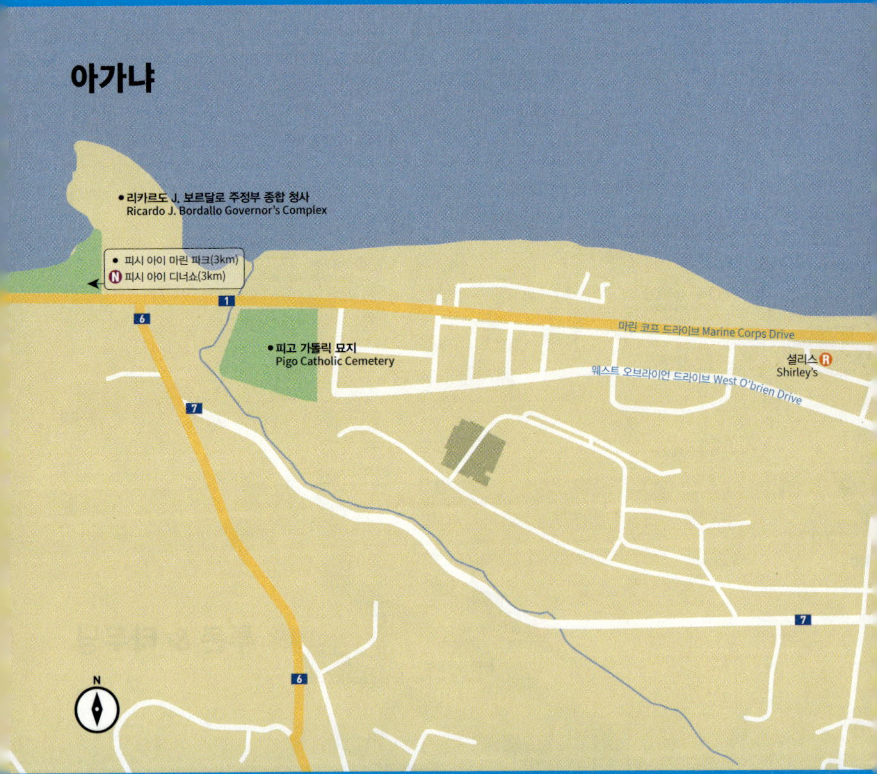
아가냐
리카르도 J. 보르달로 주정부 종합 청사
Ricardo J. Bordallo Governor's Complex
피시 아이 마린 파크(3km)
피시 아이 디너쇼(3km)
1
6
피고 가톨릭 묘지
Pigo Catholic Cemetery
마린 코프 드라이브 Marine Corps Drive
셜리스
Shirley's
웨스트 오브라이언 드라이브 West O'brien Drive
7
7
6
N

괌 남부
N
태평양전쟁 역사 공원
아산 비치
피시 아이 마린 파크
에메랄드 밸리
아산만 전망대
스페인 광장
괌 국제공항
A. B. Won Pat International Airport
괌 프리미어 아웃렛
Guam Premier Outlets
온워드 망길라오 골프 클럽
알루팡 비치 타워 콘도
수메이 펍 & 그릴
인퓨전 커피 & 티
레오 팔레스
리조트 괌
파고만
전망대
파고만
Pago Bay
타가창 비치
아가트만
Agat Bay
레오 팔레스 리조트 컨트리클럽
퍼시픽 컨트리클럽
제프스 파이러츠 코브
탈리팍 다리
아가트 마리나
온워드 탈로포포 골프 리조트 괌
이판 비치
탈로포포만 Talofofo Bay
정글 리버 크루즈
검은 모래 해변
세티만 전망대
람람산
탈로포포 폭포 리조트 파크
파라 이 라라히타 기념공원
맥크라우츠
솔레다드 요새
우마탁 마을
가다오 동굴
이나라한 마을
게프 파고 빌리지
곰 바위
추장 가다오 동상
비키니 아일랜드 클럽
Bikini Island Club
메리조 마을
이나라한 천연 수영장

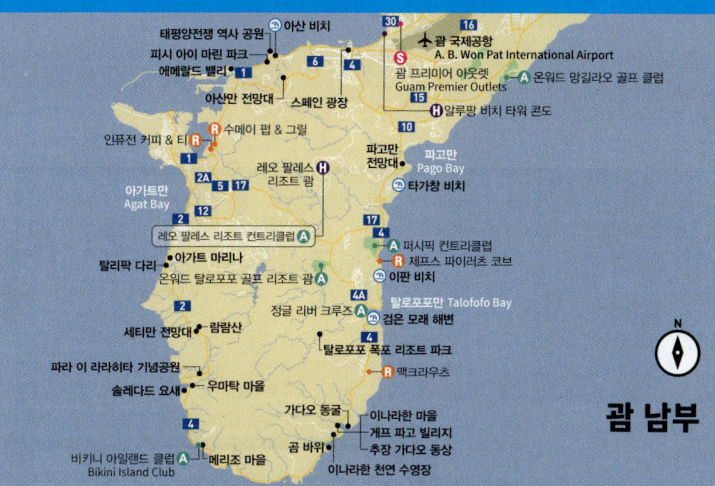

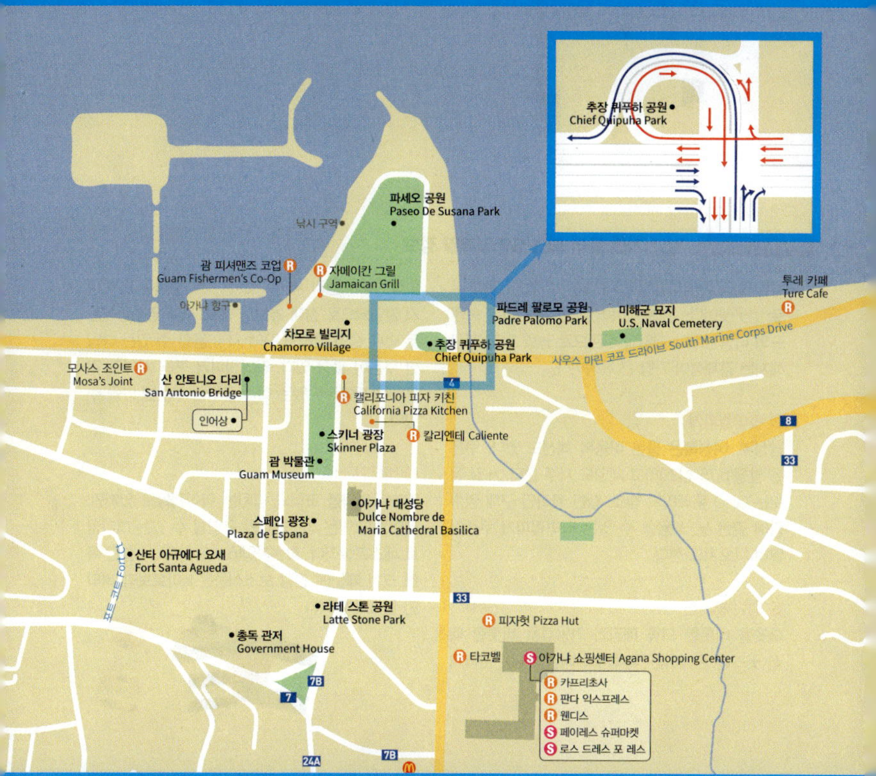
추장 퀴푸하 공원
Chief Quipuha Park
파세오 공원
Paseo De Susana Park
낚시 구역
괌 피셔맨즈 코업
Guam Fishermen's Co-Op
자메이칸 그릴
Jamaican Grill
아가나 항구
투레 카페
Ture Cafe
파드레 팔로모 공원
Padre Palomo Park
미해군 묘지
U.S. Naval Cemetery
사우스 마린 코프 드라이브 South Marine Corps Drive
차모로 빌리지
Chamorro Village
추장 퀴푸하 공원
Chief Quipuha Park
모사스 조인트
Mosa's Joint
산 안토니오 다리
San Antonio Bridge
인어상
캘리포니아 피자 키친
California Pizza Kitchen
칼리엔테 Caliente
스키너 광장
Skinner Plaza
괌 박물관
Guam Museum
아가냐 대성당
Dulce Nombre de
Maria Cathedral Basilica
스페인 광장
Plaza de Espana
산타 아규에다 요새
Fort Santa Agueda
포트 코트 Fort Ct
라테 스톤 공원
Latte Stone Park
피자헛 Pizza Hut
총독 관저
Government House
타코벨
아가냐 쇼핑센터 Agana Shopping Center
카프리초사
판다 익스프레스
웬디스
페이레스 슈퍼마켓
로스 드레스 포 레스

괌 프리미어 아웃렛 지도

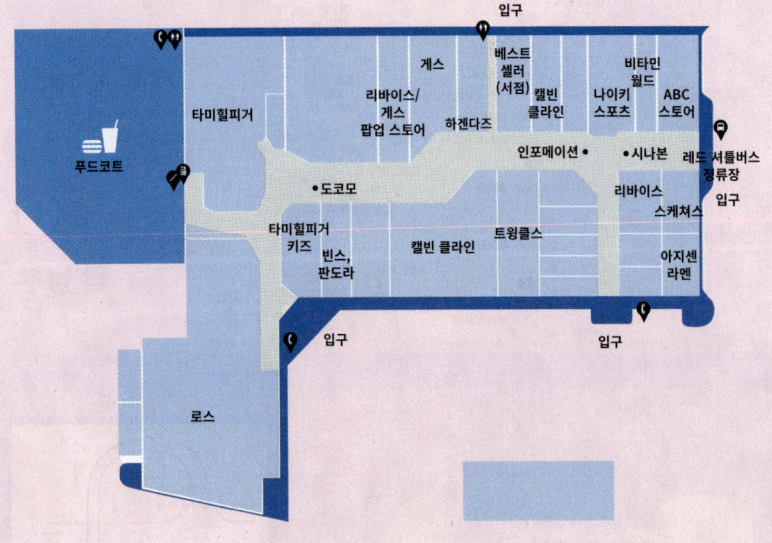

more & more 알고 가면 돈이 되는 GPO 깨알 정보

알뜰 쇼핑 마니아들이 절대 놓칠 수 없는 곳이 바로 아웃렛이다. 괌 프리미어 아웃렛(GPO)은 브랜드의 다양성보다 세일과 쿠폰으로 놀랄 만큼 저렴해지는 경제성이 가장 큰 특징이다.

❶ 타미힐피거
남성복, 여성복은 물론 아동복 섹션도 있다. 쿠폰을 발행(p.75 참조)하고 세일도 자주 한다. 세일 정보는 GPO 홈페이지 참조. 캘빈 클라인 구매 영수증에 같은 날 사용할 수 있는 타미힐피거 쿠폰이 딸려 나오기도 한다.

❷ 캘빈 클라인
속옷을 비롯한 의류 매장과 가방류를 비롯한 패션 굿즈를 판매하는 액세서리 매장 2곳이 분리돼 있다. '재고 정리 세일 Clearance Sale' 중에는 80%까지 할인되므로 절대 놓치지 말자. 구매 영수증에는 두 번째 캘빈 클라인 구매 시 이용할 수 있는 다양한 쿠폰이 붙어 있다. 타미힐피거 구매 시에도 같은 날 사용할 수 있는 캘빈 클라인 쿠폰을 받을 수 있다.

❸ 비타민 월드
K마트 의약품 코너와 겹치는 아이템들도 있지만, 레티놀 크림은 이곳에서만 구입할 수 있는 그야말로 베스트셀러다. 회원가입(p.146 참조) 시 할인 폭이 크기 때문에 건강 보조식품은 K마트보다 비타민 월드가 답이다.

마이크로네시아 몰 지도

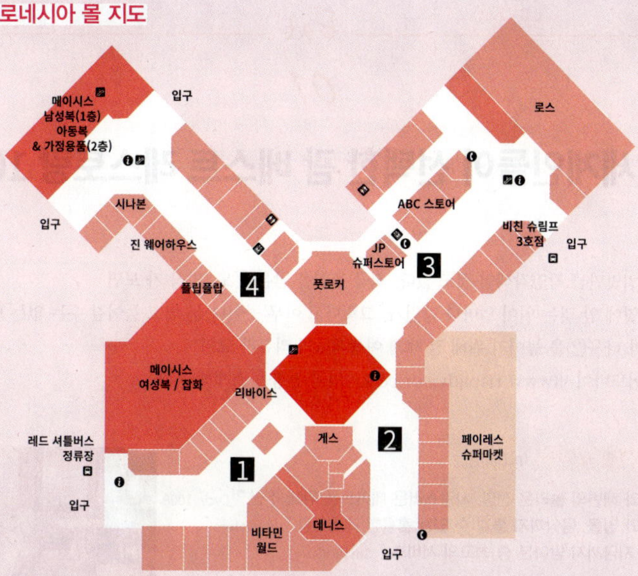

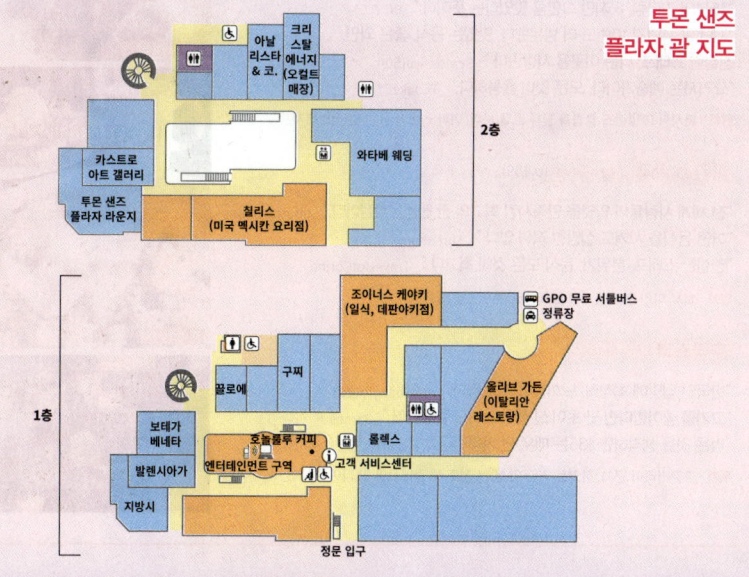

투몬 샌즈 플라자 괌 지도

Eat 01

세계인들이 선택한 괌 베스트 레스토랑 10

사실 입맛만큼 각양각색인 것도 없다. 적극 추천을 받은 곳도, 막상 가 보면
내 입맛에 안 맞는 일이 얼마나 많던가. 그렇다고 아무 곳이나 문 열고 들어갈 수는 없는 법.
그나마 타율(?)을 높이기 위해 전 세계 여행객들의 리뷰가 모인
트립어드바이저(www.tripadvisor.co.kr)의 추천평을 소개해 본다.

타시 그릴 Tasi Grill (p.160)

"바다와 해변의 놀라운 전망. 사랑스러운 데이트를 위해 추천."_Cycy_1008
"식사와 일몰, 음악까지 즐길 수 있는 훌륭한 레스토랑."_benxalves
"내가 지금까지 받아본 중 최고의 서비스."_SmaartGuyy

위치 두짓타니 괌 리조트 수영장 옆

타시 그릴

프로아 레스토랑 Proa Restaurant (p.159)

"45분의 기다림. 하지만 그만큼 맛있다는 뜻이다."_BC B
"지난 3〜4년간 10번도 더 방문했다. 맛있는 음식, 좋은 와인,
친절한 스태프. 나는 이곳을 사랑한다."_Seattleflyer50
"요리사는 예술가이다. 모든 것이 훌륭하다."_TCJake67

위치 퍼시픽 아일랜즈 클럽과 힐튼 호텔 사이, 이파오 비치 공원 입구에 위치

프로아 레스토랑

피카스 카페 Pika's Cafe (p.159)

"전 세계 사람들의 입맛을 만족시킬 최고의 괌 전통음식점이다."_dbatravelfan
"어떤 음식을 시켜도 실망한 적이 없다."_KumaKato2
"친절한 스태프, 분위기, 음식 모든 것이 최고다."_TravelsofCorina

위치 북부 마린 코프 드라이브 세인트 존스 스쿨 맞은편

피카스 카페

추라스코 Churrasco

"한국인 입맛에 최적화. 느끼함이 거의 없다."_minibabylove81
"고기를 좋아한다면 굿 초이스! 샐러드 바도 훌륭하다."_James T
"먹은 것을 생각하면 $35는 매우 싼 가격이다."_Elise81

위치 T 갤러리아 근처. 하얏트 기준 약 10분 정도 쭉 걸어오면 반 타이 건너편

추라스코

루비 튜즈데이

루비 튜즈데이 Ruby Tuseday (p.172)

"샐러드 바 쪽 리뷰가 좋았는데 역시 실망스럽지 않았다."_Pasha
"스테이크와 랍스터 모두 훌륭하고 가격도 적당하다."_O986
"전형적인 미국식 요리와 음료, 훌륭한 샐러드 바를 경험할 수 있다."_Jason C

위치 괌 프리미어 아웃렛 바로 앞

캘리포니아 피자 키친

캘리포니아 피자 키친 California Pizza Kitchen (p.164)

"음식이 맛있다. 당연하다. 캘리포니아 피자 키친이니까."_GuamReviewer
"괌에 올 때마다 들른다. 괌 최고의 피자다."_sleeplessinseoul
"어떤 피자를 시켜도 다 좋아할 것이다."_James S

위치 홀리데이 리조트 1층

메스클라도스

메스클라도스 Meskla Dos (p.166)

"차모로풍의 고품격 버거를 맛볼 수 있다."_SATCOM
"란체루나 블루 버거 앞에서 난 어찌할 바를 모르겠다. PBLT나 새우 버거 역시 굉장하다."_Amber W
"괌에서 버거를 먹는다면 최고의 장소가 되리라 생각한다."_Castroleilani

위치 퍼시픽 스타 리조트에서 K마트 올라가는 길 끝 왼쪽

더 비치 바

더 비치 바 The Beach Bar (p.132)

"뷰는 정말 최고. 선셋 보며 맥주 먹기 좋다."_AshleySYPARK
"일몰과 함께 칵테일 한잔. 여행의 참맛을 느낀다."_sunset900
"라이브 공연 연주랑 노래가 너무 좋다."_JiAeS12

위치 호텔 니코 지나 건비치 내

자메이칸 그릴

자메이칸 그릴 Jamaican Grill (p.165)

"립이 그립다면 언제든지 달려가라. 양도 많고 맛도 훌륭하다."_James T
"립과 함께 이집의 대표 메뉴는 저크 치킨이다. 이곳을 가 보지 않고 괌을 떠나지는 말라."_Randy R
"이 가격에 이 정도의 양이라니 놀라울 따름이다."_RoRoFTC

위치 퍼시픽 아일랜즈 클럽 맞은편 상가 2층

반 타이

반 타이 Ban Thai (p.161)

"멋진 태국 요리. 그중 그린 카레는 정말 훌륭하다. 적극 추천한다."_Chris D
"음식 맛도 좋고 양도 많으니 가족과 함께 가면 좋다."_CHO3J
"진정한 태국 요리를 맛보려면 반 타이로 가라."_MungMink

위치 투몬 샌즈 플라자를 바라보고 오른쪽으로 300m

＊ 순위는 집계 시마다 변동될 수 있음

Travel Note.

믿고 보는 해외여행 가이드북
셀프트래블

셀프트래블은 테마별 일정을 포함한 현지의 최신 여행정보를
감각적이고, 실속 있게 담아낸 프리미엄 가이드북입니다.

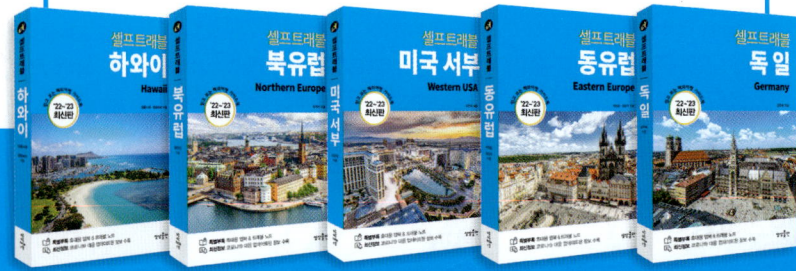

- ① 크로아티아
- ② 이스탄불
- ③ 싱가포르
- ④ 규슈
- ⑤ 교토
- ⑥ 홍콩·마카오
- ⑦ 라오스
- ⑧ 필리핀
- ⑨ 미얀마
- ⑩ 타이베이
- ⑪ 파리
- ⑫ 남미
- ⑬ 방콕
- ⑭ 말레이시아
- ⑮ 대마도
- ⑯ 홋카이도
- ⑰ 후쿠오카
- ⑱ 오사카
- ⑲ 오키나와
- ⑳ 그리스
- ㉑ 나고야
- ㉒ 도쿄
- ㉓ 나트랑·푸꾸옥
- ㉔ 베이징
- ㉕ 프라하
- ㉖ 베트남
- ㉗ 스위스
- ㉘ 런던
- ㉙ 뉴욕
- ㉚ 스페인
- ㉛ 이탈리아
- ㉜ 블라디보스토크
- ㉝ 포르투갈
- ㉞ 호주
- ㉟ 타이완
- ㊱ 다낭
- ㊲ 발리
- ㊳ 하와이
- ㊴ 북유럽
- ㊵ 미국 서부
- ㊶ 동유럽
- ㊷ 독일
- ㊸ 괌

www.esangsang.co.kr

상상출판